Paul Schwarzenau · Das göttliche Kind

Gott wird Kind.
Davon erzählen die Religionen.
Gott offenbart seine schöpferische Macht und Überlegenheit
im scheinbar Schwächsten, Gefährdetsten und
Ausgeliefertsten.
Das Kind, das so ganz auf seine Mutter
angewiesene, hilflose Wesen,
wird zum Urbild göttlicher Seinssicherheit und
Selbstgewißheit.
Ein Buch über den Kind-Archetyp ist aber,
um dem Mißverständnis zu wehren,
keine Abhandlung über Kinder und den Umgang mit Kindern.
Das »göttliche Kind« ist ein Gottesbild
und ein Ausdruck des Archetyps des Selbst.
Darum ist auch die mythologische Kindvorstellung
ausdrücklich keine Kopie des empirischen »Kindes«,
sondern ein als solches klar erkennbares Symbol:
Es handelt sich um ein wunderbares,
eben gerade nicht menschliches Kind,
gezeugt, geboren und aufgezogen
unter ganz ungewöhnlichen Umständen.

Buchreihe *Symbole*

Paul Schwarzenau

Das göttliche Kind

Der Mythos vom Neubeginn

Kreuz Verlag

Paul
Michael
Erika
und
Monika

© by Dieter Breitsohl AG
    Literarische Agentur Zürich 1984
Alle deutschsprachigen Rechte beim Kreuz Verlag Stuttgart
2. Auflage 1988
Kreuz Verlag Stuttgart 1984
Umschlagfoto: Flucht nach Ägypten, Maria mit Kind, Kirche St. Martin,
Zillis, Graubünden (Schweiz), Foto: Geiger, Flims; Tafel I: Foto Klaus G.
Beyer, Weimar; Tafel II: Foto Jörg Zink; Tafel III: Foto ARTOTHEK-
Blauel, Planegg; Tafel IV: Foto Samuel H. Kress Memorial Collection
Allentown Art Museum, Allentown, Pa. USA
Gestaltung: Hans Hug
Gesamtherstellung: Wilhelm Röck, Weinsberg
ISBN 3 7831 0728 8

Inhalt

Einleitung

Das »göttliche Kind« ist ein Archetyp, ein im Unbewußten der Psyche verankertes Urbild, das, wo es in der Kunst, im Kult, im Mythos oder in der Legende auftritt oder sich in Träumen und Erlebnissen manifestiert, auf ein Geschehen in der seelischen Tiefe des Menschen zurückweist. Es bricht in das Bewußtsein ein und signalisiert eine Unruhe des Unbewußten, das auf eine Wandlung der Persönlichkeit oder auch der Gesellschaft drängt.

Welche Dynamik diesem Archetyp unter Umständen innewohnt, zeigt eine der dichtesten Erzählungen von Thomas Mann »Der Tod in Venedig«. Hingerissen von der Schönheit eines Knaben, wird der Künstler Gustav Achenbach in die innere Katastrophe und den Tod hineingetrieben; alles um der künstlerischen Lebensleistung willen Verdrängte und Gestaute bricht unter dem Erlebnis des Archetyps, in den sich der spielende Knabe für das seelische Geschehen verwandelt, mit der elementaren Gewalt des Meeres, des Chaos durch. All das geschieht lautlos, ohne eine eigentliche persönliche Bekanntschaft, ohne ein Wort hin und her. – Das sei gegenüber dem sentimentalen Mißverständnis gesagt.

Gott wird Kind. Davon erzählen die Religionen, nicht nur die christliche. Gott offenbart seine schöpferische Macht und Überlegenheit im scheinbar Schwächsten, Gefährdetsten und Ausgeliefertsten. Das Kind, das so ganz auf seine Mutter angewiesene hilflose Wesen, wird zum Urbild göttlicher Seinssicherheit und Selbstgewißheit. Einen ersten Hinweis darauf vermag uns bereits die Verhaltensforschung zu geben, wenn sie mit K. Lorenz ein »Kindchen-Schema« annimmt, das in uns Sympathie, den Wunsch nach Liebkosungen und eine erhöhte Pflegebereitschaft auslöst[1]. Das pausbäckige Kindergesicht und das verträumte, bald verschmitzte Kinderlächeln gewinnen und überwinden das Herz der Eltern zu immer neuer liebender Annahme des Kindes. Andererseits erscheinen uns Kindesmißhandlung und Kindermord als die eigentlich unmenschlich-menschliche Möglichkeit. Wohl nicht zufällig taucht auch die Verfolgung des Kindes in den Erzählungen der Religionen von der Kind-Offenbarung Gottes auf.

Ein Buch über den Kind-Archetyp ist aber, um dem Mißverständnis zu wehren, keine Abhandlung über Kinder und den Umgang mit Kindern. Es ist daher mit C. G. Jung »nicht überflüssig, zu bemerken, daß ein laienhaftes Vorurteil stets geneigt ist, das Kindmotiv mit der konkreten Erfahrung ›Kind‹ in eins zu setzen, als ob das reale Kind die kausale Voraussetzung für die Existenz des Kindmotives wäre. In der psychologischen Wirklichkeit ist die empirische Vorstellung ›Kind‹ aber nur Ausdrucksmittel (und nicht einmal das einzige!), um einen nicht näher zu fassenden seelischen Tatbestand auszudrücken. Darum ist auch die mythologische Kindvorstellung ausdrücklich keine Kopie des empirischen ›Kindes‹, sondern ein als solches klar erkennbares Symbol: es handelt sich um ein göttliches, wunderbares, eben gerade nicht menschliches Kind, gezeugt, geboren und aufgezogen unter ganz außergewöhnlichen Umständen. Seine Taten sind ebenso wunderbar oder monströs wie seine Natur und körperliche Beschaffenheit. Einzig und allein vermöge dieser nicht empirischen Eigenschaften besteht überhaupt die Notwendigkeit, von einem ›Kindmotiv‹ zu sprechen. Überdies ist das mythologische ›Kind‹ auch variiert als Gott, Riese, Däumling, Tier usw., was auf eine nichts weniger als rationale oder konkret menschliche Kausalität hinweist. Dasselbe gilt von den Archetypen des ›Vaters‹ und der ›Mutter‹, welche mythologisch ebenfalls irrationale Symbole sind.«[2]

Im Zusammenhang damit weist K. Kerényi darauf hin, daß die Mythologie nie im eigentlichen Sinne Lebensgeschichte der Götter ist. »Sie ist einerseits mehr, andererseits weniger. Sie ist immer weniger als eine Lebensgeschichte, obwohl sie auch von der Geburt und Kindheit, von jugendlichen Taten der Götter, manchmal sogar von ihrem frühen Tode zu erzählen weiß. Das Wunderliche an solchen kindlichen und jugendlichen Taten besteht darin, daß sie den Gott bereits in der Vollkommenheit seiner Gestalt und Macht zeigen und dadurch das biographische Denken – das Denken in Lebensaltern als Stufen einer Entwicklung – eigentlich ausschließen. Andererseits ist die Mythologie mehr als jede Biographie. Denn mag sie auch nichts erzählen, was an ein besonderes Lebensalter organisch anknüpft, so umfaßt sie doch als zeitlose Wirklichkeiten die Lebensalter selbst: die Gestalt des Kindes spielt ebenso eine Rolle in der Mythologie wie diejenige des heiratsfähigen Mädchens, der Kore, und der Mutter. Auch sie sind in der Mythologie – wie jede mögliche Gestalt des Seins – Ausdrucksformen des Göttlichen.«[3]

Der Kind-Archetyp hat eher etwas zu tun mit den Problemen der zweiten Lebenshälfte, mit den Erstarrungen und Wandlungen, von denen der Mensch dieser Lebenshälfte sich betroffen sieht. So malte der berühmte Dali den Kind-Archetyp als »Dali im Alter von sechs Jahren, als er glaubte, ein kleines Mädchen zu sein, im Begriff, die Haut des Wassers zurückzuziehen, wobei er im Schatten des Meeres einen schlafenden Hund entdeckt«. Das nackte Kind hält zugleich eine große Muschel, eine Art Turmmuschel, in der Hand, eine solche, die in sich rauscht. Es wirft einen pechschwarzen Schatten auf die sonst schattenlose Sandfläche. Damit kündet sich das Wandlungsproblem an, die Integration des Schattens, das heißt des ungelebten Lebens. Die vom Kind emporgehobene Haut-Decke lüftet die Tiefe des Meeres, welches ein Bild für das Unbewußte darstellt. Der schlafende Hund im Schatten des Meeres deutet auf die Instinkte als Energiequelle und den zu weckenden Spürsinn für diese. Die Felsenklüfte gegenüber, pyramidenförmige Berge und aufeinander geschichtetes Gestein weisen auf bisher gelebtes, aber auch wieder erstarrtes Leben. Die neue Existenz, in der sich Dali erblickt, zeigt den Kind-Archetyp als kleines Mädchen. Dieser gegengeschlechtliche Aspekt könnte wohl bedeuten, daß zur Wandlung des Mannes Dali die Integration seiner Weiblichkeit gehört. Der Kind-Archetyp ist, wo er auftritt, allemal eine Ausdrucksform des Göttlichen, nämlich einer transpersonalen Mächtigkeit, die, hier als künstlerische Vision, sich in der Seele Dalis manifestiert. Der Eintritt dieses Archetyps als Bild in das Bewußtsein stellt einen schöpferischen Moment von hoher Energieladung dar, der die Seele des Menschen öffnet, wandelt oder auch – wie im »Tod in Venedig« – zerstört.

Von dem vielleicht fruchtbarsten Denker der Gnosis, Valentin (2. Jahrhundert n. Chr.), berichtet Hippolyt, »er habe ein kleines Kind gesehen, gerade geboren, er habe es gefragt, wer es sei, und es habe geantwortet, es sei der Logos«[4]. Diese Vision habe den Anstoß zur Entstehung seiner Lehre gebildet.

Von großer Eindrücklichkeit ist schließlich die Legende von Meister Eckehart und dem nackten Buben. Sie lautet:

»Meister Eckehart begegnete ein schöner, nackter Bube.
Da fragte er ihn, von wannen er käme?
Er sprach: ›Ich komme von Gott.‹
›Wo ließest du ihn?‹ –
›In tugendhaften Herzen.‹
›Wo willst du hin?‹ –
›Zu Gott!‹
›Wo findest du ihn?‹ –
›Wo ich von allen Kreaturen ließ.‹
›Wer bist du?‹ –
›Ein König.‹
›Wo ist dein Königreich?‹ –
›In meinem Herzen.‹
›Gib acht, daß es niemand mit dir besitze!‹
›Ich tu's.‹ –
Da führte er ihn in seine Zelle und sprach: ›Nimm, welchen
Rock du willst!‹ –
›So wäre ich kein König!‹
Und verschwand.
Da war es Gott selbst gewesen und hatte Kurzweil mit ihm
gehabt.«[5]

Das Selbst

Das »göttliche Kind« ist ein Gottesbild und ein Ausdruck
des Archetyps des Selbst. Da dieser zentrale Begriff der
Jungschen Tiefenpsychologie in den folgenden Kapiteln eine
entscheidende Rolle spielen wird, seien hier einige Erläuterun-
gen vorangestellt. Das *Selbst* bezeichnet nach Jung zunächst
einmal »den Gesamtumfang aller psychischen Phänomene im
Menschen. Es drückt die Einheit und Ganzheit der Gesamtpersönlichkeit aus.«[6] Aber diese Ganzheit ist dem Menschen
nur zum geringeren Teil bewußt und keineswegs realisiert.
Der Mensch besteht nämlich aus zwei psychischen Teilsystemen, dem Bewußten und dem Unbewußten. Der bewußte
Teil des Menschen ist zentriert um das Ich. Der unbewußte
Anteil seiner Seele aber entzieht sich dem Zugriff und der
Lenkung durch das Ich. Er ist, solange er in der Unbewußtheit
verbleibt, projiziert. Das heißt, die Inhalte der unbewußten
Psyche sind als Archetypen (Urbilder) des Schattens, der

Anima oder des Animus, oder des Geistes usw. auf äußere Personen oder Sachen geworfen (sofern der Archetyp nicht »ruht«) und werden nicht als solche erkannt. Das hat beispielsweise zur Folge, daß ich im Mitmenschen mit meinem eigenen Schatten konfrontiert werde und diesen am anderen bekämpfe. Die Anima ist in diesem Zusammenhange der unbewußte weibliche Seelenanteil im Mann, der Animus der unbewußte männliche Seelenanteil in der Frau. Der Archetyp des Geistes begegnet unter Umständen in der sogenannten Mana-Persönlichkeit, die nur wirken kann, weil unbewußter Seeleninhalt auf sie projiziert wurde. Es kommt nun darauf an, diese Projektionen als das zu erkennen, was sie sind, und in die eigene Innerlichkeit als bewußt gemachte Seelenkräfte zurückzunehmen, sie also aus der Unbewußtheit herauszuholen und an das Ich zu assimilieren. Dann entsteht im Menschen eine Verbundenheit zwischen den beiden psychischen Teilsystemen und ein Gleichgewichtspunkt zwischen beiden. Diesen Gleichgewichtspunkt und gemeinsamen Mittelpunkt nennt Jung das Selbst. Der Mensch ist offensichtlich auf diese Bildung des gemeinsamen Gleichgewichtspunktes angelegt. Er wird dadurch erst zu einem ganzen und »runden« Menschen. Dieser Punkt ist als Möglichkeit in ihm angelegt, darum nennt ihn Jung auch einen virtuellen Punkt. Diese Geburt des Selbst wird insbesondere durch das archetypische Bild des »göttlichen Kindes« und seine Geburt zum Ausdruck gebracht, Ganzheit und Rundheit durch Mandala-Symbole, die Kreise und Vierecke enthalten. Die darin vollzogene Konzentration auf die *Mitte* bedeutet eine kopernikanische Wende im Leben eines Menschen, der sich nun nicht mehr um sein Ich und seine Rollenverhaftung (Persona) dreht, sondern um einen neuen Mittelpunkt, eine innere Sonne, um die sich das Ich als Trabant bewegt. Da dieser Prozeß der Selbstfindung oder Individuation auf der Zurücknahme der unbewußten Projektionen beruht, kommt nun erst die Welt und ihre Wirklichkeit unverstellt in den Blick. Der Mensch wird so erst fähig für das Du, das ihm begegnet. Dies muß mit Nachdruck betont werden, da der Ausdruck Selbstfindung und Bewußtmachen der Inhalte des Unbewußten leicht die unrichtige Vorstellung erweckt, als flüchte der Mensch aus der Welt in seine Innerlichkeit. Es entsteht so ein »Bewußtsein, das nicht mehr in einer kleinlichen und persönlich empfindlichen Ich-Welt befangen ist, sondern an einer weiteren Welt, an der Welt der Objekte teilnimmt. Dieses weitere Bewußtsein ist nicht mehr jener empfindliche, egoistische Knäuel von persönlichen Wünschen, Befürchtungen, Hoffnungen, der durch unbewußte persönliche Gegentendenzen kompensiert oder etwa auch korrigiert werden muß, sondern es ist eine mit dem Objekt, der Welt, verknüpfte Beziehungsfunktion, welche das Individuum in eine unbedingte, verpflichtende und unauflösbare Gemeinschaft mit ihr versetzt.«[7] Es ergibt sich von daher aber auch, daß das Aufgehen des Archetyps des Selbst als Gottesbild den Menschen zugleich aus seiner Ich-Verstrickung in die Weite und Offenheit einer göttlichen Schöpfung versetzt. Das Ich wird auf dem Wege der Findung des Selbst, das oft auch unter dem Bilde des Schatzes, der Perle oder der »schwer erreichbaren Kostbarkeit« vorgestellt wird, erst ein wirkliches Individuum. Denn nur Individuen – nicht bloße Rollenträger oder gar Massenmenschen – können der Gesellschaft etwas geben, was nur durch sie gegeben werden kann. »Das individuierte Ich empfindet sich als *Objekt* eines unbekannten und übergeordneten Subjekts«[8], des Selbst. Das Selbst stellt daher einen Grenzwert unserer inneren Erfahrung dar, der zugleich symbolisch über sich hinausweist in die Symbole der Religion. Es kann als unser individueller Anteil an Gott gedeutet werden, als das innere »Fünklein«, von dem Meister Eckehart spricht, als die innere Sonne, mit der beispielsweise Christus identifiziert wird, als das »Reich Gottes in uns«. Eines seiner ausdrucksvollsten Symbole ist das »göttliche Kind«. Es ist daher ein Teil der Suche nach unserer eigenen Mitte, wenn wir den Erscheinungen des »göttlichen Kindes« in den Religionen und in den Erfahrungen von Menschen unserer Zeit nachgehen. Ich bleibe mir dabei bewußt, daß ich die überreiche Fülle an Überlieferungen und Erfahrungen nur an einigen besonders bedeutsamen Manifestationen zur Sprache kommen lasse. Der Weg über Indien, Ägypten, das alte Griechenland, Palästina und Britannien bis in die Erfahrungen des Kind-Archetyps der Gegenwart ist dennoch nicht zufällig gewählt. Er erweist sich als ein Weg der Entfaltung, der Differenzierung und der aus der Tiefe des Unbewußten sich ankündigenden Synthese.

Anmerkungen

1   Das Fischer Lexikon 6, Hrsg. Peter R. Hofstätter, Fischer Bücherei Frankfurt/M. 1957, S. 45

2   C. G. Jung und K. Kerényi, Einführung in das Wesen der Mythologie, Hildesheim 1982[2] (Nachdruck), S. 120f. A 19 (C. G. Jung, Gesammelte Werke 9/1, Olten 1978[3], S. 175 A 20)

3   Ebd., S. 41

4   Hippolytus, Refutatio omnium haeresium VI,42,2, zit. nach »Die Gnosis«, 1. Band, Zeugnisse der Kirchenväter (hrsg. C. Andresen), Zürich 1969, S. 314

5   Meister Eckehart, Deutsche Predigten und Traktate, hrsg. und übers. von Josef Quint, München 1978[3], S. 444f.

6   C. G. Jung, Definitionen, Gesammelte Werke 6, Olten 1978[13], S. 512

7   C. G. Jung, Die Beziehungen zwischen dem Ich und dem Unbewußten, Gesammelte Werke 7, Olten 1971[2], S. 196

8   Ebd., S. 263

Krishna

Im 4. Gesang der Bhagavadgita spricht Krishna, der zum Menschen gewordene Vishnu, welcher der eigentliche Gott ist, vor dem andere Götter nur Halbgötter oder Engelwesen sind, zum Pandu-Prinzen Arjuna:

>»Schon viele der Geburten sind
Für mich so wie für dich dahin.
Mir sind sie alle wohlbekannt,
Doch nicht so, Tapfrer, deinem Sinn.

Obgleich ich aller Wesen Herr
Und ungeboren, wandellos,
Geh' oft durch meine Wunderkraft
Ich ein in einen Mutterschoß.

Stets wenn Verbrechen sich erhebt
Und Frömmigkeit zu wanken droht,
Erschaffe ich mich selbst erneut
Durch meines Willens Machtgebot.«[1]

Der Gott, der hier von seiner Menschwerdung, ja seiner Geburt im Mutterschoß und damit von seiner Kindwerdung spricht, ist zugleich der, aus dem das unermeßliche Universum ewig hervorgeht und in den es immer wieder in gewaltigen Zyklen zurückkehrt. Alles Geschehen der Welt geschieht im Riesenleibe dieses Gottes, der sich dem vor der Schlacht gegen die Dhritaraschtra-Söhne zögernden Arjuna in einer gewaltigen Vision erschließt. Staunend, überwältigt und von heiligem Schauer ergriffen, beschreibt Arjuna eine der gewaltigsten Theophanien, die die indische Religion überliefert:

>»Alle Wesen, alle Götter,
Seh an deinem Leib ich hangen,
Brahma auf dem Lotussitze
Samt den Sehern und den Schlangen.

Viel Gesichter, Arme, Leiber,
Viele Augen, du Gewaltger,
Aber weder Ziel noch Anfang
Seh an dir ich, Vielgestaltger.

Auf dem Haupte glänzt die Krone,
In der Hand trägst du die Keule,
Unermeßlich, schwer zu schauen,
Strahlst du wie des Feuers Säule ...

Mond und Sonne sind dir Augen,
Arme reckst du, ungeheuer,
Opferflamme loht vom Mund dir,
Sengt das All mit ihrem Feuer ...

Händefaltend Götterscharen
Dich besingend zu dir treten,
Seher, Heilige und Weise
Dich verehrend zu dir beten ...

Deine Münder, zähnestarrend,
Einem Weltenbrande gleichen,
Seh ich's, schwinden mir die Sinne,
Und ich muß vor Angst erbleichen.

Alle Söhne Dhritaraschtras
Samt den Helden, ungezählten,
Und von unsrer Seite alle
Krieger, alle kampfgestählten,

Strömen ein in deine Rachen,
Die hier abgrundtief rings gähnen,
Andre mit zermalmtem Haupte
Hängen zwischen deinen Zähnen ...«[2]

Kindwerdung Gottes

Dieser Gott wird Mensch, wird Kind.

Für die Kindwerdung Gottes in Krishna gilt im besonderen,
daß Gott nicht nur als Kind erscheint, sondern sich im Kind-
Sein als in seinem eigentlichen Wesen erschließt. Der ungeheure Schauder und die kaum erträgliche Gewalt, mit der der
11. Gesang der Bhagavadgita die Gestalt des Gottes erscheinen läßt, darf nicht darüber hinwegtäuschen, daß für Vishnu die
Welt ein gigantisches Spiel und ein ungeheurer Traum ist. Die
Welt ist Gottes Spiel, Gottes Traum. Er schafft aus der Tiefe
des Unbewußten hervor. Er schafft unbewußt wie der Künst-

ler, von dem Mozart in einem Selbstbekenntnis sagt: »Das erhitzt mir nun die Seele, wenn ich nämlich nicht gestört werde; da wird es immer größer; und ich breite es immer weiter und heller aus; und das Ding wird im Kopf wahrlich fast fertig, wenn es auch lang ist, so daß ich's hernach mit einem Blick, gleichsam wie ein schönes Bild oder einen hübschen Menschen, im Geist übersehe, und es auch gar nicht nacheinander, wie es hernach kommen muß, in der Einbildung höre, sondern wie gleich alles zusammen. Das ist nun ein Schmaus. Alles das Finden und Machen gehet in mir nur, wie in einem schönstarken Traume vor: aber, das Überhören, so alles zusammen, ist doch das Beste.«[3] Die Welt als Gottes Spiel ist zugleich Gottes Traum. Spielend und träumend aber denken wir uns das Kind. Gott als ein spielendes und träumendes Kind, das begegnet uns im Kind-Archetyp. Dieses Gottesbild verweist damit zugleich auf die tiefste schöpferische Quelle in uns, auf unser Kind-Sein nicht als Lebensstufe, sondern als Wesensstufe unserer zu den Quellgründen des Unbewußten geöffneten Existenz. In keiner Religion tritt das wesentliche Kind-Sein Gottes so archetypisch hervor wie in der Krishna-Religion Indiens.

Die Inkarnation oder Menschwerdung Krishnas begab sich nach der Legende im 10. Buch des Bhagavatam, als die Erde von Dämonen erfüllt war, die als Könige auftraten, die Götter entthronten und das Gleichgewicht der Kräfte aufhoben. Die Mutter Erde konnte diese übermäßige Last nicht länger tragen. Sie nahm die Gestalt einer Kuh an, bestieg den Meruberg, Mitte und Achse der Welt, und flehte Brahma um Hilfe an. Dieser brachte sie an das Ufer des Milchozeans, um ihre Bitten an Vishnu zu richten, der auf einer Insel in göttlicher Ekstase lag. Vishnu ließ Brahma in der Trance wissen, daß er selbst auf Erden erscheinen werde, um diese von der Last der Dämonen zu befreien. Ich berichte die folgende Kindheitslegende zum Teil in Anlehnung an die Zusammenstellung von Roland Beer[4].

König Ugrasena, heißt es, regierte über ein friedliches Volk von Hirten und Bauern in der Stadt Mathura im Norden Indiens. Da trat der Königin Pavanarekha, als sie allein in einem Wald war, ein Dämon in den Weg. Er vergewaltigte sie und gab ihr die Botschaft, daß sie einen Sohn gebären werde, der die ganze Erde erobern, dann aber von einem gottgleichen Helden getötet würde. König Ugrasena erlitt von seinem vermeintlichen Sohn Kansa großes Leid. Schließlich setzte Kansa seinen Vater ab, übernahm die Königsmacht und unterdrückte die Verehrung Vishnus. In Kansa war der Widergott, den Vishnu einst erschlagen hatte, wieder erschienen. Daher seine tiefe Feindschaft gegen Gott und eine gerechte Ordnung in der Welt. Er dehnte sein Reich unermeßlich aus. Grausam brach er Gesetz und Recht. An ihre Stelle trat die Willkür des Tyrannen, der von mächtigen Dämonenfürsten unterstützt wurde.

Immer aber, so hörten wir aus der Bhagavadgita, wenn Verbrechen sich erhebt und Frömmigkeit zu wanken droht, erschafft Gott Vishnu sich erneut und geht durch seine Wunderkraft Maya in einen Mutterschoß ein. Er erwählte Vasudeva und Devaki aus dem Yadava-Geschlecht und riß sich ein schwarzes und ein weißes Haar aus. Aus dem weißen Haar sollte Devakis siebter Sohn Balarama, aus dem schwarzen hingegen ihr achter Sohn Krishna geboren werden.

Durch den weisen Narada, der Nachrichten aus dem Rat der Götter an irdische Fürsten weitergibt, erfuhr Kansa, daß das achte Kind Devakis ihn töten werde. Kansa setzte daraufhin Vasudeva und Devaki gefangen und ließ jedes Kind, das sie gebar, umbringen. Als sie aber das siebte Kind zur Welt bringen sollte, ließ Vishnu dieses durch seine Mayakraft in den Schoß der Rohini, einer anderen Gemahlin Vasudevas, übertragen, die in einem Hirtendorf bei Nanda, einem Freunde Vasudevas, wohnte. Kansa meldete man eine Fehlgeburt der Devaki. Als dann aber Devaki ihr achtes Kind erwartete, traf Kansa die härtesten Vorkehrungen. Er ließ Vasudeva und Devaki aneinanderfesseln, das Gefängnis überdies von Wächtern, Elefanten, Löwen und Hunden bewachen.

»Als nun die glückverheißende Zeit für das Erscheinen des Herrn gekommen war, durchdrangen alle Eigenschaften der Tugend, Schönheit und des Friedens das gesamte Universum. Die Sternkonstellation Rohini bildete sich, und Sterne wie Ashvini erschienen. Die Sonne, der Mond und die anderen Sterne und Planeten waren sehr friedvoll. Alle Himmelsrichtungen wirkten äußerst freudespendend, und die schönen Sterne funkelten am wolkenlosen Himmel. Die mit Städten,

Dörfern, Bodenschätzen und Weidegründen geschmückte Erde
sah in jeder Hinsicht glückverheißend aus. Die Flüsse strömten
mit klarem Wasser dahin, und die mit Lilien und Lotosblumen
übersäten Seen und die großen Gewässer waren außerordentlich schön. In den Bäumen und grünen Pflanzen, die voller
Blüten und Blätter waren und die die Augen erfreuten, begann-
nen Vögel wie Kuckucke den Halbgöttern zuliebe mit lieblichen Stimmen zu singen, und Bienenschwärme summten. Ein
reiner, leichter Wind, der sehr angenehm war und den Duft
von Blumen mit sich trug, wehte, und als die Brahmanen, die
mit rituellen Zeremonien beschäftigt waren, ihre Feuer gemäß
den vedischen Prinzipien entzündeten, brannten diese gleichmäßig, ohne vom Wind gestört zu werden. So waren die
Heiligen und Brahmanen, die ständig von Dämonen wie Kansa
und seinen Männern belästigt worden waren, zu der Zeit, als
der ungeborene Vishnu erscheinen sollte, im Innern ihres
Herzens voller Frieden, und gleichzeitig ertönten vom oberen
Planetensystem die Klänge von Kesselpauken. Die Kinnaras
und Gandharvas sangen glückverheißende Lieder, die Siddhas
und Tscharanas brachten glückverheißende Gebete dar, und
die Vidyadharis begannen zusammen mit den Apsaras voller
Jubel zu tanzen. Die Halbgötter und die großen Heiligen
streuten in einer freudigen Stimmung Blumen herab, und am
Himmel zogen Wolken auf und ließen ein sehr sanftes Donnern ertönen, das sich wie die Brandung des Ozeans anhörte.
Dann – in der tiefen Dunkelheit der Nacht – erschien die
höchste Persönlichkeit Gottes, Vishnu, der sich im Innersten
des Herzens eines jeden befindet, aus dem Herzen Devakis
wie der Vollmond, der am östlichen Horizont aufgeht. Hierauf
betrachtete Vasudeva das neugeborene Kind, das wunder-
volle, lotosgleiche Augen hatte und in seinen vier Händen die
vier Waffen Muschel, Rad, Keule und Lotos trug. Auf seiner
Brust befand sich das Shrivatsa-Zeichen und an seinem Hals
der dunkelnde Kaustubha-Juwel. Das Kind war in gelbe
Gewänder gekleidet, sein Körper war schwärzlich wie eine
dichte Wolke, es besaß langes, wallendes Haar, und sein
Helm und seine Ohrringe glitzerten ungewöhnlich, denn sie
waren mit wertvollen Vaidurya-Juwelen besetzt. Mit seinen
Schmuckstücken, unter denen sich ein funkelnder Gürtel,
Armbänder und Armreifen befanden, sah das Kind sehr

bezaubernd aus. Als Vasudeva seinen außergewöhnlichen Sohn sah, weiteten sich seine Augen vor Erstaunen. Von Jubel erfüllt, holte er in Gedanken zehntausend Kühe herbei und verschenkte sie in einem großen Fest an die Brahmanen.«[5]

Krishna erschien seinen irdischen Eltern zunächst mit seinen göttlichen Symbolen, damit sie ihn als den eigentlichen Gott erkennen. Dann aber nahm er die Gestalt eines gewöhnlichen Kindes an. In der Nacht der Geburt geschah noch ein weiteres Wunder. Die Wachen fielen in tiefen Schlaf. Vasudeva war imstande, das Kind an diesen vorbei zu seinem Freund Nanda in Sicherheit zu bringen. Dessen Frau Yashoda hatte zur gleichen Zeit ein Mädchen geboren. Vasudeva vertauschte es mit Krishna und kehrte mit dem Mädchen ins Gefängnis zurück. Kansa in seinem Zorn wollte das Kind gegen einen Felsen schmettern. Doch verwandelte sich dieses noch in der Luft in die Göttin Devi, die ihm die Rettung seines Widersachers verkündete. Da ließ Kansa alle neugeborenen Knaben in der Umgebung, deren er habhaft werden konnte, töten. Krishna aber blieb in der Hütte des Nanda vor Nachstellungen verschont. Yashoda hielt den Knaben für ihr eigenes Kind. Sein Name Krishna, der Dunkle, deutet darauf hin, daß sein Leib dunkel war wie die blaue Lotosblume. Mit den Hirten und ihren Frauen feierte Nanda ein großes Fest zu Krishnas Geburt.

Wir haben in dieser Erzählung eine deutliche Parallele zur Legende von der Geburt Jesu, seiner Verfolgung durch Herodes und dem bethlehemitischen Kindermord. Es ist nicht allzu wahrscheinlich, daß die Kishnalegende von Indien nach Palästina gewandert und dort, in der urchristlichen Überlieferung, auf das Jesuskind übertragen worden sei. Viel eher handelt es sich um eine Paralleloffenbarung aus dem Unbewußten auf archetypische Veranlassung. (Doch ist mit jüdischen Parallelen zu rechnen, auf die wir im Kapitel über Jesus eingehen.)

Wenn ein Mensch auf den Weg der Individuation geführt wird, dann setzt das seine Loslösung vom Gruppenselbst voraus. Dieses Gruppenselbst ist für den Menschen konstelliert in seiner Familie, insbesondere in den Elternimagines. Eine solche Loslösung ist nicht ohne Gefahren. Der Mensch tritt aus einem Gehaltensein, auch in seinen Wertvorstellungen, heraus und ist in besonderem Maß der Projektion seines Schattens ausgesetzt. Solange er der Schattenprojektion noch erliegt, tötet er die Möglichkeiten der Selbstfindung und der Selbstverwirklichung, die in ihm angelegt sind. Der Mensch wütet in der Schattenprojektion gegen seine eigenen Möglichkeiten wie Kansa gegen die unschuldigen Kinder. Die Besiegung des Schattens bedeutet zugleich dessen Integration. Krishna – das göttliche Kind, der Selbst-Archetyp – heißt »der Dunkle«, die blaue Farbe, die ihm eignet, ist eine Einheit von Dunkelheit und Licht. Sehr treffend bezeichnet Goethe Blau als eine Farbe »zunächst an der Finsternis«[6]. Aber auch das brüderliche Auftreten von Balarama (aus dem weißen Haar Vishnus) und Krishna (aus dem dunklen Haar Vishnus) zeigt auf eine Gegensatzvereinigung hin. Im gesellschaftlich-geschichtlichen Rahmen ist das Gruppenselbst im herrschenden Gottesbild konstelliert, das auf der Familienebene in den Elternimagines oft eine spiegelbildliche Entsprechung hat. Mit dem Zurücktreten dieses Gruppenselbst tritt für das Kollektiv ein Zustand der inneren und äußeren Unsicherheit ein. Das Gehaltensein im geschichtlich Gewordenen zerbricht. Ungeheure Schattenkräfte werden frei, die sich unter Umständen zu gewaltigen Schattenpersönlichkeiten verdichten. Kansa und Herodes (in unserem Jahrhundert Hitler) sind ein Ausdruck davon. Sie erscheinen als gegengöttlich oder dämonisch, da sie ihre Macht aus dem Zurücktreten der als Gruppenselbst verehrten Gottheit beziehen. Ihre Schattenprojektionen führen zu mörderischen Aggressionen, unter denen sie in Wirklichkeit gegen sich und die eigentlichen in der Zeit angelegten Möglichkeiten wüten. Gott will wiederkehren und Retter der Welt werden, aber nun nicht wieder in der alten Gruppenselbst-Konstellation, ob diese nun Volk heißt oder Familie.

Eigentümlicherweise steht im Eingang der Bhagavadgita eine Auseinandersetzung mit dem Gruppenselbst. Arjuna will nicht gegen seine Verwandten kämpfen, doch genau das ist seine Pflicht, wie ihm der Gott erläutert. Und Jesus sagt: »Denkt nicht, ich sei gekommen, Frieden auf die Erde zu bringen. Ich bin nicht gekommen, Frieden zu bringen, sondern das Schwert. Denn ich bin gekommen, den Menschen zu entzweien gegen seinen Vater und die Tochter gegen ihre Mutter und die Schwiegertochter gegen ihre Schwiegermutter,

und Feinde des Menschen werden seine Hausgenossen sein.
Wer Vater oder Mutter mehr liebt als mich, ist meiner nicht
wert« (Matthäus 10,34–37). Das Schwert, von dem Jesus
redet, und der Kampf, zu dem Arjuna aufgefordert wird, ist
die Pflicht des Sich-Unterscheidens und des Sich-Herauslösens
aus der unbewußten Identität mit seiner Umgebung. Das
Schwert ist das Symbol dieses Sich-Trennens und Kämpfens,
wodurch der Mensch sich selbst gewinnt. Krishna und Jesus
sind geistig-göttliche Gestalten, durch die sowohl der Schat-
tenmacht wie auch dem einfachen Zurückgehen in die traditio-
nellen Gruppenselbst-Identifikationen gewehrt werden soll.
Der Gott will wiederkehren als Retter der Welt in der Kind-
Konstellation, das heißt als Archetyp des Selbst, der Gegensatzvereinigung und der Individuation. Es gilt insbesondere für
unsere Zeit: Der Mensch darf weder reaktionär noch roman-
tisch einfach zu den alten Gruppenselbst-Vorstellungen
zurückkehren noch sich dem seine Schattenkräfte aktivieren-
den Zeitgeist einfach überlassen, die ihn zum unbewußten
Wegbereiter irgendeines Kansa oder Herodes machen – welche neuen geschichtlichen Namen diese auch annehmen
mögen.

Die Ablösung vom Gruppenselbst, eine Grundvorausset-
zung der Individuation, schließt eine neue Bindung nicht aus,
sondern bildet erst die Möglichkeit für eine wirkliche Bindung.
Mit Recht sagt C. G. Jung: »Nur diejenige Sozietät, welche
ihren inneren Zusammenhang und ihre Kollektivwerte bei
größtmöglicher Freiheit des einzelnen bewahren kann, hat eine
Anwartschaft auf dauernde Lebendigkeit. Da das Individuum
nicht nur Einzelwesen ist, sondern auch kollektive Beziehung
zu seiner Existenz voraussetzt, so führt auch der Prozeß der
Individuation nicht in die Vereinzelung, sondern in einen
intensiveren und allgemeineren Kollektivzusammenhang.«[7]
Es entspricht dem, daß Jesus nicht nur das oben zitierte Wort
gesprochen hat, sondern gegenüber den Kollektivansprüchen
der Verwandten auf seine Jünger zeigte: »Sieh, meine Mutter
und meine Brüder! Jeder, der den Willen Gottes tut, der ist
mir Bruder, Schwester und Mutter« (Markus 3, 34f.). Es
besteht kein Grund zu der Annahme, daß eines Tages nicht
auch seine Mutter und Geschwister zu den Verwandten höherer Art, der Familie der ihr Selbst Verwirklichenden, gehören

könnten. Gottes Wort in der Tiefe des Menschen, der eigentliche Wille Gottes, ist das Selbst.

Es ist kein Widerspruch zu dem hier Gesagten, daß die Geburtsgeschichte Krishnas (wie die Jesu im Lukasevangelium) in ein Element der Bukolik, des Hirtenlebens, hineingebettet ist. Schutz und Hilfe finden Balarama und Krishna bei Nanda und seinen dörflichen Hirten. Die Hirtenwelt mit ihrem einfachen, beschränkten Horizont und dem Ahnungsreichtum der stillen Natur, die Symbolik der Milch und der Kuh – alles das weist auf das kollektive Unbewußte hin. Es ist eine Welt der Mütter, die sich hier auftut: Devaki, Rohini, Yashoda. Der Individuations- und Selbstfindungsprozeß steht ja letztlich nicht in einem Gegensatz zum Unbewußten, sondern das Unbewußte selbst drängt der Bewußtwerdung, der Unterscheidung, der Herauslösung des Selbst zu, das zugleich doch wieder die Ganzheit ist, die Unbewußtes und Bewußtes umgreift. Aus dem Unbewußten steigen die wendenden Impulse und Hilfen auf, die der Mensch und das Menschengeschlecht zur Bewältigung des Lebens nötig haben. Sie offenbaren sich in Träumen und Visionen aus dem Schoß der Tiefe. Vielleicht soll die Göttin Devi, die aus dem Mädchen emporfuhr, das Kansa verfolgte, die kündende Stimme der Seele, der Anima, vor Augen stellen.

Immer wieder sandte Kansa Dämonen aus, die nach dem Kind forschen sollten. Zuerst die Dämonin Putana. Als schöne Frau erschlich sie sich das Vertrauen der Mutter Yashoda und nahm den Säugling auf den Arm. Ihre Brüste waren vergiftet. Jedes andere Kind hätte daran sofort sterben müssen. Krishna aber saugte ihr mit der vergifteten Milch zugleich das Leben aus. Mit einem fürchterlichen Schrei stürzte die Dämonin tot zu Boden. Danach bedrohte ihn der fliegende Riese Sakta. Yashoda hatte das Kind unter einen großen Wagen gelegt. Da kam der Dämon herbeigeflogen und ließ den Wagen unter seiner Körperlast zusammenbrechen. Krishna aber machte das nichts. Vielmehr versetzte er dem Dämon einen so heftigen Tritt, daß dieser tot zusammenstürzte. Danach hob der dämonische Wirbelwind Trinavarta das Kind aus Yashodas Schoß empor. Aber Krishna zwang ihn zu Boden und vernichtete ihn.

Der guten Mutter, wie sie uns in Yashoda und überhaupt in

dem mütterlichen Bereich begegnet, wie wir ihn oben schilderten, tritt in der Dämonin Putana die »furchtbare oder verschlingende Mutter« gegenüber, wie C. G. Jung diesen Aspekt des kollektiven Unbewußten genannt hat. »Es ist darin der Todesaspekt der Mutter Natur ausgedrückt, welche ihre Geburten jeweils wieder zerstört und zu sich zurücknimmt. Eine entsprechende Wirkung übt auch das Unbewußte aus, indem es dem Bewußtsein einen gewissen Widerstand entgegensetzt oder die errungene Bewußtheit wieder zu verdunkeln oder auszulöschen droht.«[8] Die Selbstwerdung muß sich dieser Verführung entgegensetzen und dabei todüberwindende Kräfte entwickeln. Ausdrücklich wird Putana ja als eine verführerisch schöne Frau beschrieben. »Ihre Hüften waren rund, ihre Brüste groß und fest, so daß ihre schlanke Taille überbelastet zu sein schien, und sie war sehr reizvoll gekleidet. Ihr Haar, das ein Kranz aus Mallika-Blumen schmückte, umrahmte ein schönes Gesicht. Ihre Ohrringe funkelten, und als sie die Bewohner Vrajas mit überaus bezauberndem Lächeln anblickte, erweckte sie aufgrund ihrer Schönheit die Aufmerksamkeit aller, besonders der Männer. Als die Hirtenmädchen, die Gopis, sie sahen, dachten sie, die schöne Glücksgöttin sei mit einer Lotosblume in der Hand gekommen, um ihren Ehemann zu besuchen.«[9] Im archetypischen Gehalt der Legende liegt die Gewißheit eingeschlossen, daß das Selbst dem Tod überlegen ist. Darüber hinaus, darauf weisen zugleich die beiden anderen Legenden hin, ist das Selbst das anscheinend Kleine und Schwache, in dem aber doch Riesenkräfte schlummern.

Der göttliche Schelm

In den weiteren Krishna-Legenden tritt insbesondere die Vorstellung des spielenden Kindes hervor, die oft mit der des göttlichen Schelms oder Lausbuben verbunden ist. Der kleine Krishna, so wird erzählt, führte mit den Kindern des Dorfes freche kindliche Streiche durch, die die Geduld von Mutter Yashoda hart auf die Probe stellten. Sie banden den Kühen die Schwänze zusammen, hängten sich an die Euter und tranken Milch oder verfütterten die Butter an die Affen. Einmal verpetzten ihn seine Spielkameraden: Krishna habe Lehm gegessen. Die Mutter, die das ungezogene Kind bestrafen wollte, stellte ihn zur Rede: »Warum tust du das?« Aber Krishna behauptete steif und fest, er habe keinen Lehm gegessen, seine Spielkameraden schwindelten. Da verlangte die Mutter, daß er seinen Mund öffne. Er tat es wie ein gehorsames Kind, und die Mutter sah in seinem Munde die gesamte Fülle der Schöpfung, das riesengroße Universum, den Weltenraum, die Sterne, die Planeten, Sonne und Mond, die Kontinente, die Gebirge und Meere. Hatte er nun geschwindelt? Ist in den Augen des Schöpfers nicht alle Schöpfung purer »Lehm«? Und Lehm ist wiederum nicht Lehm, sondern die ganze Gestaltenfülle, die man daraus machen kann. Das mit dem Lehm, mit dem »Schmutz« spielende Kind, das wir nur zu oft bei seinen Spielen stören, weil sie schmutzig machen – ein Bild des Schöpfertums Gottes und seines Jenseits von Gut und Böse, der immer noch in spielenden Menschen seine Welt weiterschafft!

Nach indischer Schau geht alle Weltentstehung davon aus, daß Vishnu, der höchste persönliche Gott, mit seinem Riesenleibe, ruhend auf der Weltenschlange, die Ananta (Endlos) und Shesha (Rest) genannt wird, auf den Wassern des Urozeans erscheint. In dieser Erscheinung wird er Narayana (Menschensohn) genannt. In ihm, dem riesigen Narayana oder Menschensohn, liegen alle Möglichkeiten der künftigen Welt und gehen aus ihm hervor. Die indische Sage erzählt, daß es dem weisen Markandeya gestattet wurde, den Riesenleib Vishnus zu durchwandern. Da geschieht es, daß Markandeya aus dem Munde des schlafenden Gottes in die Wasser des Urozeans fällt. Er erblickt auf dem Dunkel der Wasserwüste ein strahlendes Kind, das unter einem Feigenbaum schlafend ruht. Wie er wieder hinschaut, sieht er, wie dieses Kind selbstvergessen und unbekümmert in den Wogen des Meeres spielt. Der Weise ist empört, daß das Kind ihn, den würdigen Alten, nicht ehrerbietig begrüßt. Dann aber enthüllt ihm der Knabe, daß er Narayana, der ewige Gott ist, aus dem alles hervorgeht und in den alles wieder zurückfließt.

Einmal band die Mutter den ungestümen Knaben an einem Reismörser fest. Aber dieser konnte ihn trotz seiner Schwere nicht festhalten. Zuletzt blieb der Mörser zwischen zwei Bäumen hängen. Krishna riß sie um und ward von den entwurzelten Bäumen verdeckt, aus denen wie lodernde Flammen die

jugendlichen Halbgötter Nalakubera und Manigriva, durch
Krishna erlöst, hervortraten. Die beiden Brüder waren von
dem weisen Narada in die Bäume gebannt worden, weil sie
sich in Trunkenheit in einem Blumengarten nackt mit jungen
Mädchen zu vergnügen pflegten. Hinter diesem Zug der
Legende mag sich eine patriarchalische Verunglimpfung der
matriarchalen Heiligen Hochzeit halten. Zugleich spielt die
Symbolik dieser Legende offenbar auf das Mythologem der
Baumgeburt an und trägt darin ein deutlich weiblich-mütterli-
ches Gepräge. Krishna repräsentiert den Kind-Archetyp, der
auf die Selbstwerdung als Lösung von der Mutterbindung
verweist. Die Legende drückt zugleich den geradezu spielend
leichten Sieg des Geistes über den Stoff aus.

Als fünfjähriger Knabe bat Krishna, mit den anderen Jungen
des Dorfes die Herden auf die Weiden treiben zu dürfen. Sie
hüteten gemeinsam das Vieh, schmückten sich mit Kränzen aus
Blättern und Blüten des Waldes und spielten die Hirtenflöte.
Sie warfen sich Früchte als Bälle zu, verkleideten sich als Kühe
und Stiere, deren Brüllen sie nachahmten, tummelten sich
durch Wald und Hain. »Einige ahmten das Summen der
Hummeln nach und andere den Ruf des Kuckucks; einige
Jungen imitierten vorbeifliegende Vögel, indem sie dem Schatten nachliefen, den die Vögel auf den Boden warfen; einige
machten die schönen Bewegungen und die graziösen Stellun-
gen der Schwäne nach, einige kauerten sich neben den Enten
nieder und saßen schweigend da, und einige imitierten den
Tanz der Pfauen. Einige Jungen lockten junge Affen von den
Bäumen herab, einige turnten wie die Affen in den Bäumen
umher, einige schnitten Grimassen, wie es gewöhnlich die
Affen tun, und manche sprangen von einem Ast zum nächsten.
Manche Jungen gingen zu den Wasserfällen und überquerten
hüpfend wie die Frösche den Bach, und wenn sie ihr eigenes
Spiegelbild im Wasser sahen, lachten sie. Manchmal
beschimpften sie auch den Klang ihres eigenen Echos.«[10] Die
Hirten hatten ihre Freude an den Spielen Krishnas. Der
Knabe, der ihre Herden hütete, war der Hüter der Welt.

Da mischte sich eines Tages der Dämon Vatsa in Gestalt
eines Stiers unter die Herde, um Krishna und Balarama zu
töten. Aber Krishna packte ihn bei den Hinterbeinen und
schleuderte ihn gegen einen Baum. Tot fiel der Stier zu

Boden. Die Bedeutung des Stiersymbols erschließt uns am ehesten ein Blick auf den kretisch-mykenischen Kulturkreis, der ein typischer Herrschaftsbezirk der Großen Mutter ist. E. Neumann schreibt dazu: »Im Mittelpunkt des großen Fruchtbarkeitskults Kretas steht der Stier, das männliche Werkzeug und Opfer der Fruchtbarkeit. Er ist das Zentrum der Jagden und Festspiele, sein Blut ist das dargebrachte Opferblut, sein Haupt und seine Hörner sind neben der Doppelaxt, der Labrys, dem sakralen Instrument seiner Opferung, die typischen Symbole der Heiligtümer Kretas. Dieser Stier ist das Symbol des Jünglingsgottes, des Sohngeliebten der Großen Mutter, die als Europa des griechischen Mythos in Kreta herrscht. Sie ist die Gemahlin des kretischen Stiers, in dessen Gestalt Zeus sie raubte.«[11] Hinter Kansa hält sich die Große Mutter in ihrem furchtbaren, verschlingenden Aspekt; sie ist es, die letztlich den Stier Vatsa sendet, so wie die Hera von Argos, die noch in keiner Verbindung zu Zeus steht[12], über Eurystheus, der als der »weithin Starke« wohl den König der Schatten repräsentierte[13], den Helden Herakles in den Kampf mit dem Stier des Minos verwickelte, mit dem Stier, zu dem nach einer anderen Überlieferung die kretische Königin Pasiphae eine krankhafte Leidenschaft entwickelte. Alles das weist auf matriarchale Hintergründe einer noch unabgelösten Mutterbindung, die aber von Herakles und Krishna durchbrochen wurden. In die gleiche Richtung weist im babylonischen Mythos der Kampf des Gilgamesch gegen den von der Liebesgöttin Ischtar aufgebotenen Himmelsstier.

Auf die Gefahr des Wiederverschlungenwerdens vom mütterlichen Unbewußten weist auch die Legende vom Dämon Baka, dem Bruder der Putana. Dieser erschien als riesiger Kranich, der Krishna blitzschnell verschlang. Doch Krishna erregte ihm in der Kehle ein solches Brennen, daß er ihn wieder hervorwürgen mußte. Krishna ergriff ihn beim Schnabel und zerriß ihn. Den Großen Müttern gehören »die Vögel der Sümpfe, Gans, Ente und Reiher«[14]. Das Bhagavatam vergleicht das Abenteuer mit Baka mit einer Rückkehr aus dem Rachen des Todes (10,11,54).

Agha, der jüngere Bruder von Putana und Baka, versuchte nun Rache für seine Geschwister zu nehmen. In der Gestalt einer Riesenschlange legte er sich im Wald von Vrindavana in den Weg, um Krishna, Balarama, die Hirten und Herden zu verschlingen. Als er seinen Rachen öffnete, berührte er die Wolken. Man glaubte, in eine Berghöhle mit Felsenspitzen und breiter Straße hineinzugehen. Als Krishna mit den Hirtenjungen und Kühen darin verschwunden war, dehnte er sich so gewaltig aus, daß Agha davon zerbarst. »Als die gesamte Lebensluft des Dämons durch das Loch in seiner Schädeldecke entwichen war, blickte Krishna über die toten Kälber und Kuhhirtenjungen und erweckte sie wieder zum Leben. Daraufhin verließ Mukunda (Krishna), der Befreiung gewähren kann, zusammen mit seinen Freunden und den Kälbern das Maul des Dämons. Aus dem Körper der riesigen Python schoß ein grelles, alle Himmelsrichtungen erleuchtendes Licht hervor, das am Himmel wartete, bis Krishna aus dem Maul der Leiche hervorkam. Hierauf ging das Licht vor den Augen aller Halbgötter in Krishnas Körper ein.«[15] Das Selbst ist das Kleinste und zugleich das Größte, der Kern und das Umgreifende in einem. Der weise Shandilya drückt es im Gleichnis aus: »Wie ein Reis- oder Gersten- oder Hirsekorn oder eines Hirsekorns Korn, ist im Innern der Purusha (das Selbst), golden wie ein rauchloses Licht, größer als der Himmel, größer als der Luftraum, größer als die Erde, größer als alle Wesen. Es ist das Selbst des Hauches, es ist mein Selbst. Zu diesem Selbst werde ich beim Scheiden von hier gelangen.«[16] In dieser Legende wird das Gegenteil einer regressiven Muttergebundenheit besonders deutlich. Krishna als das Selbst ist das Kind, das die Umschließung durch die Mutter spaltet und selbstsicher hervortritt: das Bewußtsein, das sich aus dem Unbewußten gelöst und ein freies Verhältnis zu ihm gewonnen hat, der Kosmos, der aus dem Chaos hervortrat, das Licht, das aus der Finsternis siegend aufgestrahlt ist.

Symbolik des Selbst

Einmal entfernten sich Krishna und Balarama von ihren Hirten. Als diese bemerkten, daß ihre Kühe nirgends zu sehen waren, machten sie sich auf die Suche. Der Gott Brahma aber wollte Krishna einen Streich spielen. Er führte die Herde und die nach ihr suchenden Hirtenjungen in eine Höhle, wo er sie in einen tiefen Schlaf fallen ließ. Krishna aber konnte das nicht verwirren. Er schuf, indem er sich in ihren Gestalten verkörperte, eine zweite Herde und Doppelgänger für die Hirtenjungen. So wollte er den Müttern Sorge ersparen. Zugleich überzeugte er damit Brahma von seiner Allmacht. Darüber verging ein Jahr, währenddessen Brahma in Meditation versunken war. Als er darauf nach Vrindavana kam, sah er Herde und Hirtenjungen, als wäre nichts geschehen, auf der Weide. Als er dann die Entführten zugleich im Schlafe sah, erwies er Krishna seine Verehrung. Er erkannte, daß nicht er, der Herr des vedischen Wissens und Schöpfer der Welt, sondern Krishna die höchste, ursprüngliche Gottheit ist. Den erwachten Hirtenknaben aber war es, als wären sie eben aus dem Rachen des Schlangendämons errettet worden.

Diese Legende ist von besonderer Tiefe. Brahma ist, so erläutert es H. Zimmer, das »Werkzeug der schöpferischen Funktionen« Vishnus, »das erstgeborene Wesen, das auf dem Vishnus Nabel entsprossenen Lotos thront – eine menschengestaltige Manifestation von Vishnus demiurgischer (weltschaffender) Energie, aber keineswegs dem großen Gott gleichrangig«[17]. Brahma läßt aus seiner Meditation das Universum hervorgehen. So geht sein Blick nach innen in die Tiefen der Gottheit, und aus der Meditation hervor blickt er auf das aus ihr aufsteigende Außen der werdenden Welt. Der Mensch ruht einerseits in der »Höhle«, in der Geborgenheit, im Umfassenden des Seins der Gottheit, zeitlos im mütterlichen Grund Gottes, andererseits ist er hinausgespiegelt in Raum und Zeit, in die Welt. Sein Selbst ruht immer im zeitlosen Sein, hervorgegangen aus Gott, aus Krishna, wie ihn die Legende nennt, und er vernimmt sich zugleich in der Zeit, die seinen Grund verdeckt. Der demiurgische Blick Brahmas geht zwischen Zeit und Ewigkeit her und hin. Im Vishnu-Purana preist Brahma Vishnu, das Höchste Wesen, als er ihn, wie wir zu Anfang dieses Kapitels berichteten, im Namen der Erde und aller Götter um Erlösung bittet, die Vishnu dann in seiner Krishna-Inkarnation erfüllt: »Anbetung Vishnu mit seinen Milliarden von Gestalten und Waffen, seinen vielfältigen Gesichtern und Füßen! Anbetung dem Unendlichen, der gleicherweise die Offenbarung, die Erhaltung und die Auflösung des Alls ist! Du bist geheimnisvoller als alles, was der Sinn erfassen kann; Du bist unermeßlich in Deinem innersten

Wesen; Du bist die Wurzel von allem; Du bringst den Geist hervor, diesen ersten Stoff, aus dem sich Sprache und Sinne erhoben und erheben. O Du Höchster von Allen, habe Erbarmen! Hier, in Dir ihre Zuflucht suchend, naht die Erde. Du Ende ohne Ende, Du Anfang ohne Anfang, endliche Zuflucht aller Wesen, die Göttin bittet Dich, sie von ihrer Last zu erlösen. Erdentsprossene Dämonen erschüttern ihre felsigen Sehnen. Indra, ich selbst und alle Götter erflehen Ratschlag und Anweisung von Dir. Sage uns, o Herr und Kern unserer Unsterblichkeit, sage uns, was wir tun sollen.«[18] Gott ist der Anfang ohne Anfang, das Ende ohne Ende, der Herr und der Kern unseres Wesens, der sich im Kind-Archetyp manifestiert. Unser eigentlicher Anfang, unser eigentliches Ende, der Kern unseres Wesens, das Selbst, ist in Gott als ein Immer-Seiendes von Gott umhüllt. Wir sind in der Zeit und außerhalb der Zeit.

Einmal gelangten Krishna und seine Freunde zu einem Hain von Tala-Palmen, den der Esel-Dämon Dhenuka bewachte. Dhenuka ernährte sich vom Fleisch von Menschen und Kühen. Als die Hirten die wohlriechenden Früchte herabzuschütteln versuchten, eilte Dhenuka herbei. Er schlug mit den Hinterfüßen nach Krishnas Brust, der ihn bei den Beinen packte und so lange herumwirbelte, bis er tot war. Den Leichnam schleuderte Krishna gegen einen der Bäume, so daß zahlreiche Früchte herniederprasselten. Der Baum ist ein altes Muttersymbol. Er repräsentiert ein noch ganz aus dem Dunkeln und Erdhaften, dem Unbewußten, durchströmtes All. Seine Kinder sind die Früchte. In ihnen konzentriert sich, was aus dem Dunklen dem Licht entgegenwächst. Ihre runde Gestalt und der Kern in ihnen symbolisieren gereifte und gerundete, zentrierte Individualität. Das Pflücken der Früchte vom archetypischen Baum bedeutet je nachdem Erkenntnis und Unsterblichkeit beziehungsweise beides in einem. In der Ichwerdung trennt sich das Bewußtsein vom Unbewußten. Das wird im Pflücken oder Schütteln der Früchte vom Baum angeschaut. Der Mensch löst die Gebundenheit an das umgreifende Unbewußte, an die Mutter. Er tritt in das Stadium des Ichbewußtseins als des notwendigen Durchgangsstadiums zur Selbstverwirklichung ein. Damit verliert er zugleich seine Instinktsicherheit. Auch ist das Ich im Anfangsstadium seiner

Selbstergreifung noch schwach entwickelt. Das abgespaltene Unbewußte fällt als furchtbare Triebgewalt, in der Legende als Eselsdämon veranschaulicht, über das Ichsystem des Menschen her. Der Esel bildet ein häufiges Symbol für die Macht der Triebe und für die Körperlichkeit, der die Triebwelt entstammt. Der Mensch mit seinem noch schwachen Ich ist stets in der Gefahr, von dieser Macht der Großen Mutter überfallen und getötet zu werden. Der Kind-Archetyp Krishna erweist sich als Herr dieser Gewalt. Er überwältigt den Dämon, so daß davon die reifen Früchte den Menschen zufallen. Ichstärke bildet die Voraussetzung für die Auseinandersetzung mit dem Unbewußten, die zur Selbstfindung führt. Doch erst dem Selbst eignet die mühelose, »kinderleichte« Gewalt im Umgang mit der Triebmacht.

Einmal kam eine Obstverkäuferin nach Vrindavana und bot ihre Früchte an. Da nahm Krishna rasch einige Reiskörner, um dafür ein paar Früchte zu tauschen. Da er so hastete, fielen die meisten Körner zu Boden. Aber die Obstfrau füllte ihm trotzdem die Hände. Da verwandelten sich die Früchte in ihrem Korb in Juwelen und Gold. Bei dieser Verwandlung der Früchte ihrer Arbeit muß man daran denken, daß Juwelen und Gold insbesondere Symbole des Selbst und der Selbstfindung sind. Unser Selbst tritt nicht dann hervor, wenn wir ängstlich an uns und unserer Habe festhalten, sondern wenn wir uns im Tun der Liebe schenken können. Denn nur wer geben kann, ist frei über sich. Andernfalls besitzt uns, was wir haben.

An der Yamuna gab es eine Stelle, an der der Fluß einen großen See bildete. In diesem See hatte sich der Schlangendämon Kaliya eingenistet. Von seinem Gift, das unablässig in Dämpfen aufstieg, war die ganze Gegend verseucht und wie abgestorben. Wenn ein Vogel zufällig über den Ort flog, stürzte er augenblicklich tot ins Wasser. Nur ein einziger Baum war am Ufer übriggeblieben, ein Kadamba-Baum mit einer runden, gelben Blüte. Vishnus Vogel Garuda hatte diesen in Vorwissen von Krishnas Tun am Leben erhalten, indem er etwas Nektar auf ihn träufelte. Krishna, der gekommen war, das Gleichgewicht in der Welt wiederherzustellen, erkletterte den Baum und sprang furchtlos in den vergifteten Fluß. Der aufgeschreckte Schlangendämon erkannte sogleich, daß jemand einen Angriff auf seine Behausung wagte. Überrascht nahm Kaliya das Kind in seiner köstlichen Schönheit wahr. Trotzdem wachte grimmer Ärger in seinem Herzen auf, er schnellte auf Krishna zu und umklammerte ihn mit Macht. Die Kuhhirtenjungen und andere Bewohner von Vrindavana standen schreckerfüllt in der Nähe. Entsetzt eilten sie heim und riefen die Hirten, Nanda und Yashoda herbei. Balarama zeigte ihnen den Weg. Mutter Yashoda wollte sich sofort in die Yamuna stürzen. Sie fiel in Ohnmacht, als man sie zurückhielt. Als aber Krishna, der zwei Stunden lang im Würgegriff Kaliyas lag, sah, daß seine Angehörigen und Freunde sich zu Tode ängsteten, da dehnte er seinen Körper und bedrängte die Schlange mit solcher Kraft, daß sie ihn aus ihren Fängen entlassen mußte. Kaliya geriet in rasende Wut. Seine Hauben blähten sich auf. Giftige Dämpfe fuhren aus seinen Nüstern, Flammen aus seinem Mund. Krishna ging blitzschnell auf ihn los. Er schwamm in schnellen Kreisen um ihn herum. Kaliya jagte ihm nach und ermüdete darüber. Schließlich drückte Krishna einen der Schlangenköpfe herunter und sprang auf ihn. Dann begann er auf den Häuptern der Schlange zu tanzen. Kaliya bewegte seine hundert Köpfe nach allen Seiten und versuchte, Krishna herunterzustoßen. Krishna trat die Köpfe unablässig mit seinen Lotosfüßen, bis der Dämon Blut statt Gift ausspie. Verzweifelt kämpfte er um sein Leben. Bald war er völlig erschöpft und von den Tritten wie zerbrochen. Da schickten die Frauen Kaliyas sich an, Krishna zu verehren. Sie baten ihn um Leben und Freiheit ihres Gemahls. Bei diesem Gebet erholte sich auch Kaliya ein wenig und wandte sich an Krishna: »Ich bin nur meiner Natur gefolgt. Wie Du mich voller Stärke geschaffen hast und mir Gift verliehen, so habe ich gehandelt. Hätte ich mich anders verhalten, würde ich die von Dir für jedes Geschöpf entsprechend seiner Art gegebenen Gesetze verletzt haben. Ich würde das Gesetz des Alls und damit meine Bestrafung herausgefordert haben. Jetzt aber, selbst als Du mich schlugst, hast Du mich mit dem göttlichen Segen, der Berührung Deiner Hände, begnadet. Meine Kraft ist gebrochen, mein Gift aufgezehrt; verschone mein Leben und sage mir, was ich tun soll.«[19] Krishna gebot ihm, sofort die Wasser der Yamuna zu verlassen und sich mit seinem Gefolge in die Fluten des Weltmeers zu begeben. Dort werde er sicher sein, daß ihn der Feind der Schlangen, Garuda, Vishnus

Sonnenvogel, nicht angreifen werde, weil er die Fußmale des Gottes auf dem Haupt Kaliyas erkennt. Zur Entschuldigung Kaliyas wird auch gesagt, daß er sich aus Furcht vor Garuda in den See der Yamuna zurückgezogen hatte. Damit stellte sich Krishna, wie H. Zimmer es ausdrückt, »auf die Seite des Lebens gegen den tötenden Atem der Schlange und erkannte doch gleichzeitig auch das Recht der zerstörenden Gewalten an. Denn die giftige Schlange war ebenso gut eine Manifestation des Höchsten Wesens wie die frommen Kuhhirten. Sie war Offenbarung eines der dunkleren Aspekte von Gottes Wesen, der allhervorbringenden, uranfänglichen göttlichen Substanz entstiegen. Es konnte sich nicht darum handeln, die Macht, welche den Menschen völlig negativ erschien, ein für alle Mal auszuschließen. Krishna bewirkte nur eine Art Grenzregelung, einen das Gleichgewicht wieder herstellenden Urteilsspruch zwischen Dämonen und Menschen.«[20] H. Zimmer weist in diesem Zusammenhang darauf hin, daß in den Mythologien des Westens der hier aufgezeigte Gegensatz nicht gelöst wird. Herakles kämpft gegen die Schlangen schon als Kind, und Christus ist der Sohn des Weibes, der der Schlange den Kopf zertreten wird, während er zugleich ein Opfer ihres Bisses wird (1. Mose 3,15). »Im Gegensatz dazu sind in Indien die Schlange und der Heiland zwei Grundmanifestationen der einen, allenthaltenden, göttlichen Substanz.«[21] Das Selbst ist eine Vereinigung der Gegensätze, des hellen und des dunklen Aspektes der Wirklichkeit. Auf diese Vereinigung deutet die Kaliya-Legende eindrucksvoll hin.

Einmal bereiteten die Kuhhirten ein Ritual vor, das sie dem Götterkönig Indra darbringen wollten. Krishna mißfiel dies; denn er war ja gerade darum in die Welt gekommen, um an die Stelle von rituellen Zeremonien hingebungsvollen Glauben an das Höchste Wesen zu setzen. Wer sein Leben in den Dienst an vielen Göttern aufteilt, verteilt es an viele Instanzen und lebt nicht aus der Mitte des Vertrauens zum eigentlichen Gott. Wer hingegen vorbehaltlos dem eigentlichen Gott hingegeben ist, erfüllt in Wahrheit den Sinn aller Zeremonien. Er ist vom Schutz der höchsten Person umgeben. Scheinbar übermütig gab Krishna den Hirten und seinem Vater Nanda den Rat, statt Indra Vrindavana und den Govardhana-Hügel zu verehren. Dazu muß man wissen, daß der Gott und seine

Manifestation auf geheimnisvolle Weise zusammengehören. Das wundersame idyllische Vrindavana, die friedliche Welt der Hirten und der Govardhana-Hügel sind eine Manifestation Krishnas. In ihnen enthüllt er sein weltzugewandtes, weltstiftendes Wesen. Als Nanda und die Hirten daher Krishnas Vorschlag aufgriffen, verehrten sie unbewußt in der Feier des Govardhana-Festes Krishna, den eigentlichen Gott. Dieser aber hatte alles zu dem Zweck eingeleitet, seine schützende Macht zu offenbaren, die die Macht der Götter überragt. Nanda und die Hirten brachten dem Berg Sauermilch, Milchreis und andere Speisen dar. Sonnenwendig umzogen ihn die geschmückten Kühe. Als Indra sah, daß ihm sein Opfer entgangen war, geriet er in gewaltigen Zorn. Er ließ einen Sturmregen los, um die Kühe zu vernichten. Da hob Krishna den Govardhana-Hügel hoch empor und hielt ihn auf seinem Finger wie einen Schirm über Tiere und Menschen. Sieben Tage und Nächte ließ Indra seine Regenfluten gegen Vrindavana los, doch ohne zu wanken hielt Krishna den Berg als schützendes Dach. Schließlich mußte Indra seine Niederlage eingestehen und Krishna seine Verehrung darbringen.

Solange der Mensch noch nicht zu seinem eigentlichen Selbst, zum inwendigen, im Menschen eingekehrten Gott gefunden hat, ist er von zahlreichen Faktoren, Zuständigkeiten, Instanzen und Ritualisierungen seines Lebens abhängig, auf die er einen beträchtlichen Teil seiner seelischen Energie lenken muß, um im Leben zu bestehen. Er wird dann weithin von außen gesteuert und strebt, sich in diesem Dienst in der Welt der Zuständigkeiten zu bewähren. Da er sich abhängig weiß, wird er viel Kraft darauf verwenden, diesen »Göttern« seines Lebens zu gefallen und ihre Unterstützung zu erbitten. Der Mensch hingegen, der aus der Tiefe des Selbst, des Gottes in uns, heraus lebt, lebt aus einem letzten Vertrauen, für ihn gelten die Worte Luthers über den Glaubenden, daß er ein freier Herr ist aller Dinge und niemandem untertan und zugleich ein dienstbarer Knecht aller Dinge und jedermann untertan. Das gilt in bezug auf äußere Werke des täglichen Lebens wie auf äußere Werke religiöser Überlieferung. Wo das Selbst nicht verwirklicht wird, überschwemmen die Funktionen das Sein. Das Selbst ist das Bild und die Energie Gottes in uns, die Funktionen sind das Bild und die Energien der

Götter. Die Rituale der Götter sind ein Ersatz für die Erfahrung und Verwirklichung Gottes im Selbst. Der sich aus der Tiefe Entscheidende und Verwirklichende empfängt statt der Notwendigkeiten einer stets fremd bleibenden Außenwelt das seine Freiheit abbildende, ihn ausdrückende Schicksal. Er empfängt im Schicksal ein Bild seines Selbst.

Einmal badete eine Schar junger Hirtinnen in der Yamuna. Da stahl ihnen Krishna heimlich ihre Kleider, stieg damit auf einen Baum und schaute dem Treiben der Mädchen im Wasser zu. Dann sprach er zu ihnen: »Ihr Lieben, kommt doch eine nach der andern hierher und bittet um eure Kleider!« Die Mädchen mochten sich zieren, wie sie wollten, sie mußten einzeln nackt vor ihn treten und empfingen ihre Kleider zurück. Krishna ist der Yogeshvara, der Herr der Mystik. In ihrer mystischen Offenbarung schreibt Mechthild von Magdeburg: »Da spricht nun unser Herr: ›Bleibt stehn, Frau Seele.‹ – ›Was gebietest du, Herr?‹ – ›Ihr sollt Euch ausziehen.‹ – ›Herr, wie soll das sein können?‹ – ›Frau Seele, Ihr seid so sehr in mich genaturt, daß zwischen Euch und mir nichts sein darf. Es war nie ein Engel so hehr, dem das für eine Stunde verliehen gewesen wäre, was Euch auf ewig gegeben ist. Darum sollt Ihr Furcht und Scham von Euch tun und alle äußeren Tugenden. Die Tugend allein, die Ihr in Eurem Innern von Natur traget, die sollt Ihr in Ewigkeit finden wollen. Es sind Euer edles Verlangen und Eure grundlose Begier. Die will ich ewig füllen mit meinem endlosen Reichtum.‹ – ›Herr, nun bin ich eine nackte Seele, und du in dir ein herrlicher Gott. Unser beider Gemeinschaft ist ewige Wonne ohne Tod.‹«[22]

Herbst in Vrindavana. Krishna spielt in der Mondnacht auf seiner mystischen Flöte. Die liebeskranken Hirtinnen zieht es unwiderstehlich zu ihm hin. Jede tanzt mit ihm, als wäre er ihr alleiniger Liebhaber. Bald scheint er sich zu entfernen, als wende er sich einer anderen zu. Ihrer flehenden Liebe erscheint er neu als ihr einziger Geliebter. In Wahrheit steht Krishna in der Mitte des Reigens, auf unserer Abbildung (s. Tafel I) als ein Rechteck dargestellt, das die letztlich unbildli-

Tafel I: Krishnas großer Reigentanz mit den Hirtinnen.
Miniatur aus dem Bhagavata-Purana.

che Gegenwart des Gottes ausdrücken soll. Erst in der Seele des Menschen gestaltet sich Gottes Gegenwart zum Bild. So schwingen sie als ein unablässiges, in sich verzücktes Mandala mit Mitte, Kreis und Einheit von Frau und Mann. Gott ist die Mitte der Wirklichkeit und zugleich allem zugeteilt. Das Selbst der Welt ist bei uns und zugleich außer uns. Wo wir uns öffnen für das Selbst, werden wir im mystischen Sinne Gottes Frau und schwingen im hegenden Kreis der Energien der Tiefe Gottes Tanz, ekstatisches Bild der errungenen Einheit von Dasein und göttlichem Grund.

David R. Kinsley bezeichnet in seinem Buch »Flöte und Schwert« als die hervorstechendste Eigenschaft der Krishna-Kindheitslegenden, daß sie »vor allem die Freiheit und die Spontaneität des Göttlichen«[23] offenbaren. »Das Kind Krishna ist ein Zeuge der göttlichen Freiheit und Spontaneität, die die Ordnung der Welt übersteigen. Er verkörpert die innerste Natur des Göttlichen: Selbst-Genuß.«[24] Die göttliche Ekstatik der Vrindavana-Welt weist mit dem Kind-Archetyp auf einen Grund des Seins, der in sich Freude ist und der die Macht hat, an dieser Freude in schöpferischen Neuanfängen Anteil zu geben, weil er die durch das Alte verdrängten neuen und eigentlichen Möglichkeiten aktiviert und ermutigt. Was einst schwer war, scheint nun kinderleicht. Das Leben kehrt in seine ursprüngliche Unschuld und Werdelust zurück.

Anmerkungen

1 Bhagavadgita, Das Lied der Gottheit, V. 5–7, übers. von Robert Boxberger, Stuttgart 1955 (Reclam), S. 39f.
2 Ebd., S. 70ff., 11. Gesang, V. 15ff.
3 Aus: M. Schenker, Ein verschollener Brief von Mozart, zit. nach C. A. Meier, Die Empirie des Unbewußten, Zürich 1968, S. 20
4 In: Surdas Krishnayana, Leipzig und Weimar 1978
5 Srimad Bhagavatam, Zehnter Canto, 3,1–11, übers. von A. C. Bhaktivedanta Swami Prabhupada, Vaduz 1982, S. 165ff.
6 Farbenlehre, Einleitung
7 C. G. Jung, Definitionen, Gesammelte Werke 6, Olten 1978[13], S. 477
8 Emma Jung/Marie-Louise von Franz, Die Graalslegende in psychologischer Sicht, Olten 1980, S. 42
9 Srimad Bhagavatam, a.a.O., S. 289f., 10,6,5–6

37

10 Ebd., S. 512, 10,12,7–10
11 Erich Neumann, Ursprungsgeschichte des Bewußtseins, München 1974[2], S. 71
12 s. Karl Kerényi, Die Heroen der Griechen, Zürich 1958, S. 152
13 Ebd., S. 145
14 Erich Neumann, Die Große Mutter, Olten 1978[3], S. 260
15 Srimad Bhagavatam, a.a.O., S. 527, 10,12,32f.
16 Upanishaden, übertr. von A. Hillebrandt, Düsseldorf, Köln 1973, S. 40
17 Heinrich Zimmer, Indische Mythen und Symbole, Düsseldorf, Köln 1972, S. 139
18 zit. nach H. Zimmer, ebd., S. 92
19 Gebet zit. nach H. Zimmer, ebd., S. 97
20 Ebd., S. 98f.
21 Ebd., S. 101
22 zit. nach M. Buber, Ekstatische Konfessionen, Leipzig 1921, S. 79
23 David R. Kinsley, Flöte und Schwert, Bern, München, Wien 1979, S. 23
24 Ebd., S. 31

Buddha

Wenn der zukünftige Buddha aus der Körperschaft der Tushita-Götter entschwindet und in den Mutterleib hinabsteigt, da erscheint in der Welt mit ihren Göttern, ihren Maras, ihren Brahmas, mit der Menge ihrer Büßer und Brahmanen, ihrer Götter und Menschen ein unermeßlich erhabener Glanz, übersteigend der Götter Götterpracht. Und auch was es da an zwischenweltlichen Himmeln gibt, die ordnungslosen, dunklen, dunkelnächtigen, wo selbst diese Sonne und der Mond, die so mächtigen, so gewaltigen, mit ihrem Licht nicht hinscheinen, selbst da erscheint ein unermeßlich erhabener Glanz, übersteigend selbst der Götter Götterpracht. Und die Wesen, die dort (in der Wiedergeburt) aufgetaucht waren, die erkennen in diesem Glanz eines das andere: ›Da sind ja, scheint es, auch andere Wesen hier aufgetaucht.‹ Und dieses System der zehntausend Welten zittert, erzittert, erbebt. Und ein unermeßlich erhabener Glanz erscheint in der Welt, übersteigend selbst der Götter Götterpracht. Das ist so die Art und Weise . . .

Wenn der zukünftige Buddha in den Mutterleib hinabgestiegen ist, umstellen ihn vier Göttersöhne zum Schutz nach den vier Himmelsrichtungen: ›Daß nur nicht diesen zukünftigen Buddha oder dieses zukünftigen Buddha Mutter ein Mensch oder Nichtmensch oder sonst irgendwer schädige!‹ Das ist so die Art und Weise . . .

Wenn der zukünftige Buddha in den Mutterleib hinabgestiegen ist, so ist des zukünftigen Buddha Mutter von einer natürlichen Tugendhaftigkeit, enthält sich der Lebensberaubung, enthält sich des Nehmens von Nichtgegebenem, enthält sich sinnlicher Begierden, enthält sich falscher Rede, enthält sich aller geistigen Getränke, aller berauschenden und erschlaffenden Dinge. Das ist so die Art und Weise . . .

Wenn der zukünftige Buddha in den Mutterleib hinabgestiegen ist, da entsteht bei des zukünftigen Buddha Mutter kein Gedanke an Männer, der irgendetwas mit Sinnlichkeit zu tun hat, und unzugänglich ist des zukünftigen Buddha Mutter für jegliche Mannesleidenschaft. Das ist so die Art und Weise . . .

Wenn der zukünftige Buddha in den Mutterleib hinabgestiegen ist, dann kommt des zukünftigen Buddha Mutter nicht irgendwelche Krankheit an, gesund ist des zukünftigen Buddha Mutter, frei von körperlichen Plagen, und des zukünftigen Buddha Mutter erblickt den zukünftigen Buddha, wie er durch den Mutterleib hindurchgegangen ist, mit allen Gliedern versehen, mit ausgebildeten Sinnesorganen. Gleich als wenn ... ein Edelstein wäre, ein Diamant, strahlend, von vollendeter Beschaffenheit, achteckig, wohlbearbeitet, durchsichtig, klar, mit allen Eigenheiten versehen. Um den wäre da ein Faden geschlungen, ein blauer oder gelber oder roter oder weißer oder ein farbloser Faden. Den nähme nun ein Mensch mit guten Augen in die Hand und betrachtete ihn... Ebenso ... erblickt des zukünftigen Buddha Mutter den zukünftigen Buddha, wie er durch den Mutterleib hindurchgegangen ist, mit allen Gliedern versehen, mit ausgebildeten Sinnesorganen. Das ist so die Art und Weise ...

Am siebenten Tage nach der Geburt des zukünftigen Buddha stirbt des zukünftigen Buddha Mutter und taucht in der Körperschaft der Tuschita-Götter wieder auf. Das ist so die Art und Weise ...

Wie andere Frauen gebären, wenn sie neun oder zehn Monate die Frucht im Leibe gehabt haben, so gebiert des zukünftigen Buddha Mutter den zukünftigen Buddha nicht: Des zukünftigen Buddha Mutter gebiert, nachdem sie den zukünftigen Buddha gerade zehn Monate im Leibe gehabt hat. Das ist so die Art und Weise ...

Wie andere Frauen sitzend oder liegend gebären, so gebiert des zukünftigen Buddha Mutter den zukünftigen Buddha nicht: Nur stehend gebiert des zukünftigen Buddha Mutter den zukünftigen Buddha. Das ist so die Art und Weise ...

Wenn der zukünftige Buddha aus der Mutter Leib hervortritt, so empfangen die Götter ihn zuerst, nachher die Menschen. Das ist so die Art und Weise ...

Wenn der zukünftige Buddha aus der Mutter Leib hervortritt, so bleibt der zukünftige Buddha dabei ohne Berührungen mit dem Erdboden: Vier Göttersöhne nehmen ihn auf und stellen ihn vor die Menschen hin: ›Sei beglückt, o Herrin! Ein Gewaltiger ist dir als Sohn geboren.‹ Das ist so die Art und Weise ...

Wenn der zukünftige Buddha aus dem Leib der Mutter hervortritt, so tritt er ganz rein hervor, unbeschmutzt von Fruchtwasser, unbeschmutzt von Schleim, unbeschmutzt von Blut, unbeschmutzt von irgendeiner Unreinheit, geklärt, rein... Und aus welchem Grunde? Wegen der Reinheit beider... Das ist so die Art und Weise...

Wenn der zukünftige Buddha aus der Mutter Leib hervortritt, so erscheinen zwei himmlische Wasserströme, der eine von kaltem, der andere von warmem Wasser, woraus man dem zukünftigen Buddha das nötige Badewasser herrichtet und der Mutter. Das ist so die Art und Weise...

Unmittelbar nach der Geburt schreitet der zukünftige Buddha, mit den Füßen gerade auftretend, das Antlitz nach Norden gewandt, in sieben langen Schritten vorwärts, während ein weißer Schirm darübergehalten wird, blickt nach allen Himmelsrichtungen hin und spricht das wuchtige Wort: ›Vorzüglichster bin ich in dieser Welt! Erster bin ich dieser Welt! Höchster bin ich dieser Welt! Dieses ist die letzte Geburt! Nicht gibt es mehr ein Wiederdasein!‹«[1]

Die Geburt des Bodhisattva

Der Eintritt eines Bodhisattva oder künftigen Buddha in die Welt ist in einen festen, kanonischen Rahmen hineingestellt, den eine vorgegebene Reihe archetypischer Bilder ausfüllt. Nach dem Umschwung von Weltaltern, sogenannter Kalpa oder Weltrunden, in denen Weltsysteme zur Entfaltung kommen und wieder zerfallen, tritt Mal um Mal ein Bodhisattva auf, dem es bestimmt ist, ein Buddha, ein Erwachter, zu werden. Der Buddha ist die höchste Frucht, die aus den Perioden des Entstehens und Vergehens hervorgeht. In ihm wacht die Erkenntnis auf, die das »Ende der Welt« genannt wird und die die leidbedingte Existenz des Daseins überwindet. In sich selbst trägt der Mensch Ursprung und Ende der Welt. »Nicht kenne ich ein Ende des Leidens«, wird der Buddha sagen, »wenn man nicht der Welt Ende erreicht hat. Aber ich verkündige euch, daß in diesem beseelten Leibe, der nur klaftergroß ist, die Welt wohnt und die Entstehung der Welt und die Aufhebung der Welt und der Weg zur Aufhebung der Welt.«[2] Und zugleich wird in mystischer Versenkung der Buddha den Zugang gewinnen zu dem »schwer zu schauenden, unbeweglichen Standort«, dem »ruhigen Ort«, der »Sphäre der Unsterblichkeit«, der »Stätte des Friedens«, zum Nirvana, dem Reich der Zuflucht und des Heils[3]; denn »es gibt ein nicht Geborenes, nicht Gewordenes, nicht Geschaffenes, nicht Aufgebautes. Gäbe es dies nicht, so könnte auch nicht ein Ausweg aus dem Geborenen, Gewordenen, Geschaffenen, Aufgebauten erkannt werden.«[4] In der Erkenntnis des Buddha bricht das wendende Ereignis für das Dasein durch: Ende der Welt, Erfahrung und Verkündigung der Heilswirklichkeit. Darauf haben die Weltalter gewartet.

Ehe der künftige Buddha in den Mutterleib hinabsteigt, weilt er im Himmel der Tushita oder zufriedenen Götter. Seine Entwicklung hat also durch viele Wiedergeburten hindurch den Stand eines göttlichen Wesens erreicht, das seinen Frieden aus sich selber schöpft. Sein göttlicher Name war Shvetaketu. Dieser hängt mit den Sanskritworten shveta = weiß und ketu = Helle, Licht, Fackel, Leuchte, Flamme, aber auch Bild, Banner und Bannerträger zusammen. Das Wort ketu meint überhaupt alles, was leuchtend voranzieht. So kommt mit dem Bhodisattva der helle Lichtträger in die Welt, der seinen Frieden unter den Bedingungen des Menschseins erreichen wird. Shvetaketu beschloß seine Menschwerdung aus freien Stücken, nicht aber weil eine dunkle Notwendigkeit aus früheren Taten ihn dazu trieb, den Himmel zu verlassen. Er wollte dem Wohl der Menschen und Götter gerecht werden. Die kosmische Bedeutung der Erleuchtung Buddhas vorwegnehmend, wird ein unermeßlicher Glanz, der der Götter Götterpracht übersteigt, alles Licht der irdischen und der Götterwelten überstrahlen, so daß sie in numinosem Beben erschaudern. Das Licht scheint auch in die Bereiche des sonst Finsteren hinein und reißt sie für einen heiligen Moment aus dem Dunkel hervor – auch wohl ein Hinweis darauf, daß die Analyse des Buddha alles ins Licht der Erkenntnis ziehen wird, was der Mensch sich sonst gerne verbirgt, Dunkel, Leiden und Qual des Daseins.

Wenn der künftige Buddha, so heißt es, in den Mutterleib hinabgestiegen ist, umstellen ihn vier Göttersöhne zum Schutz. Es sind die vier Hüter der Himmelsgegenden, die so eine Vierung zur Darstellung bringen, ein Symbol der Ganzheit. Die Mutter aber ist ein reines Gefäß natürlicher Tugendhaftigkeit, frei von körperlichen Plagen und Begierden. Sie enthält sich in der Zeit, da der künftige Buddha zu ihr niedersteigen wird, des Umgangs mit ihrem Mann. So wird die Empfängnis des Bodhisattva vaterlos und in gewissem Sinn jungfräulich sein. Die erwählte Mutter, Frau des Königs Shuddhodana in Kapilavastu, einer Residenzstadt im Gebiet der Vorhöhen des Himalajagebirges, war, wie es im 1. Kapitel des Buddha-Carita von Ashvagosha heißt, der Gattin Indras,

>»der Götterkönigin Shaci vergleichbar.
Im Wollen fest und ruhig wie die Erde,
Rein wie die Wasserlilie von Gesinnung,
Hieß sie mit bildlicher Bedeutung Maya,
Erhaben über alle irdschen Frauen.«[5]

Shvetaketu hatte sie, als er seine Menschwerdung beschloß, selbst erwählt: »Wenn die Menschen sind tiefster Finsternis verfallen, sie sind geblendet, ihr Blick ist verhüllt: wenn sie mich empfangen, werden sie erlöst werden . . . Wer kann mich zehn Monate lang tragen? Wer hat durch seine Werke ein solches Glück verdient? Wer wird meine Mutter sein? In welchem Schoß werde ich mich verbergen? Er blickte in die Tiefe und sah am Hofe des Königs Shuddhodana die Königin Maya, die der Gattin eines Unsterblichen glich und deren Schönheit wie der Blitz blendete.«[6] Selbst die Apsaras, die göttlichen Mädchen, werden von Neugierde nach Kapilavastu getrieben, um die Frau zu sehen, die den Bodhisattva empfangen soll. »Nachdem sie Blumen und Salben genommen und ehrfürchtig mit gefalteten Händen gegrüßt haben, sagen sie: ›Wir glaubten nur allzu gern, daß unsere Schönheit am meisten das Herz entzückt; doch wenn ihr diese Prinzessin seht, Apsaras, so verschwindet die Schönheit unserer göttlichen Körper!‹«[7]

Die übernatürliche Empfängnis des Bodhisattva stellt der Lalitavistara in eine paradiesische Zeit mit günstiger Sternkonstellation hinein, als wolle mit dem in den Mutterschoß einziehenden Kind auch die Natur sich erneuern. »Und nach Verlauf der kalten Jahreszeit kam im Gefolge des Gestirns Vishakha der Monat Mai heran. Es war Frühling, die schönste der Jahreszeiten. Die Bäume standen in reichem Blätterschmuck, die herrlichsten Blüten zierten sie in Überfülle. Kälte, Hitze, Dunkelheit und Staub waren vergangen. Junger, weicher Rasen bedeckte den Boden. Da ließ sich der Herr der genauer Prüfung zur richtigen Zeit aus dem Tushitahimmel herab. Es war am fünfzehnten Tage des Monats, und der Vollmond stand in Konjunktion mit dem Sternbild Pushya. Klar und bei vollem Bewußtsein ging er, als ein junger weißer Elefant mit sechs Stoßzähnen, zur rechten Seite in den Leib seiner Mutter ein, als diese gerade Fasttage hielt. Sein Kopf war purpurfarben, die Reihe der Zähne blitzte wie Gold, und er war mit allen Körperteilen wie Gliedern wohlversehen und von vollkommenen Organen. Im Mutterleibe aber lag er immer auf der rechten und nie auf der linken Seite. Die Königin Maya war beseligt auf ihrem Lager eingeschlafen und träumte: ›Ein Prachtelefant, strahlend wie Schnee und Silber, ist tänzelnden Schrittes und mit diamantfesten Gelenken in meinen Leib eingegangen. Sechs war die Zahl seiner Stoß- zähne, schön waren seine Füße, anmutig der Rüssel und rosig der Kopf. Nie vorher habe ich etwas so Schönes gesehen und gehört, nie ähnliche Wonne empfunden. Es war ein Gefühl körperlichen Glücks und gleichzeitiger Beseligung des Gemüts, daß ich wie in tiefste Versenkung entrückt war.‹«[8]

Während der ganzen zehn Monate bleibt die Königin Maya hellsichtig für das Kind in ihrem Leibe, das mit einem Juwel, einem achteckigen Diamanten verglichen wird. Sie kann durch ihren transparenten Leib den künftigen Buddha schauen, der im Mutterschoß den Lotos-Sitz mit untergeschla- genen Beinen eingenommen hat. Er sitzt im Leib seiner Mutter in einem kostbaren, mit Edelsteinen geschmückten Gehäuse und leuchtet wie Gold.

Die Geburt des Bodhisattva im Lumbinihain wollen wir zunächst in der unübertrefflich anmutigen Schilderung verneh- men, wie sie uns der Lalitavistara gegeben hat. »Als nun die Königin Maya erkannte, daß die Geburtsstunde des Bodhi- sattva gekommen war, begab sie sich in der ersten Nachtwa- che zum König Shuddhodana und redete ihn an mit den Strophen: ›Vernimm, o Herr, daß ich schon seit langem im Sinn habe, unsern Park aufzusuchen. Wenn es dich nicht erzürnt, dir verhaßt ist oder töricht erscheint, will ich mich sogleich in den Lusthain begeben. Du selbst bist von der Askese hart mitgenommen und hast deinen Sinn allein auf das Gesetz gerichtet, und ich trage seit langer Zeit ein reines Wesen unter dem Herzen. Nun knospen die schönsten Bäume;

die Shalas sind von den Blüten überdeckt; darum ist es an der Zeit, o Herr, die Gärten zu besuchen! Wir haben jetzt die schönste der Jahreszeiten. Es ist Frühling, wo die Frauen sich zu schmücken trachten. Die Bienen summen; Kokilas und Pfauen singen ihr Lied; und reiner, glänzender Blütenstaub wirbelt durch die Lüfte. – Bitte, gib Befehl, und laß uns unverzüglich ziehen!‹ Als der König diese Worte gehört hatte, freute er sich und sprach froh zu seinem Gefolge: ›Macht Pferde, Elefanten, Wagen und Sänften bereit und schmückt den an Vorzügen reichen Lumbinihain!‹ Darauf brach die Königin Maya auf, und mit ihr zogen achtzigtausend mit Pferden bespannte, schmucküberladene Wagen, achtzigtausend reichgezierte Elefantengefährte und ein Geleit von achtzigtausend Fußsoldaten, sämtlich kühne und starke Helden, schön, wohlgestaltet und mit festgefügten starken Rüstungen gepanzert. Hinter ihr folgten sechzigtausend Shakyamädchen und eine besondere Schutztruppe von vierzigtausend älteren, jüngeren und im besten Alter stehenden Shakyas, nur aus solchen Familien, die dem König Shuddhodana verwandt waren. Zum weiteren Gefolge gehörten sechzigtausend Frauen aus dem Harem des Königs, die ein Konzert von Gesang und Instrumentalmusik veranstalteten, und angeschlossen hatten sich je achtzigtausend prächtig geschmückte Götterjungfrauen, Schlangenmädchen, himmlische Musikantinnen und Frauen von Halbgöttern und Dämonen. In mannigfachen Gesängen und Melodien der Königin Ruhm verkündend, gaben ihr alle diese das Geleit. Der ganze Lumbinihain aber war mit duftendem Wasser gesprengt und mit himmlischen Blumen überstreut worden, und alle Bäume gaben unzeitgemäß Blätter, Blüten und Früchte. Im Lumbinihain angekommen, stieg die Königin von ihrem kostbaren Wagen ab, streifte, umgeben von irdischen und himmlischen Frauen, von Baum zu Baum und wandelte von Gebüsch zu Gebüsch. Baum für Baum sah sie sich an und gelangte schließlich zu einem großen Plakshabaum. Der war eine Perle unter den Bäumen, mit wohlproportionierten Zweigen und gleichmäßig verteilten Blättern und Blütenknospen. Mannigfache himmlische und irdische Blumen überdeckten ihn, denen der Duft der vortrefflichsten Wohlgerüche entströmte. Von den Zweigen hingen verschiedenfarbige Gewänder herab, und der Baum glänzte in dem bunten Farbenspiel unzähliger ihn zierender Perlen. Wurzeln, Stamm, Zweige und Blätter waren mit edlen Steinen aller Art geschmückt. Die Zweige dehnten sich in prächtigem Wuchs in die Breite, während die Standfläche eben wie ein Handteller war. Über den Boden breitete sich grünes Gras von Pfauenhalsfarbe und so angenehm anzufühlen wie ein weicher Stoff gleichmäßig aus. Unter diesem Baum hatten auch die Mütter der früheren Buddhas geweilt, und er war oft in den Liedern der Götter besungen worden. Rein, fleckenlos und lauter ist er, und hunderttausend der in ihrem Inneren zur Ruhe gekommenen Götter der reinen Sphäre hatten sich schon verehrend mit den Köpfen vor ihm geneigt, so tief, daß Flechten und Diademe zu Boden hingen. Und es neigte sich infolge der Majestät des Bodhisattva der Plakshabaum und grüßte. Da streckte die Königin Maya ihren rechten Arm aus, so schnell, daß es schien, als wenn ein Blitz die Luft durchzuckte, ergriff den Plakshazweig und stand, den Blick gen Himmel gerichtet und sich anmutig dehnend, da. In diesem Augenblick näherten sich Hunderttausende von himmlischen Jungfrauen, die von den Göttern der Sinnenreiche her herbeikamen, der Königin Maya, um ihr aufzuwarten. Und als so die zehn Monate voll waren, trat der Bodhisattva, der schon im Mutterleibe mit solchen Fähigkeiten zu Wundern ausgestattet war, zur rechten Seite seiner Mutter heraus. Er war bei vollem Bewußtsein und nicht mit dem Schmutz des Mutterleibes behaftet. Und in diesem Augenblick standen Shakra, der Götterkönig, und Brahma, der Herr der Geschöpfe, vor der Königin, nahmen den Bodhisattva höchst ehrerbietig und bedacht entgegen und hüllten ihn sorgsam mit allen Gliedern in ein himmlisches Seidengewand.«[9]

Das Buddha-Carita (1. Kapitel) schildert den Hervorgang des Bodhisattva aus dem Mutterleib mit den Worten:

»Ruhig, aufgerichtet
Und nicht kopfüberfallend, glorreich scheinend,
Herrlich geschmückt, lichtstrahlend, so verließ er
Den Mutterleib, wie wenn die Sonne aufgeht.
Dies Übermaß des Glanzes schauten alle
Anwesenden, doch ohne Schaden für ihr
Gesicht. Den Anblick ihnen gönnend, mäßigt'

Sein Licht er bis zum sanften Schein des Mondes;
Doch strahlt' er überall aus seinem Leibe
Hervor, und wie das Licht der Sonne auslöscht
Der Lampen Schein, so zeigt sich Bodhisattvas
Goldgleiche Schönheit aller Orten sichtbar.«[10]

Es gehört zum Kanon der Vorstellungen, wie wir dem Mahapadana-Suttanta entnommen haben, daß die Mutter das Kind im Unterschied zu anderen Müttern im Stehen gebiert. In den Höhlengemälden von Ajanta wird sie wie eine Waldnymphe dargestellt, die in die Zweige des Plakshabaumes greift. Als der Bodhisattva, ausgestattet mit voller Erinnerung, aus der rechten Seite seiner Mutter heraustritt, erscheinen Indra und Brahma; Indra nimmt das Kind in Empfang, während Brahma dem Geschehen beiwohnt. Vier Göttersöhne stellen es danach vor der Mutter auf. Wunderhaft fallen ein kalter und warmer Regenguß vom Himmel und geben dem Kind und der Mutter das erste (rituelle) Bad. Darauf aber schreitet, wie wir ebenfalls dem Mahapadana-Suttanta bereits entnahmen, der Bodhisattva sieben Schritte nach Norden, wobei er in die vier Himmelsgegenden blickt und die Worte ausruft: »Erster bin ich in dieser Welt! Dieses ist die letzte Geburt!« Er bringt damit die Herrschaft des künftigen Buddha über das ganze Erdenrund zum Ausdruck. Die Bewegung nach Norden deutet auf den Götter- und Polarberg Meru, auf den Scheitelpunkt der Welt, um den alles kreist, auf den sich der Bodhisattva im symbolischen Sinne zubewegt. Der Buddha stellt den Scheitelpunkt der Weltentwicklung dar. Spätere Lehre läßt den in die Welt gekommenen Buddha nur einen Scheinleib besitzen, den der in ewiger Betrachtung versunkene Ur-Buddha ausstrahlt. Dementsprechend halten auf den Baudenkmälern in Amaravati die Götter nur die Windeln des Kindes, das selbst nicht dargestellt wird.

Der künftige Buddha im Schoß seiner Mutter Maya bildet mit diesem ein eindrückliches Mandala. Die Legende läßt das Kind in Gestalt eines sechszähnigen weißen Elefanten in den Mutterleib hineingekommen sein. Der Elefant ist das Tragetier Indiens schlechthin[11]. Er ist in der Mythologie zuallererst Träger des Gottes Indra, dann auch der Bringer des befruchtenden Regens. Er wird zuweilen selbst »Wolke« genannt,

»gewissermaßen eine Regenwolke, die auf der Erde wandert«[12]. In der Legende ist er Träger und Ausdruck der ungeheuren Buddha-Energie, die in seine Mutter eingeht und sich in den Bodhisattva verwandelt. Das Bild vom Juwel im Mutterschoß ist ein Bild für das Selbst, das den tieferen, geheimnisvollen Mittelpunkt des Menschen bildet, aus der archetypischen Welt stammend und das Ich verwandelnd. Der Kristall ist nach J. Jacobi »ein Symbol der Ganzheit, auf das höchste Ziel seelischer Entwicklung, auf das ›Selbst‹ hin«[13]. Seine Mutter heißt symbolisch Maya, worauf das Buddha-Carita hinweist. Maya ist die Illusionsenergie der Welt, die den Menschen letztlich doch nur umspielt, damit er zu seinem eigentlichen Selbst finde. Denn alles in der Welt ist anatta, »nicht das Selbst«. Das Selbst, der eigentliche Mensch, ist buddhagestaltig. Als Symbol dieses Selbst sitzt er im Schoß seiner Mutter verborgen in einem viereckigen Gehäuse, das ebenfalls die Ganzheit der Existenz bezeichnet. Die Vorstellung vom Scheinleib des Buddha verrät eine doketische Auffassung, die übrigens auch für den Leib Krishnas angenommen wird. Wir neigen dazu, diese Anschauung – aufgrund der Ablehnung des Doketismus in der alten Kirche im Blick auf die Leiblichkeit Christi – gering einzuschätzen. Hinter dem Doketismus steht aber wohl die berechtigte Auffassung, daß die in der Legende ausgesagten Erscheinungen nicht sinnenfällig physischer Natur sind, sondern seelisch energetischer Art, ins Bewußtsein eintretende archetypische Bilder. Wie die Legende ja auch sagt, daß Maya geträumt habe, daß der weiße Elefant in sie einging. Genaugenommen sind ja auch die Bilder von Jesus, wie sie die christliche Überlieferung auf uns gebracht hat, eine Ausstrahlung des himmlischen Christus in die christliche Seele, wie an dieser Stelle einmal zugunsten des Doketismus gesagt werden soll.

Der Lalitavistara schildert die Wunderzeichen, die bei der Geburt des Bodhisattva den ganzen Kosmos durchdringen und eine paradiesische Heilswelt für einen Moment aufleuchten lassen. »Wenn aber ein Bodhisattva zum letzten Dasein geboren wird und wenn er zur allerhöchsten Erleuchtung erwacht, dann geschehen durch ihn Wunderzeichen übernatürlicher Macht, wie sie jetzt erschienen: Alle Wesen erregten sich so, daß sich selbst die Härchen in ihren Poren sträubten.

Ein großes Erdbeben erschütterte die Welten, ein schreckliches, angsterregendes. Ohne angeschlagen zu sein, erklangen Musikinstrumente im Himmel und auf Erden. Bäume aller Jahreszeiten und aller Welten trugen Blüten und Früchte. Aus klarem Himmel ertönte der Donner, und bei wolkenloser Luft rieselte ein feiner Regen. Lieblich duftende Winde wehten einher, die Schauer himmlischer Blumen, Kleidungsstücke, Schmucksachen, Wohlgerüche und Sandelpulver mitbrachten und ungemein angenehm zu empfinden waren. Alle Gegenden des Himmels erglänzten klar, und es gab nirgendwo Dunkelheit, Nebel oder Rauch. Aus dem oberen Luftraum wurden feierlich erhabene Klänge unsichtbarer Herkunft vernehmbar. Ja, die Strahlen von Mond und Sonne, Shakra, Brahma und die der Welthüter waren dahin, denn ein überirdischer Glanz, der ungemein wohltuend war, bei allen Wesen körperliches und seelisches Glücksempfinden hervorrief und in vieltausend Farben gleichzeitig erschien, erfüllte plötzlich alle Welten. Kaum war der Bodhisattva geboren, da fühlten sich alle Wesen vollkommen wohl. Verschwunden war alle Leidenschaft, Haß, Verblendung, Stolz, Unbehagen, Verzagtheit, Furcht, Habsucht, Eifersucht und Neid. Alle schlechten Handlungen hörten auf. Die Krankheiten aller Leidenden erreichten ein Ende. Der Hungrigen und Durstenden Verlangen wurde gestillt. Die von Branntwein Berauschten wurden nüchtern. Die Irren erhielten ihr Gedächtnis zurück, die Blinden ihre Augen, die Tauben ihr Gehör. Die an einem Glied oder Körperteil Verstümmelten gewannen ihre unversehrten Organe wieder. Die Armen erlangten Reichtum, die in Fesseln Geschlagenen wurden von ihren Banden befreit. Die Quälereien aller Art, die den Verdammten in den Höllen bereitet werden, wurden eingestellt. Das gegenseitige Sichauffressen und die sonstigen Leiden der Tierwelt fanden Ruhe, ebenso wie Hunger, Durst und alle anderen Qualen des Totenreiches.«[14]

Der Raddreher

Die paradiesischen und zugleich messianischen Töne, die hier angeschlagen werden, lassen Erinnerungen an Worte Jesu anklingen, wie: »Die Blinden sehen und die Lahmen

gehen, die Aussätzigen werden rein und die Tauben hören«
(Matthäus 11,5), oder an die Weissagung in Jesaja 11,6: »Da
wird der Wolf zu Gast sein bei dem Lamme und der Panther
bei dem Böcklein lagern.« In der Tat muß die Buddha-Idee
zusammengesehen werden mit einer messianischen Idee: der
Cakravartin-Erwartung. Das Wort Cakravartin bedeutet
»Raddreher« und wird etwa im Sinne unserer Redewendung
»das Rad der Entwicklung weiterdrehen« benutzt. Der
Cakravartin oder »Raddreher« führt eine Umwälzung oder
Zeitwende herbei. Indien stand damals in der doppelten
Erwartung eines politischen und eines religiösen »Raddre-
hers«. Der politische »Raddreher« wird als der Friedens- und
Weltkaiser vorgestellt, der die Befreiung aus den unheilvollen
politischen und gesellschaftlichen Strukturen bringen wird. Er
wird ein Friedensreich bis zur Weltmeergrenze errichten. Die
Völker werden unter seiner Herrschaft glücklich sein. Die
Weltkaiser-Idee hat manche Parallele zur jüdischen Messias-
hoffnung. So heißt es vom jüdischen Messiaskönig: »Er wird
herrschen von Meer zu Meer... Alle Könige müssen ihm
huldigen, alle Völker müssen ihm dienen. Denn er errettet den
Armen, der schreit, den Elenden und den, der keinen Helfer
hat« (Psalm 72,8ff.). Für Indien ist nun bezeichnend, daß zum
Weltkaiser der religiöse »Raddreher« hinzutritt, der »der
Buddha« genannt wird. Die Buddha-Idee ist in Indien also
älter als die Gestalt des historischen Buddha Siddhartha Gau-
tama, wie die Christus-Idee im Judentum älter ist als die
Gestalt des historischen Christus Jesus. Das Zusammengehen
der beiden Heilsgestalten wurde in einer Weise vorgestellt,
die in manchem an die Bekehrung des Kaisers Konstantin
erinnert: Der Kaiser wird ein helles Licht am Himmel
schauen. Dieses Licht ist ein Sinnbild für die Buddha-Lehre.
Der Kaiser wird also siegen, indem er die neue Lehre des
Buddha in Umlauf bringt. Die Weltkaiser-Idee in Verbindung
mit der Buddha-Idee fand übrigens im Kaiser Ashoka
(272–231) eine erstaunliche Erfüllung, der sich der Armen,
Kranken und selbst der Tiere annahm, religiöse Toleranz
walten ließ und statt der Kriegs-Trommel, wie er sich aus-
drückte, der Trommel der Lehre Buddhas folgte.
    Auf die doppelte Cakravartin-Erwartung spielt die Legende
von den Weissagungen der weisen Seher über den geborenen

Bodhisattva an. Der König Shuddhodana ließ nämlich zeichen-
kundige Brahmanen herrufen, die das Kind auf die körperlichen Merkmale hin betrachten sollten, die seinen Rang kennt-
lich machen. Die Brahmanen finden nun an ihm die zweiunddreißig Kennzeichen des Übermenschen, wozu die Zeichnung
eines Rades unter Fußsohlen und Handflächen, ein Büschel
weißer Haare zwischen den Brauen, die Turbanform des
Schädels und anderes gehören, und sprechen zum König: »Dieser Prinz nämlich, o König, ist mit den zweiunddreißig Kennzeichen des großen Mannes begabt, und dem hiermit begab-
ten großen Manne stehen ausschließlich zwei Wege offen:
Wenn er das häusliche Leben wählt, so wird er ein weltbeherr-
schender König, ein gesetzlicher, ein Gesetzes-König, ein erd-
beherrschender, siegreicher, in dessen Reiche Sicherheit
herrscht, der mit den sieben Juwelen begabt ist. Der hat diese
sieben Juwelen, nämlich: das Herrschafts-Juwel, das Elefan-
ten-Juwel, das Roß-Juwel, das Edelstein-Juwel, das Ehefrau-
Juwel, das Bürger-Juwel und das Kanzler-Juwel als siebentes.
Mehr als tausend Söhne wird er haben, heldenhafte, stark-
gliedrige, fremde Heere zerschmetternde. Der wird dann
diese Erde bis zur Weltmeergrenze, ohne Stock, ohne Stahl,
in Gerechtigkeit siegend bewohnen. Wenn er aber aus dem
Haus in die Hauslosigkeit hinauszieht, so wird er ein Vollkom-
mener, ein Voll-Erwachter, einer, der den Kreislauf abgewor-
fen hat.«[15]

Die Vorhersagen der zeichenkundigen Brahmanen werden
nun noch durch den greisen Seher Asita bestätigt, eine
Legende, die in mancher Hinsicht eine Parallele zum Auftreten des greisen Simeon in der Kindheitsgeschichte Jesu darstellt (Lukas 2,25–35). Der Seher Asita hatte sich in seiner
Einsiedelei der Betrachtung hingegeben und dabei in der
Schau die Götter in einer Fröhlichkeit erlebt, wie er sie sonst
nie erblickt hatte:

»Ihr Jauchzen und Singen und ihre Musik hört man
schallen.
Sie schlagen die Arme zusammen und tanzen den Reigen.
So frag ich euch denn, die auf Merus Gipfel ihr wohnet:
›Wollet, ihr Hohen, gar rasch mich vom Zweifel befreien!‹«

Asita empfängt von den Göttern die Antwort:

>>Der *Buddha* sein wird, das Kleinod ohnegleichen,
Er ist geboren, den Menschen zu Heil und Freude,
Im Lande der Sakyas, in Lumbini, dem Dorfe.
Des sind wir froh und über die Maßen selig.

Er alles Seins Gipfel, der Wesen herrlichstes,
Der Stier der Männer, der Kreaturen höchstes Haupt,
Der Lehre Rad rollen wird er im Seherwald,
Dem Löwen gleich brüllend, der Tiere mächt'gem Herrn.<<[16]

Asita begibt sich darauf ins Haus des Königs Shuddhodana
und begehrt, den Knaben zu schauen. Bereitwillig erfüllt man
ihm den Wunsch. Asita nimmt das Kind voll hoher Freude in
die Arme und stellt fest, daß es alle Zeichen des Übermenschen trägt. Doch dann schlägt seine Freude in Trauer um:

>>Doch des gedenkend, daß nah sein eigner Hingang,
Vergoß er Tränen trauererfüllten Herzens.
Die Sakyas, sehend des Sehers Tränen, sprachen:
›Es wird den Knaben doch nicht Gefahr bedrohen?‹

Der Sakyas Sorg' erkennend, der Seher sagte:
›Nicht denk' ich dran, dem Knaben Unheil zu künden.
Von keiner Seite seh' ich Gefahr ihm drohen.
Kein Mensch wie andre ist er! Seid hohen Mutes!

Der Knabe wird einst, höchster Erleuchtung teilhaft,
Der Wahrheit Reich, allkundig jeglicher Reinheit,
Begründen voll Erbarmen mit vielem Volke,
Das weit und breit in Heiligkeit mag wandeln.

Doch ich muß hingehen, ehe sich das vollendet;
Nur kurzer Rest ist übrig von meinem Leben.
Des höchsten Meisters Lehre werd' ich nicht hören.
Drum bin ich traurig, bekümmert, schmerzbetroffen.<<[17]

Das übermächtige Kind

Da die Mutter Maya sieben Tage nach der Geburt des
Kindes starb, wurde der junge Prinz bis zum Alter von sieben
Jahren von Mahaprajapati Gautami, der Schwester seiner

Mutter, erzogen. Im Unterschied zu Krishna wird von Kinder-
streichen nichts erzählt. Nach Ablauf dieser Zeit geleitete ihn
sein Vater unter hoher Prachtentfaltung in die Schule[18]. Als er
seinem Lehrer Vishvamitra vorgeführt wurde, fragte der
Knabe diesen sogleich: »Welche Schrift willst du mich lehren?
Die Brahmi, die Kharoshthi, die Pushkarasari, die Schrift von
Anga, Vanga oder Magadha?« Vierundsechzig Schriftarten
zählte der Bodhisattva auf, von denen die meisten seinem
Lehrer unbekannt waren. Da staunte Vishvamitra und sprach:
»Wie sich das reine Wesen dem Brauch der Welt anpaßt!«
Zehntausend Knaben lernten mit dem Bodhisattva schreiben.
Zu jedem Buchstaben sprach er einen Sinnspruch.

Einst beauftragte König Shuddhodana den Lehrer in Hee-
res- und Waffenkünsten Kschantideva damit, den Bodhisattva
im Waffengebrauch zu unterrichten. Aber dieser erklärte dem
Lehrer unumwunden, daß er sich darauf von selbst verstehe
und seinen Unterricht nicht brauche. Nach sieben Tagen sollte
der Prinz auf einem Platz vor der Stadt seine Fähigkeiten in
verschiedenen Künsten zeigen. Als der festgesetzte Tag
anbrach, kam auch sein Vetter Devadatta, der dem Bodhisattva feindlich gesinnt war, dazu. Der Vetter verzieh dem
Prinzen nie, daß dieser einst einen Vogel pflegte, den Devadatta aus Vergnügen angeschossen hatte, und dafür Lob
erhielt. Devadatta tötete im Stadttor den für den Bodhisattva
bestimmten weißen Elefanten mit einem einzigen Schlag seiner linken Hand. Des Prinzen Halbbruder Ananda zog jedoch
den Elefanten ein wenig vom Stadttor weg. Es ist der spätere
Lieblingsjünger des Buddha, während sich Devadatta auch als
Mönch feindlich hervortat. Als der Bodhisattva nun zu Wagen
zu dem toten Tier gelangte, packte er vom Wagen herunter
den Elefanten mit dem großen Zehen am Schwanz und warf
ihn über die sieben Mauern und sieben Gräben der Stadt
hinaus, damit die Einwohner nicht unter dem üblen Geruch des
verwesenden Tieres litten. Auf dem Platz übertraf der Bodhisattva alle übrigen Mitbewerber in der Beherrschung vieler
Schriftarten und der Arithmetik. Schließlich stellte er selbst
Rechenaufgaben, die niemand zu lösen vermochte, während er
alle ihm gestellten Aufgaben löste. Darauf traten sie vereint
gegen ihn zum Ringkampf an, mußten sich aber geschlagen
geben. Devadatta, der hochmütig den Kampf gegen ihn auf-

nahm, wurde dreimal in der Luft herumgeschleudert und dann zu Boden geworfen. Doch achtete der Prinz darauf, daß Devadatta keinen Schaden nahm. Götter und Menschen stießen vor der Gewalt, Körperkraft und Macht des Bodhisattva Rufe des Staunens und der Verwunderung aus.

In dem Knaben, das will die Legende sagen, stecken Riesenkräfte intellektueller und körperlicher Tüchtigkeit, die auf das künftige Werk des Religionsstifters hinweisen sollen. Das Kind ist aber immer auch ein Archetyp des Selbst, das, klein und unscheinbar, riesige Kräfte in sich birgt und entfaltet.

Anmerkungen

1 Buddha, Die Lehre des Erhabenen, Mahapadana Suttanta, übers. von Paul Dahlke, München 1960, S. 68ff.
2 Samyutta-Nikaya I, 69, zit. nach Hermann Oldenberg, Buddha, sein Leben, seine Lehre, seine Gemeinde, München 1961, S. 248
3 zit. nach Gustav Mensching, Buddhistische Geisteswelt, Baden-Baden o.J., S. 206
4 Ebd., S. 213, Udana VIII, 3
5 Buddhas Leben und Wirken, nach der chinesischen Bearbeitung von Ashvagoshas Buddha-Carita, übers. von Samuel Beal und Th. Schultze, Leipzig o.J. (Reclam)
6 Mahavastu, 10. Bhumi, nach der englischen Übersetzung von J. J. Jones, London 1949, zit. nach Jean Naudou, Buddha, Gütersloh o.J., S. 29
7 Ebd., S. 31, Lalitavistara, nach der Übersetzung von Foucaux
8 Lalitavistara, ed. Lefmann, S. 54f., zit. nach Gustav Mensching, Leben und Legende der Religionsstifter, München 1962, S. 181f., Waldschmidt, a.a.O., S. 33f.
9 Ebd., S. 182ff., Waldschmidt, a.a.O., S. 44f.
10 Buddhas Leben und Wirken, a.a.O., S. 16f.
11 s. dazu H. Zimmer, Indische Mythen und Symbole, a.a.O., S. 115f.
12 Ebd., S. 122
13 Jolande Jacobi, Die Psychologie von C. G. Jung, Olten 1978[8], S. 193
14 Lalitavistara, ed. Lefmann, S. 85f., zit. nach Gustav Mensching, Leben und Legende der Religionsstifter, a.a.O., S. 184, Waldschmidt, a.a.O., S. 44f.
15 Buddha, Die Lehre des Erhabenen, Mahapadana-Suttanta, übers. von Paul Dahlke, a.a.O., S. 71
16 zit. nach Gustav Mensching, Leben und Legende der Religionsstifter, a.a.O., S. 186
17 Ebd., S. 187, Sutta Nipata
18 Für das Folgende s. ebd., S. 188ff.

Horus

Aus der Vereinigung der Himmelsgöttin Nut mit dem Erd-
gott Geb gingen vier Kinder hervor: Isis und Nephthys,
Osiris und Seth. Isis wurde die Gattin ihres Bruders Osiris,
mit dem sie sich schon im Mutterleib vereinigte, Nephthys
hingegen die Gattin ihres Bruders Seth, den die Griechen
Typhon nennen. Osiris erhielt die Herrschaft über die Erde.
Unter Anleitung seiner Gattin Isis lehrte er die Menschen den
Anbau der Feldfrüchte und des Weins, den Bau von Städten,
Bewässerungskanälen und Staudämmen. Er gab ihnen, eben-
falls unter Anleitung der weisen Isis, Gesetze für das Zusam-
menleben. Isis ihrerseits lehrte die Frauen die Kunst des
Webens und die Medizin. Oft war Osiris unterwegs, um das
Land zu kultivieren.

Doch ihr ränkesüchtiger Bruder Seth stellte ihnen nach. Er
strebte nach dem Thron und wollte die von Isis und Osiris
eingesetzte Ordnung ändern. Darüber berichtet der Grieche
Plutarch, »Typhon habe während seiner (des Osiris) Abwesen-
heit keine Unruhen gestiftet, weil Isis gar sehr auf der Hut war
und kräftig Widerpart hielt. Doch als Osiris heimgekehrt war,
setzte er eine Hinterlist ins Werk; dabei hatte er 72 Männer zu
Mitverschworenen... Typhon habe nämlich des Osiris Leib
heimlich ausgemessen und nach seiner Größe eine schöne,
reichgeschmückte Lade hergestellt und zum Gelage mitge-
bracht. Als sich nun alle an dem Anblick erfreuten und die
Lade bewunderten, habe Typhon im Scherz versprochen, sie
dem zum Geschenk zu geben, der darin liegend sie völlig
ausfüllen werde. Als dies alle der Reihe nach versuchten, aber
keiner hineinpaßte, stieg auch Osiris hinein und legte sich
nieder. Da liefen die Verschwörer herbei, warfen den Deckel
darauf, verschlossen die Lade von außen mit Nägeln und
gossen heißes Blei darüber; dann trugen sie sie zum Flusse
hinaus und entsendeten sie durch die tanitische Mündung ins
Meer.«[1] So töteten sie Osiris.

Als Isis vom Tode ihres Gatten erfuhr, legte sie Witwenklei-
der an und schnitt zum Zeichen der Trauer eine Locke von
ihrem Haar ab. Thot, der Gott der Weisheit, gab ihr den Rat,
sich in die Sümpfe des Deltas zu flüchten. Weinend machte sie
sich auf den Weg, um den Sarg mit dem Leichnam zu suchen.
Sieben Skorpione geleiteten sie auf der Flucht. Ermüdet kam
sie eines Abends zu einem Frauenhaus, dessen Herrin sich

über diese Begleiter entsetzte und die Göttin nicht einlassen wollte. Da kroch einer der Skorpione unter der Tür hindurch und stach das Kind der Herrin. Isis legte ihre Hand auf das Kind und rief es dadurch wieder ins Leben zurück. Überall im Lande fragte sie weiter nach dem Leichnam ihres Gatten. Schließlich sagten ihr Kinder, wohin der Sarg geschwommen war. Sie kam nach Byblos in Phönikien, wo sie mit Hilfe ihres Begleiters, des hundsköpfigen Gottes Anubis, den Sarg fand. Dieser war dort an Land gespült worden und inzwischen gänzlich von einer Tamariske umwachsen; der König von Byblos ließ den Baum fällen und als Pfeiler in seinem Palast verwenden. Eine Geisterstimme verriet Isis, was hier geschehen war.

Isis freundete sich mit den Mägden der Königin von Byblos, Astarte, an. Sie hauchte diesen einen himmlischen Wohlgeruch ein, so daß die Königin auf sie aufmerksam wurde. Astarte machte Isis zur Amme ihres neugeborenen Sohnes. Isis wollte das Kind unsterblich machen, indem sie es nachts an einer Flamme sengte. Die Königin überraschte sie dabei und vereitelte so die Absicht der Isis. Diese enthüllte nun ihre göttliche Natur und erhielt vom König den Pfeiler geschenkt. Sie legte den Sarg frei und brach darüber in solches Wehklagen aus, daß das neugeborene Kind daran starb. Mit einem Schiff kehrte Isis mit dem Sarg nach Ägypten zurück. Der ältere Sohn des Königs, der sie begleitete, stürzte vor Schrecken ins Meer, als Isis noch auf der Fahrt den Sarg öffnen ließ und erneut in Wehklagen ausbrach. Sie hatte dem Osiris noch keinen Sohn geboren. Da verwandelte sie sich in ein Falkenweibchen, belebte durch ihre Schwingen die Zeugungskraft des Osiris, ließ sich auf seinem Phallus nieder und empfing so von ihrem toten Gatten den Horus.

Danach verbarg sie sich in den Sümpfen des Deltas bei Buto. So wollte sie die Entdeckung des Leichnams vor Seth geheimhalten. Auch sollte er nicht erfahren, daß sie ein Kind erwartete. Während der Jagd auf ein Schwein fand Seth die Leiche des Osiris und zerriß sie in vierzehn Stücke, die er über das ganze Land verteilte. Isis machte sich sogleich auf und suchte die zerrissene Leiche des Osiris. Sie fand alle Teile und richtete an den betreffenden Stellen zum Gedächtnis Stelen auf. So hoffte sie Seth zu täuschen, als seien die Teile wirklich an den verschiedenen Stellen bestattet worden. Nur der Phallus des Osiris blieb verloren. Seth hatte ihn in den Nil geworfen, wo ihn der Fisch Oxyrhynchos fraß. Isis formte einen Kunstphallus, setzte dann den Körper des Osiris wieder zusammen und balsamierte ihn ein. Es war die erste Einbalsamierung überhaupt. Sie gab dadurch ihrem Gatten Anteil am ewigen Leben.

Bald darauf nahm Seth Isis gefangen; doch gelang es ihr, mit Hilfe des Gottes Thot zu entkommen. So konnte sie weiter vor ihm geheimhalten, daß sie von Osiris ein Kind empfangen hatte. Sie verbarg sich wieder in den Sümpfen von Buto und gebar dort den Horus. Auf ihrem Weg dahin begleiteten sie sieben beschützende Schlangen. Sie gebar den Horus, den ihr der Sonnengott Re als Rächer seines Vaters und König von Ägypten angekündigt hatte. Um in die Sümpfe eindringen zu können, hatte sich Seth in eine giftige Schlange verwandelt und Horus gebissen. Fast tot traf ihn Isis an. Sie fiel in tiefe Trauer; mit den Fischern und Sumpfbewohnern stimmte sie die Klage an. Niemand wußte einen Zauberspruch, ihn zu heilen. Es bestand die Gefahr, daß Unschuld und Güte vom Bösen vernichtet wurden. In äußerster Not wandte sich Isis an Re, den höchsten Gott. Auf ihr Flehen hielt die Sonnenbarke an. Darüber erlosch das Licht. Im Namen des Re entstieg Thot der Barke und bannte das Gift mit dem mächtigen Zauber des Sonnengottes. Wäre Horus nicht geheilt worden, würde ewige Finsternis auf der Erde herrschen, die Brunnen vertrocknen und die Erde kein Wachstum geben. Ein anderer Mythos erzählt aber, daß es Isis gelang, den alt gewordenen Gott Re zu zwingen, ihr seinen geheimen Namen zu nennen. Als der Gott nachgab, gebot er ihr, diesen Namen nur ihrem Sohn Horus mitzuteilen. Außerdem durfte sie Horus verraten, daß Re ihm seine beiden Augen versprochen hatte.

Als Horus zum Jüngling herangereift war, verließ er sein Versteck in Buto, um als Rächer seines Vaters gegen Seth zu kämpfen. Osiris stieg aus der Unterwelt auf und unterrichtete ihn, wie er Seth besiegen könne. Es entbrannte ein heftiger Kampf, bei dem Horus sein schwaches Auge, der Mond, ausgerissen wurde, während Horus den Seth entmannte. Als Horus den gefesselten Seth seiner Mutter Isis brachte, wollte diese nicht, daß er getötet wurde, und ließ ihn frei. Darüber ergrimmte Horus. Er riß seiner Mutter die Krone ab oder sogar das Haupt. Der Weisheitsgott Thot gab ihr dafür eine Krone aus Kuhhörnern bzw. einen Kuhkopf. Zuletzt brachte Thot Horus und Seth auseinander und heilte ihre Wunden. Das Göttergericht urteilte zugunsten des Horus. Es sprach ihm die Herrschaft über das ganze Reich zu. Horus schenkte das Auge, das er von Seth zurückerhalten hatte, seinem Vater Osiris. Horus wurde zum König der Menschen, während sein Vater im Totenreich als König der Ewigkeit über die Verstorbenen herrscht.

Horus erzeugte mit seiner Mutter Isis die vier Horussöhne. Er selbst aber behielt den Beinamen »Horus, das Kind«. Man stellte ihn sich in dieser Eigenschaft oft als Kleinkind vor, das von der Isis gestillt wird. Oft wurde er auch als lahmes oder sogar an den Beinen verkrüppeltes sitzendes Kind dargestellt, das am Daumen lutscht, doch versehen mit der Pharaonenkrone oder der Sonnenscheibe. Die Bewegung des Daumens zum Mund wird aber auch als Gestus gedeutet, der Schweigen vor einem großen Geheimnis gebietet. Nach einer weiteren Vorstellung bildete man ihn als sitzend auf der Lotosblume ab. Aus ihr tauchen auch die vier Söhne des Horus aus dem Wasser auf.

Der matriarchale Mythos

Der Mythos von Osiris, Isis und Horus, den ich hier in seinen Hauptmomenten nacherzählt habe, hat im Gange seiner Entwicklung einen tiefgreifenden Wandel von einer matriarchalen zu einer patriarchalen Symbolik erfahren. Beide Bedeutungszusammenhänge liegen in der überlieferten Gestalt des Mythos ineinander; es wird unsere Aufgabe sein, diese beiden Blickstellungen zu unterscheiden und in ihrem Sinn zu erschließen. Dabei wird der eine oder andere Zug der Überlieferung noch nachzutragen sein.

Heide Göttner-Abendroth versucht den ursprünglich matriarchalen Sinn herauszuschälen. Nach ihr war Isis »als Erdmutter die Personifikation des Landes Ägypten selbst und damit die Göttin der immer wiederkehrenden Fruchtbarkeit. Osiris war am Anfang die Personifikation des Nils, des frucht-

baren Wassers (weshalb er oft mit grüner Hautfarbe dargestellt wird, während Isis im grünen Kleid erscheint)... Als
Heros-König begattete Osiris die Göttin jährlich, wenn der Nil
das Land überschwemmte. In der Jahreszeit der Dürre, dem
subtropischen ›Winter‹, wurde er jedoch von seinem Widersacher Seth, der Personifikation der Unfruchtbarkeit und des
Bösen, in Stücke gerissen.«[2] Göttner-Abendroth weist darauf
hin, daß Seth dabei (ähnlich wie Apophis im Re-Mythos) als
Schlange auftritt. Sie stellt das Ganze in den Zusammenhang
des matriarchalen Königsrituals. Dieses bedeutet die Verbindung der sakralen Königin, die die Muttergottheit repräsentierte, mit dem sakralen König, ihrem Heros. Letzterer wurde
im Frühjahr initiiert, wobei er eine Reihe von Heiratsaufgaben
zu erfüllen hatte. Er vollzog mit der Königin im Sommer die
Heilige Hochzeit und erlitt im Herbst/Winter den Opfertod als
Teil des Rituals, sei es durch die Göttin selbst, sei es durch den
Nachfolger. Im Nachfolger war er einerseits neu zur Stelle,
andererseits trat er als Onkel-Usurpator zu diesem in feindlichen Gegensatz. (Das Jahreskönigtum konnte später durch
eine längere Regierungszeit, durch Stellvertreterkämpfe oder
Tieropfer ersetzt werden.) Der als Schlange auftretende
Widersacher Seth wird also als uralter Vorgänger des Jahreskönigs im Zusammenhang mit dem beschriebenen Königsritual
betrachtet, der den Nachfolger bedroht. Dabei betont Göttner-Abendroth wohl zu Recht, daß »diese Urschlange auch
die Göttin selbst sein« kann »in ihrer Gestalt als Vernichterin
aus der Unterwelt. Es ist gleich, ob sie es selbst tut oder den
Nachfolger-Vorgänger dazu veranlaßt: stets ist sie die Veran-
lasserin des Todes des Heros-Königs.«[3]
In eigenartiger Weise bringt Göttner-Abendroth nun die
indische Vorstellung vom »Kleinod in der Lotusblüte«, die sie
als Vulva deutet, mit »Heros in der Lotusblüte« zusammen
und interpretiert es als phallisches Symbol für den Verjün-
gungsprozeß des Osiris und Ausdruck der zyklischen Wiedergeburt der Vegetation. Auch als Pharao der Unterwelt und
Totenrichter bleibe Osiris unter dem Walten seiner göttlichen
Schwester-Gattin. Die Verbindung mit dem patriarchalen Re-
Sonnen-Kult, die der Mythos in der Heilung des Horus durch
den Sonnenzauber andeute, führe nie zu einer Verabsolutie-
rung der männlichen Seite. »Göttin und Gott bleiben ein

matriarchales Paar.«[4] In hellenistischer Zeit entwickele sich Isis dann aber zur rührenden Mutterfigur, die den kleinen Horus stillt und »gegenüber ihren Feinden ... teils naiv-wehrlos, teils listig-überlegen«[5] erscheint.

Eine tiefenpsychologische Deutung dieser Rekonstruktion lehnt Göttner-Abendroth ausdrücklich ab. Anders Christa Mulack, die – in Anlehnung an E. Harding[6] – den Isis-Osiris-Mythos als Suche nach dem ganzheitlichen Weiblichen und ganzheitlichen Männlichen auslegt. »Was der Frau des Matriarchats schon vor Jahrtausenden bekannt war, wird heute von der Jung-Psychologie bestätigt, daß es nämlich in dieser höchsten Form einer mann-weiblichen Beziehung zu einer ›Erfahrung des Transpersonalen in ihr selbst und im Gebenüber‹ kommen kann. Andererseits wissen aber auch die Mythen eines vergangenen matriarchalen Bewußtseins bereits, daß die Suche nach diesem männlichen Gegenüber schwierig ist; denn es wurde von Seth getötet, von jenem Symbol der ungezähmten Triebe, der zugleich ›jene Begehrlichkeit (ist), die nur‹ (sic) ›ich will‹ sagen kann‹. Osiris, der Mondgott, das heißt der Mann des matriarchalen Bewußtseins, wird von Seth veranlaßt, sich in einen für ihn hergestellten Sarg zu legen. Paßt er hinein, so soll er ihn von Seth geschenkt bekommen. Das Hören auf die männliche Seite verheißt dem Mann Bereicherung. Doch ähnlich wie im biblischen Paradies-Mythos erweist sich hier für den Mann diese Wunschvorstellung als ein Trugschluß, denn Osiris wird von Seth in diesem Sarg gefangengesetzt. Der Sarg wird in den Nil geworfen und ins Meer fortgeschwemmt. Psychologisch ausgedrückt wurde der ganzheitliche Mann, für den Osiris steht, vom aufkommenden patriarchalen Bewußtsein unter Verschluß gesetzt und schließlich ins Unbewußte abgedrängt.«[7]

Christa Mulack sieht im Suchen der Isis die mythologische Darstellung der weiblichen Aufgabe, das ganzheitliche Männliche zu erlösen. Sie kann dabei auch sagen, daß es dieses ganzheitliche Männliche sei, das »unbewußt das Patriarchatsdenken stützt, für das der König und sein Palast als Symbol anzusehen sind«[8]. Das Weibliche müsse sich also »vom Patriarchat in den Dienst nehmen lassen ..., um das Männliche zu seiner Ganzheit zurückführen zu können«[9]. Das bedeutet aber zugleich, daß die »Frau den Weg zur verlorengegangenen männlichen Hälfte ihres Bewußtseins« finden muß. »Dieser Weg läuft nicht über die Ratio, wie ihr das Patriarchatsbewußtsein vorgaukeln will, sondern führt sie zu sich selbst, in ihr eigenes Inneres, das immer körperlich und geistig zugleich ist, da es diese männliche Spaltung nicht kennt.«[10] Die Frau wird den Weg zur männlichen Hälfte ihres Bewußtseins (Osiris) geführt, indem sie sich von ihren Instinkten leiten läßt, die im Mythos durch Kinder, Hund (Anubis) und Geisterstimme während der Suche repräsentiert werden.

Zur Verdeutlichung und Weiterführung dieser Zusammenhänge sind einige Begriffsklärungen vonnöten. Der männliche Anteil in der Frau manifestiert sich als *Animus,* der als ihr Seelenbild die innere Einstellung darstellt gegenüber der äußeren Einstellung oder Persona. Er äußert sich in der alles besser wissenden, räsonierenden, auf männliche Weise und nicht instinkthaft reagierenden, also animus-besessenen Frau. Der Animus bildet weniger eine Einzelperson, sondern mehr »eine Versammlung von Vätern und sonstigen Autoritäten, die ex cathedra unanfechtbare, ›vernünftige‹ Urteile aufstellen«[11]. C. G. Jung kann sagen: »Der Animus ist eine Art Niederschlag aller Erfahrungen der weiblichen Ahnen am Manne – und nicht nur das: er ist auch ein zeugendes schöpferisches Wesen, allerdings nicht in der Form des männlichen Schaffens, sondern er bringt etwas hervor, das man einen lógos spermatikós, ein zeugendes Wort, nennen könnte. Wie der Mann sein Werk als ein ganzes Geschöpf aus seinem inneren Weiblichen hervorgehen läßt, so bringt das innere Männliche der Frau schöpferische Keime hervor, welche das Weibliche des Mannes zu befruchten vermögen. Das wäre die ›femme inspiratrice‹, die – wenn falsch aufgezogen – die Möglichkeit hat, auch zum schlimmsten Rechthaber und Prinzipienschulmeister ... zu werden.«[12]

E. Neumann weist diesen Aufstellungen gegenüber darauf hin, daß »die oberflächlichste und späteste Schicht der Animuswelt ... dem Patriarchat« entstammt. »Diese Animuswelt äußert sich in Meinungen und Sätzen, die sich bei näherer Betrachtung als männlich-patriarchales Geistesgut herausstellen. Sie entstammen der Welt des männlichen Bewußtseins und des männlichen Geistes, die dem Weiblichen uneigentlich und fremd ist. In ihr drückt sich das innere Beherrschtwerden

des Weiblichen durch das Patriarchat aus. Deswegen gehört
diese Animusschicht in Wirklichkeit nicht zur weiblichen
Natur, sondern zur männlichen Kultur.«[13] »Die höchste Form
des Animus in der patriarchalen Welt«, fährt Neumann nun
fort, »ist der Seelenführer, der den Übergang zu der nächsten,
tieferen Schicht bildet, in die er ›einweiht‹. Denn hinter oder
unter dieser Patriarchatswelt des Animus befindet sich die
Animus-Geist-Schicht, mit der das Weibliche in einer urtümlicheren Weise verbunden ist. Wir bezeichnen diese Animus-
Geist-Schicht als patriarchalen Uroboros. In ihm ist das Männliche transpersonal und numinos, es hat göttlichen, dämonischen und gottmenschlichen Charakter und stellt eine Art
Natur-Geist dar, der in keiner Weise rationalisierbar und
bewußtseinsnah ist, sondern in dem das Gefühlsmäßig-Emotio-
nale, das Dämonische, Musikalisch-Wortlose und Erotische
dominiert. Diese Animus-Welt findet man überall da, wo das
Weibliche träumt, wünscht, phantasiert und innerlich bei sich
ist. In ihr herrschen schweifende und orgiastische, dämonische
und göttlich liebende Wesen, in deren Dasein Erdhaftes und
Himmlisches, Über- und Untermenschliches, Außermorali-
sches und Engelhaftes in völlig irrationaler Art miteinander
verbunden sind.«[14]

Der Begriff des patriarchalen Uroboros bedarf darüber hinaus einer Erläuterung. Der Uroboros, die Kreisschlange, die
sich selber in den Schwanz beißt, ist »das Symbol einer in sich
geschlossenen unbewußten psychischen Situation, der
Ursprungseinheit«[15], in der das Ich noch vollständig im Unbewußten enthalten ist. Dieser »embryonale noch unentfaltete
Ich- und Bewußtseinskeim schläft im vollkommenen Runden
(des Uroboros) und erwacht in ihm«[16]. »Der Uroboros, das
große Runde, ist aber nicht nur der Schoß, sondern auch ›Die
Ureltern‹. Der Ur-Vater ist mit der Ur-Mutter in der uroborischen Einheit verbunden.«[17] Die Entwicklung des Ich-Keims
ist zunächst durch ein »Überwiegen des mütterlichen Charak-
ters im Uroboros«[18], des matriarchalen Uroboros, bestimmt.
Erst in späteren Phasen tritt der männliche Charakter desselben, der patriarchale Uroboros, als der Geist-Vater bestim-
mend hervor. Der Einbruch dieses patriarchalen Uroboros in
die Psyche ist für das Weibliche von außerordentlicher Bedeutung. Es zwingt dieses »zur Selbstaufgabe, nämlich zur Auf-

gabe der Selbstbewahrung in der Urbeziehung zur Mutter«[19] und ermöglicht so die Entwicklung des matriarchalen Bewußtseins. Das zentrale Symbol dieses matriarchalen Bewußtseins aber ist der Mond. Es ist dies aber ein Bewußtsein und ein Ich, das mit dem Unbewußten in ständiger Fühlung bleibt, »passiv abwartend, auf den Geist-Impuls eingestellt, den das Unbewußte ihm zuträgt«[20]. Insofern ist der Mond als männliches Geistsymbol zugleich doch auch wieder auf eine Rückbettung in das nächtlich-mütterliche Umfangende des Unbewußten angelegt, was ein Neuauftauchen des Symbols der Großen Mutter auf höherer Stufe zur Voraussetzung hat. »Die Mondperiodik mit ihrem nächtlichen Hintergrund ist das Symbol eines Geistes, der wächst und sich wandelt im Zusammenhang mit den dunklen Prozessen des Unbewußten.«[21] Der Sitz dieses matriarchalen Bewußtseins ist symbolisch nicht im Kopf, sondern im Herzen lokalisiert. »Es handelt sich bei ihm um eine Art totaler Wahrnehmung, an der die gesamte Psyche beteiligt ist.«[22] Es trennt nicht Außen und Innen, Körper und Seele, Natur und Geist. Es ist dem stillen Werden anheimgegeben, der Schwangerschaft alles wirklich Schöpferischen. »Das matriarchale Bewußtsein erfährt den geheimnisvoll-unbekannten, im Dunkel sich abspielenden Prozeß des Werdens der Erkenntnis als ein Geschehen, in dem das Selbst als Ganzheit wirksam ist. Dieses Selbst ist beherrschend als Mond, aber noch über ihm herrscht es als die Große Mutter, als die Einheit des Nächtlichen. Gerade die Wachstumsbezogenheit des matriarchalen Bewußtseins setzt voraus, daß es niemals die Beziehung zum Wurzelgrund allen Wachstums, eben der nächtlichen Mutter, aufgibt, wie es das männliche Ich grundsätzlich und mit heldischer Entschlossenheit tut. Deswegen überschneidet sich für das matriarchale Ich im Symbol des Mondes häufig die Wirksamkeit des männlichen Mondes mit derjenigen der Großen Mutter. Die Partizipation des matriarchalen Ich mit dem Monde reicht, wie die der Großen Mutter selbst, darüber hinaus, daß sie Partnerin des Mondgeliebten ist und gelangt bis zur Identität mit ihm.«[23] Die Große Mutter trägt den männlichen Mond-Geist in sich »als Gottheit, die Sohngeliebter ist und Vater und Kind zugleich«[24]. Zugleich ist er Ebenbild der Großen Mutter. »So manifestiert sich der Mond männlich als Mitte der Geist-Welt des matriarchalen

Bewußtseins, aber auch weiblich als höchste Form des weiblichen Geist-Selbst, als Sophia, als Weisheit.«[25] Das matriarchale Bewußtsein ist ein Bezogenheitsbewußtsein, das »ein Moment des Eros, der Angewiesenheit auf das Du des Partners als Mond-Geliebten« enthält[26]; es repräsentiert so das »Ewig-Weibliche«.

Die Frau, das haben wir gesehen, gelangt zur männlichen Hälfte ihres Bewußtseins, indem sie sich gerade dem matriarchalen Bewußtsein, das in ihr angelegt ist, erschließt. Sie findet darin auch das ganzheitlich Männliche, das vom ganzheitlichen Weiblichen nicht getrennt ist. Sie findet zu dieser Ganzheit, indem sie sich von ihren Instinkten leiten läßt, worauf Kind, Hund (Anubis) und Geisterstimme hinwiesen. Aber auch die Isis begleitenden Skorpione, die den Menschen beißen können, deuten auf die Instinkte hin, denen der Mensch sich ausgesetzt sieht. Christa Mulack erkennt die Aufgabe des Weiblichen insbesondre im »Dienst am Kind des Patriarchats, das heißt, die Frau ist verantwortlich für das Hervorbringen eines neuen ganzheitlichen Geschlechts«[27]. Sie findet dafür den Hinweis in dem Versuch der Isis, das Kind der Königin Astarte unsterblich zu machen. Es komme darauf an, die kindlichen Bedürfnisse voll zu befriedigen. Doch gelinge dies nicht auf Anhieb. Der patriarchale Nachwuchs sei darauf noch nicht hinlänglich vorbereitet, »die Stärke des weiblichen Liebesausbruchs zu verkraften, den selbst das tote Männliche noch in der Lage ist, in ihr zu bewirken. Nun muß sich das Weibliche auf die Suche nach seinem Animus begeben, der immer wieder Gefahr läuft, aus dem Blickfeld ihres weiblichen Bewußtseins herauszufallen, wenn sie sich einseitig dem Eros hingibt. Es könnte sich bei Horus aber auch um die Abkömmlinge des matriarchalen Bewußtseins handeln, die allein in der Lage sind, dem Weiblichen bei ihrem Erlösungswerk zu helfen.«[28] Der Kampf zwischen Osiris und Seth wird verstanden als ein Kampf zwischen dem integrierten und dem unintegrierten Männlichen, in den das Weibliche mit hineingezogen wird. Aber das matriarchale Bewußtsein widersetzt sich einer Lösung, die mit der Tötung des unintegrierten Männlichen endet. »Das geistig-psychische Gesetz des Weiblichen heißt Wandlung statt Vernichtung, wie es das patriarchalische Bewußtsein postuliert.«[29] Damit wird gewaltsamen Umstürzen und Revolutionen der Abschied gegeben. »Die Tötung der Isis scheint das Reaktionsmuster zu sein, zu dem sich der extrem-männliche Pol entschlossen hat.«[30] »Betrachten wir nun den Schlußakt des Mythos, so erfahren wir, daß Thot, der männliche Weisheitsgott, jenes Männliche, das nicht mehr das Opfer eines Kampfes von Intellekt und Trieb und daher zu einer höheren, integrierten, also weisheitlichen Bewußtseinsebene mit direktem Anschluß an das Unbewußte gelangt ist, das Weibliche zu neuem Leben erweckt, das sich dann allmählich neu entfaltet, wie es die Neumond-Symbolik zum Ausdruck bringt. So, wie der weibliche Eros zuvor dem Männlichen neues Leben geschenkt hatte, ist es nun das geläuterte Männliche, das durch die Bewußtwerdung seiner Eros-Seite diese Tat vollbringt und damit seinen Vernichtungswillen ins Gegenteil verkehrt.«[31]

Der patriarchale Mythos

Erich Neumann macht nun aber deutlich, wie an der »Gestalt des Osiris der Umschlag von der matriarchalen, d. h. lebensbetonten Welt in eine patriarchale, d. h. geistbetonte Welt erfolgt«[32]. Er zeigt auf, daß Osiris ursprünglich unzweifelhaft ein Fruchtbarkeitsgott gewesen ist. Die blutige Zerstückelung des Jünglingskönigs gehörte in das Fruchtbarkeitsritual der Großen Mutter hinein. Ebenfalls gehörte in diese Stufe die Wiederherstellung des zerstückelten Osiris durch seine Mutter-Geliebte Isis. Zur Totenklage zählte »die Klage um den Verlust des ›lebendigen Phallus‹. Deswegen steht das Pfeilersymbol, der Ded, das Kennzeichen des Osiris, neben dem Stier.«[33] In den matriarchalen Fruchtbarkeitskulten wurde höchstwahrscheinlich »der Phallus des zerstückelten Jahreskönigs als Symbol der befruchtenden Kraft des Männlichen mumifiziert und bis zum Tode des nächsten Jahreskönigs aufbewahrt«[34]. Aber gerade was diesen Zug des Rituals anbelangt, zeigt sich ein bedeutsamer Unterschied in der Osiris-Überlieferung. »Der Mythos berichtet, daß bei der Wiedervereinigung des zerstückelten Osiris der Phallus nicht aufgefunden werden konnte, daß er von Isis durch einen hölzernen, d. h. einen Kultphallus ersetzt wurde, und daß Isis gerade vom toten Osiris schwanger wurde. Also der phalluslose oder mit einem hölzernen Phallus ausgestattete Osiris wird zum Vater des Horus, ein überaus merkwürdiger Zug für einen Fruchtbarkeitsgott.«[35] Erich Neumann faßt die paradoxe Doppelbedeutung des Osiris, die von Anfang an bestanden habe, wie folgt zusammen: »Er ist einmal als Zerstückelter der Fruchtbarkeitsbringer, der vergängliche und wiederkehrende Jünglingskönig, aber er ist auch als zeugende Mumie mit dem langen Gliede der Bleibende und Unvergängliche. Er ist nicht nur lebendiger Phallus, sondern erweist sich auch als mumifizierter Phallus zeugerisch.«[36] Erich Neumann spricht in diesem Zusammenhang vom »geheimnisvollen Symbol des fruchtbaren Toten«; darin habe »die Menschheit unbewußt einen wesentlichen Inhalt erfaßt und nach außen gestellt, den sie deutlicher noch nicht zu formulieren vermochte, nämlich den von der Ewigkeit und Fruchtbarkeit des Geistes im Gegensatz zur Ewigkeit und Fruchtbarkeit der lebendigen Natur«[37].

Als Osirisfeind und Zerstückeler tritt nun Osiris' Zwillingsbruder Seth auf. Neumann charakterisiert ihn als »Dunkles, Böses und Auflösendes in einem«[38]. Er repräsentiert kosmisch die Dunkelmacht und als Bruder der Isis Züge des Matriarchats. Er stellt ihre destruktive Seite dar, die gegen Osiris und das Patriarchat steht. Christa Mulack scheint mit ihrer Auffassung, daß sich in Seth das in das matriarchale Bewußtsein einbrechende unintegrierte Männliche und aufkommende Patriarchat äußere, dieser Deutung entgegenzustehen. Man muß aber berücksichtigen, daß im großen Runden oder Uroboros, dem Symbol des Matriarchats, ursprünglich, wie bereits ausgeführt, eine Ur-Mutter und ein Ur-Vater enthalten waren. Letzterer führte sowohl zur Entwicklung eines matriarchalen Bewußtseins, wofür, wie wir sahen, Osiris in einer bestimmten Schicht des Mythos steht, andererseits zum patriarchalen Geist-Vater, der in von den Frauen abgesonderten Geheimbünden und Geheimeinweihungen zum Aufkommen des Patriarchats hinführte. Die ursprüngliche Schattenseite des Uroboros, differenziert als furchtbarer Vater und furchtbare Mutter, hat sich dann in Seth niedergeschlagen, während sich Isis im wesentlichen zur guten Mutter entwickelte. So gesehen, kann man sagen, daß Seth einerseits Züge des Matriarchats vertritt, wie er andererseits den Schatten des Patriarchats repräsentiert. In Osiris hingegen wäre der positive Geist sowohl des matriarchalen wie des patriarchalen Bewußtseins zur Stelle.

Osiris wird in seinem Sieg über Seth und in der Überwindung der Gefahr der Zerstückelung geradezu der Selbstvollendete. »Während er auf seiner matriarchalen Stufe vom belebenden Windhauch seiner mütterlichen Schwester-Gemahlin wiedergeboren wird, ... feiert man ihn schließlich gerade als den, der sich selber erneut.«[39] Von ihm sagt das Totenbuch: »Ich habe mich selbst ganz und vollständig gemacht.«[40]

Mit der Ewigkeitsbedeutung des Geistes hängt das früheste Symbol des Osiris, der Ded, zusammen. Die Hieroglyphe dieses Ded-Pfeilers bedeutet »Dauer«. Er selbst stellt wohl einen Baumstamm dar und damit gegenüber der vergänglichen Vegetation etwas Gewachsenes und doch Dauerndes. Zugleich besteht eine Beziehung zwischen dem Baumstamm und dem Holzsarg, der die Mumie aufnimmt. »Osiris als Pfeiler und Baum und Mumie ist identisch mit dem hölzernen Kultphallus, der den mumifizierten Phallus des Saisonkönigs ersetzte.«[41] Damit ist die symbolische Deutung des Ded-Pfeilers aber noch nicht erschöpft. Dieser ist vielmehr zweifach gegliedert. Er enthält in seinem oberen Wipfel vier »Aststümpfe«. Dem Stamm wird nun das Rückgrat, dem oberen Teil hingegen die Hals- und Kopfregion zugeordnet. In dieser vermenschlichten Gestalt des Ded-Pfeilers treten drei Komponenten zusammen: erstens die phallische, dann die der »Dauer« und drittens die »Erhöhung«. Die vier »Aststümpfe« wurden nämlich mit dem Sakrum, dem unteren Teil der Wirbelsäule und Sitz der männlichen Kraft, gleichgesetzt und dem Baumstamm oben aufgesetzt. So entstand gewissermaßen ein »erhöhter« oder »oberer« Phallus. »Das ›Dauernd Zeugende‹ als ›erhöhter‹ und ›oberer‹ Phallus wird so zum Haupt, das sich als Dauernd Zeugendes, d. h. als ein Geistsymbol erweist.«[42] Die Erhöhung stellt also die »Sublimierung« des unteren Prinzips in das höhere dar, was in der gleichzeitigen Identifizierung der oberen Teile mit dem Haupt zum Ausdruck kommt. Die Vereinigung von Kopf und Körper bzw. Rückgrat des Osiris bildet im Kult von Abydos eine bedeutende Rolle.

Mit der Vorstellung der Erhöhung des Osiris ist die des Aufstiegs verbunden. Er wird daher auch als Leiter von der Erde zum Himmel vorgestellt. Auf der kosmischen Stufe der

Mythologie wird Osiris in dieser Eigenschaft zunächst zwar mit dem Mond zusammengebracht, doch wandert die Symbolik in die der Sonne hinüber. »Aufstieg und Auferstehung des Osiris entsprechen einer seelischen Wandlung, die mythologisch projiziert als Vereinigung des unteren irdischen Osiris mit dem oberen auftritt, als Vereinigung des körperlichen, im Tode zerstückelten und wiedervereinigten Osiris mit der oberen Geistseele und dem Geistleib. Diese Selbstverwandlung, Auferstehung und Erhöhung, die gleichzeitig eine Selbstvereinigung ist, spielt sich ab als das, was beschrieben wird als Verbindung der Unterweltgottheit Osiris mit der Sonnengottheit Ra.«[43] Das Aufsteigen des Osiris und seine Verbindung mit der Sonnensymbolik wird insbesondere als Aufstieg der Horussonne aus dem Ded-Pfeiler in den Abbildungen des Totenbuches dargestellt. Andere Symbole unterstreichen diesen Zusammenhang noch. Als der Totengott ist er der »Erste der Westlichen« und die Abendsonne. Aber seine Verehrer treten nicht nur als Schakal-köpfige Dämonen auf, die die Abendsonne verehren, sondern eben auch als Horus-köpfige Verehrer der Morgensonne. »Osiris ist doppelgestaltig, westlicher Unterwelt- und Totengott ebenso wie Ewiger und Herr des Himmels. Während er ursprünglich als Erd- und Unterweltsgott westlich, Ra aber als Herr des Himmels östlich war, erfolgte schon sehr früh die Vereinigung zur Doppelstruktur des Osiris, zur Doppelseele.«[44]

Osiris wird in diesem Zusammenhang als der sich selber zeugende Gott vorgestellt und tritt darin in eine Analogie zu »Khapera«, dem Skarabäus. Dieser Käfer, der eine Kugel wie eine kleine Sonne vor sich herrollt, diese in einem Erdloch beerdigt und darin stirbt, tritt im Frühjahr im neuen Käfer als neue Sonne aus dieser Kugel hervor. Als sonnenbewegende, Tod und Auferstehung in sich enthaltende Kraft stellt er ein geistiges Prinzip dar. »Osiris ist also als Doppelseele die Unterwelt- und die Oberweltsonne zugleich, er ist der sich Einende und seine Gestalt Wahrende, aber auch der aufsteigend sich Wandelnde. Er ist der Todesüberwinder und der sich selbst Zeugende, der das Geheimnis des Schöpferischen, das Mysterium der Auferstehung und Wiedergeburt besitzt, in der die untere Kraft in die obere sich wandelt.«[45]

In diesem Prozeß der Ganzwerdung spielt die sogenannte

71

Ka-Seele eine besondere Rolle, die als Doppelgänger, Genius, Schutzgott oder Name gedeutet wird. Von ihr sagt Erich Neumann: »Die Ka-Seele ist eine archetypische Vorform dessen, was wir heute das Selbst nennen.«[46] Diese vereinigt sich mit anderen Seelenteilen und bringt dadurch eine Verwandlung zustande, die die Tiefenpsychologie Jungs als Individuation bezeichnet. Der gewandelte Osiris wird dadurch zu einem Bilde des Selbst. Osiris tritt so immer deutlicher in die Eigenschaft eines Jahreskönigs ein (unter Zurücktreten seines Mondcharakters) und spielt eine bedeutsame Rolle in der Neujahrsfeier, die mit dem Sed-Fest, dem periodischen Erneuerungsfest der ägyptischen Könige, zusammenfällt. Die Aufrichtung des Ded-Pfeilers, die Erhöhung und Aufrichtung des Osiris bedeutend, tritt in Verbindung mit der Thronbesteigung des neuen Königs, die als Horus-Thronbesteigung symbolisiert wird. »In der Verbindung der Horus-Thronbesteigung mit der gleichzeitigen Erhöhung und Auferstehung des Osiris wird aber noch etwas Neues und anderes sichtbar als die Ablösung des Alten durch das Neue. Die Reste des ursprünglichen Gegensatzes von altem und neuem König im Fruchtbarkeitsritual werden im Osiris-Horus-Mythos durch eine neue seelische Konstellation völlig überwachsen, in der der Sohn eine positive Beziehung zum Vater hat. Im Osiris-Mythos wird die Gestalt und das Ritual einer furchtbaren matriarchalen Isis abgelöst von der Herrschaft des Horus-Königs, der unter dem patriarchalen Protektorat steht... Die ursprünglich matriarchale Isis hilft ihm dabei, sie führt jetzt den Rechtsstreit um die Legitimität des Sohn-Erben und des Thronanspruchs, indem sie die Vaterherkunft des Horus, die Basis des Patriarchats, von den Göttern bestätigen läßt.«[47]

Horus, der Sohn, kann also nur inthronisiert werden und König sein auf Grund der Erhöhung und Vergeistigung seines Vaters Osiris. Erich Neumann weist für diesen Zusammenhang auf »ein Grundphänomen des Totemismus und der Initiationsriten, daß der Totem oder die Ahnen im Initiierten wiedergeboren werden, sich in ihm einen neuen Lebensort verschaffen und sein höheres Selbst bilden«[48]. »Zwischen dem Sohn, der als Held sich selber wiedergebiert, seinem Gezeugtsein vom Gott-Vater und der Wiedergeburt des toten Vaters im Sohne besteht grundsätzlich die Beziehung, die formuliert wurde in dem Satz: ›Ich und der Vater sind Eins‹.«[49] Die Identität besteht schließlich auch darin: »Jeder König war ein Horus und wird ein Osiris. Jeder Osiris war ein Horus. Horus und Osiris sind eins.«[50] Das gilt für die sich ablösende Generationenfolge der patriarchalen Vater-Sohn-Reihe; denn jeder neue König ist ein Horus, der gestorbene und mumifizierte ein Osiris. Isis verstärkt als Mutter, Gattin und Schwester beider diese Identität. Erich Neumann faßt zusammen: »Auferstehung des Osiris heißt jetzt: seine bleibende ewige Natur aufsteigend erreichen, eine vollendete Seele, unzerstörbar und dem unteren Naturverlauf entzogen sein. Es heißt: Gott sein, Stern sein, unvergänglich und jenseits des Weltablaufs stehen. Dem zugeordnet ist aber nun die Thronbesteigung des Horus als Osiris-Sohn. Als Sohn der Isis wäre er vergänglicher Frühlings- und Vegetationsgott und hätte seinen Boden in der ewigen, aber auch ewig veränderlichen Natur der Großen Mutter. Jetzt aber ist er verbunden mit dem Vater, dem ewigen und unveränderlichen Geistvater, dem Gott Osiris und dem König der Geister. Er ist dauernd, wie dieser, ist sein Rächer, sein Erbe und sein Erhöher. Wenn im Krönungsritual die Leiter des Osiris zum Aufstieg erhöht wird, wenn die Errichtung des Ded-Pfeilers und die Erhöhung des alten Königs der Horuskrönung vorausgeht, bedeutet das, daß die Fundierung des Horus im oberen Vater und nicht mehr in der unteren Mutter erfolgt.«[51]

Von hier aus wird es verständlich, daß es gerade der tote Osiris ist, der den Horus-Sohn erzeugt. »Dieses Bild ist der primitive symbolische Ausdruck für die Zeugung durch den Geist.«[52] Im Sinne dieser Symbolik ist der Vater »die Mumie mit dem langen Gliede, oder wie ein anderes Bild aussagt, der Skarabäus mit dem Phallus, ewig und zeugend«[53]. Osiris und Horus gehören im psychologischen Sinn zusammen. Sie sind Teile *einer* Persönlichkeit. »Sohn und Vater sind Gott dieser und jener Welt. Ihre Beziehung zueinander ist, psychologisch gesprochen, die von Ich und Selbst.«[54]

Ich habe im Zusammenhang mit der Entwicklung des matriarchalen Bewußtseins von der außerordentlichen Bedeutung gesprochen, die dem Einbruch des patriarchalen Uroboros im Blick auf die Aufgabe der Selbstbewahrung in der Urbeziehung zur Großen Mutter für das Weibliche zukommt.

Eine analoge Bedeutung kommt diesem Einbruch des patriarchalen Uroboros für die Ich-Findung des Männlichen zu. Erich Neumann weist darauf hin, daß »die jungmännliche Altersgruppe, die Jungmänner, ... als Altersgenossenschaft der Ort der eigentlichen Selbstfindung des Männlichen«[55] sind. Diese männlichen Geheimbünde sind dem Matriarchat nebengeordnet und stellen eine Kompensation zum weiblichen Übergewicht dar. Die Einweihungen, die die Jungmänner dort erfuhren, sind weniger solche der Sexualität als der Geisterfahrung und der Ich-Stärkung durch den oberen Geist-Vater, als der sich der patriarchale Uroboros in seiner positiven Gestalt darstellt. »Die Einweihung, die das Ich durch den Männerbund und in seiner Selbstbewußtwerdung erfährt, ist die eines ›Mysteriums‹, eines Geheimwissens, dessen Inhalte immer um die »obere Männlichkeit‹ kreisen. Die obere Männlichkeit, um die es hier geht, ist nicht phallisch-chthonisch betont, ihr Inhalt ist nicht – wie z. B. bei vielen Mädchenweihen – die Sexualität; gerade die Gegenposition, der Geist, der mit Licht-, Sonne- und mit Kopf- und Augen-Symbolen des Bewußtseins auftritt, wird hier akzentuiert, in ihn wird ›eingeweiht‹.«[56] »Deswegen werden in den Einweihungsriten die Jünglinge von einem der Männerwelt zugeordneten Geist verschlungen und sind als Wiedergeborene Geist- und nicht Muttergeborene, Himmels- und nicht Erdsöhne. Diese Geist- und Wiedergeburt ist eine Geburt des oberen Männlichen als des ›oberen Menschen‹, der schon auf der Primitivstufe mit dem Bewußtsein, mit dem Ich und mit dem Willen zusammengehört.«[57] Die steigende Ich-Gewinnung und Ich-Stärkung, die aus diesem Prozeß hervorgeht, führt dazu, die Selbständigwerdung aus der Umklammerung durch den matriarchalen Uroboros zu leisten und, zugleich damit, das eigene Weibliche, die Anima, zu gewinnen. Diese Selbständigwerdung wird mythologisch als der Kampf des Helden mit dem Drachen und die Gewinnung des Schatzes beschrieben. Der Held ist das Ich, der Drache der mütterliche Uroboros und der Schatz die Anima.

Dem Ich droht eine doppelte Gefahr: das Verschlungenwerden vom mütterlichen Uroboros oder die Kastration durch den oberen Geist-Vater, nämlich das »Absterben der unteren zu Gunsten der oberen Männlichkeit«[58]. »Das Ziel des Hel-

denkampfes ist die Erreichung der oberen und der unteren
Männlichkeit, die Verbindung der phallisch-iridischen mit der
geistig-himmlischen Stufe, wie sie sich in der schöpferischen
Verbindung mit der Anima, im Hieros Gamos und seiner
schöpferischen Zeugung symptomatisiert. In den Mysterien
wird der Kampf mit dem Drachen nur als Kampf mit dem
Mutterdrachen, der unbewußten Erdseite, konzipiert, und es
kommt zu einer Identifikation mit der Vater-Geist-Seite,
soweit überhaupt in den Mysterien die Drachenkampfsituation
erreicht ist. Daß aber der Kampf mit dem Vater-Drachen, der
Geistüberwältigung, nicht geleistet wird, führt zur patriarchalen
Kastration, der Inflation, zum Körperverlust der ekstatischen
Himmelfahrt und so zum Weltverlust der Mystik. Dieses
Phänomen wird besonders deutlich in der Gnosis und im
gnostischen Christentum. Der iranisch-manichäische Ein-
schlag verstärkt zwar die Kampfkomponente des Helden, aber
dieser bleibt, weil gnostisch, der Welt, dem Körper, der Materie und dem Weib feindlich.«[59] Die Selbstfindung und die
damit verbundene Wandlung gehen durch einen Tod des Ich
hindurch. Es ist aber von großer Bedeutung, wie das Wieder-
geburtsmysterium vom Ich erlitten bzw. vollzogen wird. Wo
der Mensch es als Toter nur passiv erlebt, etwa von der
Muttergottheit oder vom einweihenden Priester eingesetzt,
bleibt er im Bereich des Uroboros-Inzestes, der hinter der
patriarchalen Kastration lockt. Es kommt darauf an, daß er
sich wie im Heldenkampf selber neu gebiert. Horus überwindet die furchtbare Isis und darin den Uroboros-Inzest und
gebiert sich neu, indem er als der Rächer des Vaters auftritt.
Das Ich, das sich zu sich befreit hat, ist zugleich der Sprecher
des Selbst. »Die im Mythos und Ritual vorgegebene Situation
ist die, daß das Ich sich als sterbend erfährt, daß aber gleichzeitig ein wiedergebärendes Selbst in Gestalt der Gottheit auftritt. Der Heldenmythos ist erst da erfüllt, wo das Ich sich mit
diesem Selbst identifiziert, d. h. die Stützung am Himmel als
eigene Gottgezeugtheit im Todesmoment des Ich realisiert.
Erst diese paradoxe Doppelsituation, in der die Persönlichkeit
sich selber gleichzeitig als sterbend und als zeugend gebärend
erfährt, führt zur echten Entstehung des Doppelmenschen in
seiner Ganzheit.«[60]
Wir haben im Zusammenhang unserer Erörterungen des

matriarchalen und des patriarchalen Bewußtseins in der Regel nicht von der Frau und vom Manne gesprochen, sondern vom Weiblichen und Männlichen. Das Weibliche und das Männliche aber gehören beiden an, der Frau und dem Mann. Über Anima und Animus können Mann und Frau Zugang zum matriarchalen Bewußtsein finden und dadurch zur Seinsmacht des Eros. Es ist die Mondseite des Bewußtseins. Zugleich können beide einen Zugang gewinnen zum letzten und tiefsten Kern ihrer Persönlichkeit, zum Selbst, das im patriarchalen Bewußtsein als Sonne und eigentliches Zentrum auftaucht und den Hintergrund des zu sich geführten Individuums bildet. Der jüdische Midrasch erzählt, daß in der vollendeten Zukunft Sonne und Mond gleich groß sein werden[61]. Osiris ist Mond und Sonne. Er ist das Selbst und Horus das Ich. Doch hinter seinem Thron steht beschützend und bewahrend Isis, die Schwester-Geliebte-Mutter. Zum Bedeutendsten des Isis-Osiris-Horus-Mythos gehört seine Komplexität. Der Mensch hat es im Blick auf seine Psyche mit einer komplexen Psychologie zu tun. Diese zeigt nicht nur auf, was ist, sondern was werden will aus transpersonalen Kräften, die sich uns als Götter im Bewußtsein spiegeln. Osiris ist kein nur matriarchaler und kein nur patriarchaler Gott; er ist kein starrer, von der übrigen Wirklichkeit abgehobener Einer und ganz Anderer, sondern die Einung des Vielen, die Einswerdung der Kräfte, in seiner Verbundenheit mit allen Gestalten des Mythos das Kraftfeldbild der transpersonalen Mächte, die das Ich in diesem Bilde sich assimiliert als Grund für die Ganzwerdung des Individuums.

Das Schoßkind

Von Horus, dem göttlichen Kind, kann nur im Anschluß an das Ganze dieser Darstellung gesprochen werden. Als Kleinkind, das von der Mutter Isis gestillt wird, ist er umschlossen von der Großen Mutter, die hier, als ägyptische Vorstufe der Madonna, die gute Gebärerin und Beschützerin darstellt (Tafel II). Mit ihr ist das noch junge Ich verbunden als mit der guten

Tafel II: Isis mit dem Horusknaben als Darstellung zugleich von Hathor und Aphrodite. Spätantik. Bronze. Louvre, Paris.

Mutter, die »die Fülle der schenkenden Welt, die seligma-
chende Glücksspenderin des Lebens, der nährende Boden der
Natur und das Füllhorn des gebärenden Schoßes« ist. »Es ist
die in der Instinktverbundenheit erlebte Tiefe und Schönheit
der Welt, die Güte und Gnade des schöpferischen Urgrundes,
welche Erlösung und Auferstehung, Wiederbelebung und
Neugeburt täglich verspricht und erfüllt.«[62] Züge der furchtbaren Großen Mutter trägt hingegen das Bild, das Horus als
beinschwach darstellt. Horus ist hier ebenfalls als Schoßkind
vorgestellt, auch wo er in der Mitte einer Blüte sitzt, und mit
phallischen Zügen ausgestattet. Letztere werden durch das
Lutschen des Daumens ausgedrückt, aber auch durch die
verkrüppelten Beine, die zugleich die Kastration durch die
furchtbare Mutter aussagen. Es ist das in der Mutterverfan-
genheit hängenbleibende Kind, das noch keinen persönlichen
Vater kennt. Auf einer gnostischen Gemme[63] wird er als
umschlossen vom Uroboros dargestellt, sitzend auf einer noch
geschlossenen, an ein Ei erinnernden Blüte, mit der Sonne auf
dem Kopf, mit Krone und Zepter ausgestattet. Er repräsentiert so das noch junge Ich (= die junge Sonne), doch weist
sein Finger nun nicht auf die Gebärde des Lutschens, sondern
zum geschlossenen Mund, Schweigen gebietend, als wollte er
auf das größte Geheimnis hinweisen, das unter dem Darge-
stellten verborgen ist: das über der uroborischen Umschlossen-
heit aufgehende Ich und die Bewußtseinserweiterung durch
die Assimilation des Unbewußten an das Ich. Er weist dabei
zugleich darauf zurück, daß es der Uroboros ist, der das Selbst
aus sich heraus gebiert. Auf einer anderen Gemme[64] sitzt das
Horuskind im gleichen Gestus auf der Lotusblüte ohne Ver-
stümmelung der Beine. Von der Lotusblüte als Mandala, als
Ausdruck der Ganzheit und des assimilierten Unbewußten
sagt C. G. Jung: »In ihr wohnt der Gottsohn, der gewordene
Gott.«[65] In Gestalt der vier Horussöhne auf der Lotusblüte
repräsentieren sie den mit der Vier verbundenen Ganzheits-
aspekt. Die Abbildung aus dem Totenbuch[66] deutet auf die
Komplexität des Symbols. Das Selbstsymbol des Osiris manifestiert sich in den vier Horussöhnen auf der Lotusblüte, von
denen drei in heller Farbe, einer aber in dunkler Farbe
erscheint, Hinweis auf Ganzheit als Integration auch der
minderwertigen Funktion. Hinter Osiris' Thron aber stehen

als Ausdruck des fraulichen Seins Isis und ihre Schwester Nephthys, aus deren mütterlich hütendem Sein das Selbst letztlich stammt. Zwischen Regression und Ganzwerdung ist das Kind-Symbol gespannt. Die Entfaltung seiner ganzen Komplexität und Bedeutsamkeit aber ist der ganze Mythos von Isis, Osiris und Horus.

Anmerkungen

1 Plutarch, Über Isis und Osiris, Kap. 13, zit. nach der Ausgabe von Theodor Hopfner, 1. Teil, Die Sage, Darmstadt 1967, S. 5
2 Heide Göttner-Abendroth, Die Göttin und ihr Heros, Die matriarchalen Religionen in Mythos, Märchen und Dichtung, München 1982[2], S. 60
3 Ebd., S. 61
4 Ebd., S. 62
5 Ebd., S. 64
6 Esther Harding, Frauen-Mysterien einst und jetzt, Zürich 1949
7 Christa Mulack, Die Weiblichkeit Gottes, Matriarchale Voraussetzungen des Gottesbildes, Stuttgart 1983, S. 96f.
8 Ebd., S. 97
9 Ebd.
10 Ebd., S. 98
11 C. G. Jung, Die Beziehungen zwischen dem Ich und dem Unbewußten, Gesammelte Werke 7, Olten 1974[2], S. 228
12 Ebd., S. 229f.
13 Erich Neumann, Zur Psychologie des Weiblichen, München 1975[2], S. 72
14 Ebd.
15 Ebd., S. 59
16 Erich Neumann, Ursprungsgeschichte des Bewußtseins, München 1974[2], S. 23
17 Ebd., S. 27
18 Ebd., S. 25
19 Erich Neumann, Zur Psychologie des Weiblichen, a.a.O., S. 30
20 Ebd., S. 77
21 Ebd., S. 76
22 Ebd., S. 91
23 Ebd., S. 93f.
24 Ebd., S. 94
25 Ebd.
26 Ebd., S. 95
27 Christa Mulack, Die Weiblichkeit Gottes, a.a.O., S. 98
28 Ebd., S. 99f.
29 Ebd., S. 101
30 Ebd., S. 102
31 Ebd., S. 103
32 Erich Neumann, Ursprungsgeschichte des Bewußtseins, a.a.O., S. 180
33 Ebd., S. 180

34 Ebd., S. 182
35 Ebd., S. 183
36 Ebd., S. 184
37 Ebd.
38 Ebd.
39 Ebd.
40 Ebd.
41 Ebd., S. 186
42 Ebd., S. 187
43 Ebd., S. 188
44 Ebd., S. 190
45 Ebd., S. 192
46 Ebd., S. 194
47 Ebd., S. 195
48 Ebd., S. 197
49 Ebd.
50 Ebd.
51 Ebd., S. 198f.
52 Ebd., S. 199
53 Ebd.
54 Ebd.
55 Ebd., S. 118
56 Ebd., S. 119
57 Ebd., S. 120
58 Ebd., S. 203
59 Ebd.
60 Ebd., S. 204
61 s. Erich Neumann, Zur Psychologie des Weiblichen, a.a.O., S. 101
62 Erich Neumann, Ursprungsgeschichte des Bewußtseins, a.a.O., S. 43
63 Abgebildet in C. G. Jung, Psychologie und Alchemie, Gesammelte Werke
   12, Olten 1980[3], S. 515
64 Abgebildet ebd., S. 134
65 Ebd.
66 Abgebildet ebd., S. 245

Dionysos

Dionysos hat das mit Osiris gemein, daß er – freilich schon als Kind – von der titanischen Macht zerrissen wurde. Darum schließen wir seinen Mythos an die Überlieferung von Isis, Osiris und Horus an.

Zagreus

Daß er zerrissen wurde, erzählt man allerdings nicht von dem Sohn der Semele, sondern von dem früheren Dionysos, der auch Zagreus, der »große Jäger«, heißt. Von ihm wird gesagt, daß sein Vater Zeus und seine Mutter die Unterweltsgöttin Persephone gewesen sind. Die Überlieferung berichtet, daß alle Götter in Liebe zu Persephone gefallen waren. Um ihre Tochter zu bewahren, suchte ihre Mutter Demeter ein Versteck. Sie fand es in einer Höhle bei der Quelle Kyane auf Sizilien. Dort verbarg sie ihre Tochter. Ihre Drachen löste sie vom beflügelten Wagen ab und stellte sie beide als Wächter vor den Eingang der Pforte. Bei ihr ließ sie Körbe mit allem, was man zum Weben nötig hat, zurück. Persephone arbeitete an einem großen Mantel, der das Bild der ganzen Welt eingewebt erhielt. Aber Zeus fand doch einen Weg zu ihr.

»Jungfrau Persephoneia, du fandest kein Mittel, der Ehe
Zu entgehen, dir ward mit einem Drachen Vermählung,
Als da vielgeringelt Kronion, das Antlitz verwandelt,
Als ein freiender Lindwurm,
gekrümmt in verlockender Windung
In den finsteren Grund
des Jungfraugemaches hineindrang,
Tückisch schüttelnd die Mähne;
er schläferte gleitend die Augen
Der gleichartigen Drachen, die neben der Pforte gelagert.
Und er beleckte den Leib des Mädchens
mit freienden Kiefern
Schmeichelnd. Und durch die Hochzeit
mit diesem himmlischen Drachen
Wurde fruchtbar der Schoß der Persephoneia geschwängert
Zur Geburt des Zagreus, des hörnernen Säuglings.«[1]

Die Erzählung schließt daran sofort an, wie das Kind, kaum geboren, auf den himmlischen Sitz des Zeus stieg und mit seiner kleinen Hand den Blitz schwang. Seine Kinderfäuste hoben die Donnerkeile empor. So empfing er bereits als Knabe von seinem Vater die Herrschaft der Welt. Hera aber neidet ihm diese Stellung und hetzt die Titanen gegen ihn auf. Diese aber können nur durch eine List Gewalt über ihn bekommen. Sie schenken ihm Würfel, Ball, Kreisel, goldene Äpfel, Schwirrholz, Wolle und einen Spiegel, scheinbar Kinderspielzeug; doch als er sich im Spiegel betrachtet, ist es um ihn geschehen. Nun haben sie Gewalt über ihn und beginnen, ihn zu zerstückeln.

»Als die Titanen ihm mit dem Eisen die Glieder zerteilten,
Wurde sein Lebensende der Anfang neuer Entstehung.
Anders beschaffen verwandelt,
vertauschte er vielfach die Formen:
Bald als der listige, junge Kronide mit schüttelnder Aigis,
Bald als Kronos, der Greis,
schwerkniеig, regenentsendend;
Einmal ward er ein Säugling in buntem Wechsel und wurde
Dann wie ein rasender Jüngling;
die junge Blüte des Flaumes
Zeichnete dunkel am Rand das sanftgerundete Antlitz.
Bald auch tobte er zornig als täuschender Löwe, entsandte
Schauerliches Gebrüll aus zähnefletschendem Schlunde,
Aufgesträubt vom Nacken die dichtbeschattende Mähne,
Und er schlug sich über den Bug des zottigen Rückens
Rings den Leib mit des Schweifes
von selber tätigen Peitsche.
Dann, verlassend das Bild des löwenförmigen Hauptes,
Brauste er wiehernd und glich dem nackenhebenden Rosse;
Jochfremd sträubt es stolz sich
wider den Zwang des Gebisses,
Reibend färbt sein Kinn sich weiß
von schimmerndem Schaume.
Wieder ein andermal schoß ihm
ein sausendes Zischen vom Maule,
Wälzte schuppenbedeckt sich her als Drache mit Hörnern,
Streckte die Zunge weit hervor aus klaffendem Schlunde,

Sprang auf das grausige Haupt dann einem Titanen
und schnürte
Wickelnd ein Schlangenhalsband ihm rings im Kreis
um den Nacken.
Und verlassend den Leib
des immer sich windenden Wurmes,
Ward er buntgestreift zum Tiger. Ein andermal glich er
Einem Stier, entsandte dem Maul ein täuschendes Brüllen
Und berannte und stieß mit scharfem Horn die Titanen.
Und so kämpfte er um sein Leben, bis plötzlich mit wildem
Brüllen die Luft durchbrauste aus eifersüchtiger Kehle
Stiefmutter Hera, entflammt vor Zorn;
zugleich mit der Göttin
Sandten die Pforten des Himmels
vom Äther ein dröhnendes Donnern.
Da brach nieder der kühne Stier.
Mit dem Messer zerschnitten
Den Dionysosstier die Mörder wechselnd in Stücke.«[2]

Der Zagreus-Mythos entstammt in der vorliegenden Gestalt
der Orphik, einer griechischen Geheimlehre. Dies muß uns
hier nicht im besonderen beschäftigen, da Geschehen und
Bilder des Mythos ihren Sinn uns immer noch erschließen
können, wenn wir uns nur tief genug darauf einlassen. Vorgestellt werden uns Demeter, die Große Mutter, insbesondere
als Erdmutter gedacht, und ihre Tochter Persephone, die als
Symbol der Vegetation, des blühenden und fruchtenden
Lebens, gilt. Von ihrer Verbindung mit Hades, dem Unterweltsgott, scheint hier noch nicht die Rede zu sein. Sie steht in
der innigsten Einheit mit ihrer Mutter, also eingeschlossen
vom mütterlichen Uroboros, dem mütterlichen Unbewußten
und Selbst. Es ist dies die Entwicklungsstufe in der Tiefenpsy-
che des Weiblichen, die E. Neumann die Phase der Selbstbewahrung nennt[3]. Das Eingeschlossensein in der Höhle bringt
dies zusätzlich zum Ausdruck, wobei die Höhle als Bild für den
Mutterschoß gelten darf. Das ganze Geschehen, das ja zu
einer weiteren Stufe führt, geschieht auf Veranlassung der
Demeter, scheinbar um die Zahl der Freier von Persephone
fernzuhalten. Alle Götter, so hieß es ja, waren in Liebe zu
Persephone gefallen. Ein neues Prinzip kündet sich aus dem

Umschlossensein durch das Mütterliche heraus an. Einen Hinweis darauf geben die zwei Drachen, die Demeter von ihrem beflügelten Wagen ablöst und als Wächter vor den Eingang der Höhle stellt. Diese repräsentieren das mit dem ursprünglichen Uroboros immer schon verbundene Männliche, das anfänglich ganz im Dienste des Weiblichen stand.

Im Schutze der Höhle webt Persephone nun den großen Mantel der Welt, ursprünglich wohl gedacht als Mantel, der die Große Mutter umhüllt. Noch in der Philosophie der Inder wird die erscheinende Welt als ein großes Gewebe verstanden, das um die Seile der Gunas (guna heißt wörtlich »Seil«), der Grundkategorien alles Seienden, herumgewoben ist. Das Gewebe ist andererseits im indischen Denken ein Bild für das Opfer, das die Welt in seinem tieferen Zusammenhang abbildet. Wir werden beim Zagreus-Mythos auf ähnliche Gedanken stoßen. Tief aus der Höhle, dem Mütterlich-Unbewußten herauf webt sich das Bild der Welt und ihrer Gestalten, die zugleich Bilder unserer Tiefenseele sind. Die Welt vermag uns gerade darum so tief anzusprechen, weil wir in ihr Symbolen für die Tiefenkräfte unserer Seele begegnen, mit anderen Worten: Die Tiefe der Seele ist auf den Kosmos projiziert. Wir begegnen in ihm uns selbst. Insbesondere ist aber der Mantel der Sternenmantel, darin die in der Tiefe der Seele wurzelnden Schicksale des Menschen und der Menschheit in den Himmel projiziert sind (vielleicht nicht nur projiziert, sondern wirklich symbolisiert nach einem von uns mehr geahnten als erkannten Zusammenhang von Innen und Außen).

Die Hochzeit des Zeus mit Persephone aber stellt eine Phase dar, die E. Neumann als »Einbruch des patriarchalen Uroboros«[4] bezeichnet, von dem wir im vorausgegangenen Kapitel bereits sprachen. Er wird als ein unbekannt Überwältigender erlebt, der gestaltlos numinos erscheint, wofür der Drache ein gutes Symbol ist. Dieser Einbruch hat seinen Ursprung im männlichen Anteil des ursprünglichen Uroboros, und so heißt es nicht zufällig in den Dionysiaka des Nonnos, daß Zeus die Gestalt eines Drachen annahm, der die »gleichartigen Drachen«, die neben der Pforte gelagert waren, zu überlisten wußte. Er selbst ist aber nun ein »himmlischer Drache«, der in dieser Gestalt den Geist-Vater repräsentiert.

Aus der Schwängerung des Mädchens Persephone durch den

uroborischen Geist-Vater Zeus, der in dieser Funktion auch Zeus Katachthonios, der »unterirdische Zeus«, genannt wird, geht das Zagreus-Kind hervor, das den Thron des Zeus besteigt, die Blitze in seinen Kinderfäusten hält und die Herrschaft der Welt empfängt. Es ist das zeusgestaltige Bild des Selbst, das aus der Tiefe emporsteigt und himmlischer Ordner der Welt wird. Es ist das Hervortreten eines Zentrums aus der Tiefe, das sich dem Umschlungensein vom Unbewußten widersetzt.

Der Widerspruch des Unbewußten tritt in Gestalt der Hera hervor, in der sich der Aspekt der Furchtbaren Mutter konstelliert. Ihr verbunden sind die Titanen, phallische Wesen, also eine Stufe des noch unentwickelten Männlichen. Diese schenken dem Kinde scheinbares Spielzeug: Würfel, Ball, Kreisel, goldene Äpfel, Schwirrholz, Wolle und einen Spiegel. Gemeinsam ist diesen Geschenken, daß sie alle in einer gewissen Verbindung mit dem Selbst stehen, das sie symbolisieren. Die Tiefenpsychologie hat deutlich gemacht, daß die Symbole des Kubischen und des Runden Symbole des Selbst darstellen. Die Schwirrhölzer, die zu den ältesten Kultgeräten der Menschheit gehören, versinnbildlichen, wie die tjurunga der Australier, ein »zweites Ich« des Individuums (Lévy-Bruhl)[5], bilden also ebenfalls das Selbst ab. Ihr Mythos will zum Ausdruck bringen, daß unter solchen Symbolbildungen nach und nach ein Bewußtsein entsteht, das letztlich auf ein Selbst-Bewußtsein, ein Bewußtsein des Selbst angelegt ist. Dieses kommt in der Symbolik des Spiegels zum Ausdruck.

Mit dem Blick in den Spiegel zerfällt die Wirklichkeit in die Teile der Welt. Dies meint der Mythos von der Zerstückelung des Zagreus, wobei er unter dem Spiegel das Bewußtsein versteht, dessen Mittelpunkt das Ich bildet. Das Selbst schafft sich einen Spiegel, aber dieser erscheint als das distanzierende und trennende Ich. Mit der Zerstückelung bricht die urverbundene Wirklichkeit, das Eine, nicht nur in die geteilte und getrennte Vielheit auseinander, mit ihr tritt zugleich der Tod in das Leben ein. Der Ur-Sterbende ist Zagreus selbst, die Titanen »vernichteten ihn«, heißt es in den Dionysiaka, »mit dem Messer des Tartaros, wie er grad sein täuschendes Bild gegenüber im Spiegel erspähte« (V. 170f.). Aus seinem Sterben, das wie ein Ur-Opfer gestaltet ist, geht die Welt in ihrer

Vielfältigkeit hervor, erscheint die urbildliche Welt, die Persephone webte, als in Zeit und Raum gefallene Welt. In allem, was nun entsteht, ist Zagreus sich selbst entfremdet und zugleich in der Tiefe er selbst. Er ist das Urbild des menschlichen Lebenszyklus' und der kreatürlichen Vitalität. Bald Kronide (Mann), bald Kronos (Greis), bald Säugling und Jüngling – so wird das Lebensrad vorgestellt. Die eigentümliche Reihenfolge enthält vielleicht einen versteckten Hinweis auf die Reinkarnation. Sie schließt mit dem Jüngling, in dem sich Affekte und Vitalität am deutlichsten äußern, was im folgenden durch die Tiere (Löwe, Pferd, Drache, Tiger und Stier) veranschaulicht wird. Daß das Ganze als ein Opfer des Selbst zu verstehen ist, macht der Umstand deutlich, daß Zagreus zuletzt als Stier erscheint, der sich insbesondere mit der Opferidee verbindet. Welch ein kühner und bedeutsamer Gedanke! In der Tiefe der Wirklichkeit steht das eine, sich spiegelnde und darin sich selbst entfremdende und sich selbst hinopfernde Selbst. Alles, was ist, ist eine Spiegelung, eine Entfremdung und eine Opferung des Selbst, das zugleich den letzten und tiefsten Grund von allem bildet.

Diese Vorstellungen beruhen auf dem vielleicht ältesten Opfergedanken der Menschheit überhaupt. Es ist der Gedanke, daß das Urwesen, das Selbst, der Gott sich opfert und daraus eine Welt anderer Wesen und für andere Wesen hervorgeht. Die Welt steht im Opfer und wird vom Opfer gehalten. Im Indischen heißt dieses Opferwesen der Purusha, aus dessen Opferung und Zerteilung die Welt entstand.

»Als mit dem Purusha als Opfergabe
die Götter ein Opfer verrichteten,
da war der Frühling seine Schmelzbutter,
der Sommer das Brennholz, der Herbst der Opferguß.

Den besprengten sie als Opfer auf der Opferstreu,
den am Anfang geborenen Purusha;
mit dem vollzogen die Götter für sich
ein Opfer, und die Sadhyas und die Seher.

Aus diesem ganz dargebrachten Opfer
wurde das triefende Schmalz gesammelt,
das machte man zu den Tieren,
die im Wind, im Wald oder im Dorfe leben ...

Als sie den Purusha zerlegten,
in wieviel Teile zerteilten sie ihn?
Was ward sein Mund, was die Arme,
was die Schenkel? Was werden seine Füße genannt?

Der Brahmane ward sein Mund,
seine Arme wurden zum Rajanya gemacht,
seine Schenkel sind das, was der Vaishya ist,
aus seinen Füßen entstand der Shudra.

Der Mond ist aus seinem Geist entstanden,
aus seinem Auge entstand die Sonne,
aus seinem Mund Indra und Agni,
aus seinem Atem entstand der Wind.

Aus dem Nabel ward der Luftraum,
aus dem Haupte ging der Himmel hervor,
aus den Füßen die Erde,
die Himmelsrichtungen aus dem Ohr.
So gestalteten sie die Welten.«[6]

Es ist von tiefer Symbolik, daß der Name dieses geopferten Urwesens Purusha »der Mensch« bedeutet. Es wird damit eine ursprüngliche Verbundenheit und Verwandtschaft zwischen Gott und dem Menschen in seinem eigentlichen Wesen zum Ausdruck gebracht. Die Bibel nennt den Menschen das »Bild Gottes« (Genesis 1,27). Aber der Gedanke ist in der Purusha-Idee noch seinsmäßiger erfaßt. Das Bild Gottes, das der Mensch in sich trägt, ist das Selbst. Und dieses Selbst wird im Indischen ebenfalls mit Purusha bezeichnet. Dieser »inwendige Mensch« wird als pupillenhaft klein vorgestellt, während der ihm entsprechende »kosmische Mensch« nur in riesenhaften Ausmaßen zu denken ist. Das menschliche Selbst ist eine Spiegelung des ewigen Selbst, das sich in die Fülle des Seienden hat zerteilen lassen. Ausführlicher noch als im Zagreus-Mythos ist im Purusha-Hymnus der gesamte Kosmos und die menschliche Gesellschaft in ihrer Gliederung aus dem Ur-Opfer und der Ur-Zerteilung eines Ur-Selbst hervorgegangen.

Der Purusha-Hymnus läßt noch erkennen, daß ihm wohl als ursprüngliche Opferhandlung das Menschenopfer zugrunde lag:

»Sieben waren seine Umlegehölzer,
dreimal sieben Brennhölzer wurden gemacht,
als die Götter das Opfer veranstalteten
und den Purusha als Opfertier anbanden« (V. 15).

Im Menschenopfer erlebte eine ursprüngliche Menschheit konkretistisch die Selbsthinopferung des Selbst als Voraussetzung für das geteilte und gegliederte Dasein in der Welt und der Menschengemeinschaft. Wir müssen die Stiftung der ungeheuren Symbolhandlung des Menschenopferrituals »aus den nie erfundenen, sondern überall vorhandenen Voraussetzungen, die der menschlichen Natur eigentümlich sind«[7], begreifen. Wir müssen dabei streng im Blick behalten, daß das Ritual urzeitlichen Ursprungs ist, also »in einer Zeit entstanden ist, wo«, wie Jung sagt, »das Bewußtsein noch nicht dachte, sondern *wahrnahm.* Gedanke war Objekt der inneren Wahrnehmung, nicht gedacht, sondern als Erscheinung empfunden, sozusagen gesehen oder gehört. Gedanke war wesentlich Offenbarung, nichts Erfundenes, sondern Aufgenötigtes oder durch seine unmittelbare Tatsächlichkeit Überzeugendes. Das Denken geht dem primitiven Ich-Bewußtsein voraus, und dieses ist eher dessen Objekt als dessen Subjekt.«[8]
Das Selbst wird sich als Objekt der inneren Wahrnehmung, als empfundene, sozusagen gesehene und gehörte Erscheinung um so mächtiger ereignen, als Offenbarung also und unmittelbare Tatsächlichkeit aufnötigen, je weniger das Bewußtsein im entwickelten Sinne dachte und sozusagen noch mehr oder minder das Objekt, nicht das Subjekt des »Denkens« war. Das »innere Muß«, unter dem dieses Geschehen sich manifestiert, entspricht bei der Autonomie unbewußter Prozesse sowohl einem Gefühl der Notwendigkeit als auch der Spontaneität (Freiheitsgefühl) und darf daher nicht sogleich mit Zwängen oder Normen in eins gesetzt werden. Was sich hier als umfassendere Macht gegenüber dem Ich äußert und diesem in der Wahrnehmung voraufgeht, ist noch nicht ein Über-Ich im Freudschen Sinne, sondern eine ursprüngliche Spontaneität, hinter der sich die werdende Gesamtpersönlichkeit, »der Mensch, der da war, ist und sein wird«, hält und offenbart. Er reißt sich im *Selbstopfer,* das er als spontane Manifestation zunächst an sich erfährt, los aus der unbewußten Identität.

»Unsere unbewußten Inhalte sind nämlich«, sagt Jung, »solange sie unbewußt sind, stets projiziert, und zwar in alles, was ›mein‹ heißt, Sachen sowohl wie Tiere und Menschen. Und insofern ›meine‹ Eigentumsgegenstände Projektionsträger sind, so sind sie mehr und funktionieren auch als mehr, als was sie an und für sich sind.«[9] Jede *Opfergabe* ist aber Gabe von dem Meinen. »Was ich also von dem Meinen gebe, ist an sich schon ein Symbol, d. h. ein Mehrdeutiges, aber wegen der Unbewußtheit seines Symbolcharakters hängt es an meinem Ich, weil es ein Teil meiner Persönlichkeit ist. Daher ist mit jeder Gabe, laut oder leise, ein persönlicher Anspruch verknüpft. Ob man will oder nicht, es ist stets ein ›do ut des‹. Die Gabe bedeutet darum eine persönliche Absicht, denn an sich ist das bloße Geben keineswegs ein *Opfer.* Zu einem solchen wird es erst, wenn die mit dem Geben verbundene Absicht des ›do ut des‹ geopfert, d. h. aufgegeben wird. Das Gegebene soll, wenn es den Anspruch darauf erhebt, ein Opfer zu sein, auch so weggegeben sein, wie wenn es *vernichtet* worden wäre... Denn wenn ich weiß und zugebe, daß ich mich selber gebe oder drangebe und hierfür nicht bezahlt sein will, dann habe ich meinen Anspruch, d. h. einen Teil von mir geopfert. Daher bedeutet jedes Geben mit aufgehobenem Anspruch, d. h. ein Geben à fonds perdu in jeglicher Hinsicht ein *Selbstopfer.* Das gewöhnliche Geben, das nicht wieder bezahlt ist, wird wie ein Verlust *empfunden.* Das Opfer aber soll wie ein Verlust *sein,* damit nämlich der egoistische Anspruch sicher nicht mehr besteht. Die Gabe soll daher, wie schon gesagt, so gegeben sein, wie wenn sie vernichtet worden wäre. Weil sie nun mich selber darstellt, so habe ich in ihr mich selber vernichtet, d. h. mich selber ohne Erwartung weggegeben. Dieser beabsichtigte Verlust ist aber insofern und von einer anderen Seite betrachtet kein wirklicher Verlust, sondern im Gegenteil ein Gewinn, denn das *Sichopfernkönnen beweist das Sich-Haben.* Niemand kann geben, was er nicht hat. Wer sich also opfern, d. h. seinen Anspruch aufgeben kann, der muß diesen gehabt haben, mit anderen Worten, er muß sich dieses Anspruches bewußt gewesen sein. Dieses setzt einen Akt der *Selbsterkenntnis* voraus, ohne welche man gerade solcher Ansprüche unbewußt bleibt.«[10]

Wenn Jung letzteres im Blick auf ein entwickeltes Bewußtsein sagt, so muß der Entwicklung desselben ein urbildliches Ereignis vorausgegangen sein, wo das Selbst sich in einem erlittenen oder ereignishaft durchbrechenden Geschehen erfährt, also Objekt eines archaischen Denkens wird. Es ist dies wahrscheinlich in letzter Tiefe mit dem Spiegel gemeint. Das Selbst blitzt auf unter jenen Todesstößen, in denen es sich als Fülle der Welt dahingibt und zugleich empfängt (»sich hat«). Das Selbst, und darin letztlich Gott, ist das Ur-Opfer, daraus die Welt gefallen ist und ihren eigentlichen Ursprung, ihre Heimat hat. Alle Welt-Teile sind letztlich Opfer-Teile eines Ur-Opfers Gottes. Als solche Opfer-Stücke ist eins dem anderen zugeteilt, Nahrung; letztlich ist das Leben ein Den-Gott-Essen, teoquale, wie die Azteken sagen. Der Zagreus-Mythos erzählt in einer anderen Version, die Titanen hätten den spielenden Knaben in sieben Stücke zerschnitten und in einen Kessel geworfen. Das gekochte Fleisch hätten sie mit sieben Spießen über dem Feuer gebraten. Das weist auf ein kannibalisches Mahl hin, eine Vorstellung, die sich oft mit dem Menschenopfer verbindet. Vergeistigt lebt sie noch in der christlichen Abendmahlsidee fort, wie in der christlichen Erlösungsvorstellung auch die Menschenopferidee fortbesteht. »Werdet ihr nicht essen das Fleisch des Menschensohnes und trinken sein Blut, so habt ihr kein Leben in euch« (Johannes 6,53). Mit Recht sagt C. G. Jung, »daß mit dem Christusopfer und der Communio einer der tiefsten Akkorde der menschlichen Seele angeschlagen ist, nämlich das uralte Menschenopfer und die rituelle Anthropophagie«[11]. Der Mythos erzählt noch, daß Zeus selbst beim Mahl erschienen sei und mit seinem Blitz die Titanen in den Tartaros zurückgeschlagen habe. Die Glieder des Dionysos aber habe er Apollon gegeben, der sie in Delphi beisetzte. Nur ein Körperteil wurde weder von den Titanen noch vom Feuer verzehrt; es war das Herz des Zagreus, das Pallas Athene in einem zugedeckten Korb versteckte. So kehrte es zu Zeus zurück, der es verschlang. »Dionysos ist durch die ganze Natur ausgeteilt, und wie Zeus einst das noch zuckende Herz verschlang, so zerfleischten auch seine Gläubigen wilde Tiere, um den zerstückelten Geist des Dionysos wieder zu integrieren.«[12]

Der Sohn der Semele

Der andere Dionysos ist als der Sohn des Zeus und der Semele bekannt. Von ihm sagt Walter F. Otto, er ist »der Gott der wiederkehrenden Urwelt«[13]. Dionysos ist »der erscheinende, geisterhaft und verwirrend anblickende Gott, dessen Symbol die Maske ist, die bei allen Völkern das unmittelbare Erscheinen geheimnisvoller Geister bedeutet. Er selbst wird als Maske verehrt. Sein Anblicken ist atemberaubend, aus aller Fassung bringend, alle Grenzen des wohlgeordneten Daseins aufhebend. Wahnsinn befällt die Menschen, der selige, in unaussprechliche Entzückungen versetzende, von aller Erdenschwere befreiende, tanzende und singende Wahnsinn, wie der finstere, zerreißende und todbringende. Wenn er und sein wilder Schwarm hereinbrechen, ist die Urwelt wieder da, die aller Schranken und Satzungen spottet, weil sie älter ist als sie, keine Rangstufen und Geschlechtsordnungen anerkennt, weil sie, als das in den Tod verschlungene Leben, alle Wesen gleichermaßen umfaßt und einigt. Dionysos bedeutet die Welt des reinen Wunders, die überquellende Üppigkeit alles Wachstums, die Zaubermacht der Weinrebe, die die Menschenseele selbst zum Wunder macht und dem Menschlichen vermählt. Und er ist die Welt des Urweiblichen, aber in einem anderen, urtümlicheren Sinne als bei Aphrodite. Nicht das liebende und sich hingebende Weib, nicht das Kinder gebärende ist es, in dem Dionysos sich offenbart, sondern das nährende und pflegende, in das Wunder des Allebens verzückte. Da ist keine Grenze zwischen Mensch und Tier: die dionysischen Frauen nehmen junge Tiere der Wildnis an die Mutterbrust, umwinden sich mit Schlangen, die ihnen liebevoll die Wangen lecken. Und die ganze Natur ist ihnen, wenn der Geist des Dionysos über sie kommt, zugetan wie eine liebreiche Mutter. ›Es strömt von Milch der Boden, strömt von Wein, strömt vom Nektar der Bienen, und ein Wogen ist in der Luft, wie von syrischem Weihrauch‹, so singt der Chor der dionysischen Frauen in den ›Bacchen‹ des Euripides. Um den Frauenreigen schwärmen die brünstigen Gesellen, die Satyrn und Silene. Aber für die ›rasenden‹ Tänzerinnen, die Mänaden, ist es, als wären sie gar nicht da, wenn sie nicht mit ihrem Thyrosstab und ihren Schlangen einen allzu

Frechen abwehren müssen. Dionysos selbst, der Ewigliebende, mit der Einzigen (Ariadne) so innig verbundene, wie kein anderer Gott mit der Geliebten, blickt in ihren Armen nach oben, als hörte er die Musik seiner Zauberwelt und des Ewigweiblichen in den Sternen. Aber das überschwengliche Leben im dionysischen Reiche ist nicht ohne den Tod. Ja, das Geheimnis seines namenlosen Zaubers ist die unendliche Tiefe des mit dem Tod vermählten Lebens. Wie er selbst der gejagte Jäger ist, der Überwältigte, Zerrissene und wieder Auferstehende, so sind die Frauen, die ihn umtanzen, nicht bloß mütterlich gegen Kinder und junge Tiere, sondern, im finsteren Wahnsinn, grausam und blutdürstig. Dionysos ist Herr der Lebenden und der Toten. An seinem Frühlingsfest in Athen, den Anthesterien, führt er die Totenseelen mit sich zum geheimnisvollen Besuch der Lebenden, wenn der neue Wein gereift ist und in festlicher Erhobenheit vor dem Gotte und mit ihm genossen wird.«[14]

Mit dieser schon klassisch zu nennenden Zusammenfassung stellt uns Walter F. Otto den Sohn der Semele vor, den die Überlieferung insbesondere mit der Gabe des Weins verbindet. Der Tod des Zagreus, so wird erzählt, habe zu einer Sintflut geführt, aus der ein neues Menschengeschlecht erstand; doch fehlte es den Menschen an einem Trost in den Drangsalen und Mühen des Lebens. Um ihren Jammer zu lindern, beschloß Zeus, den Dionysos, den Spender des Weins, als Retter des Menschengeschlechts zu erzeugen. Dionysos als Weingott, das könnte im Sinne tafelnder Weinseligkeit mißverstanden werden. Der Wein hat wie Dionysos eine doppelte Geburt. Er reift als Traube und er reift als Wein. Er entstammt dem Schoß der Erde und dem Schoß der Kultur. Er durchlebt, möchte man sagen, einen mütterlichen und einen väterlichen Schoß. In ihm brausen, scheint es, die zur Reifung drängenden Pubertäten der Natur und des Geistes. »Der geheimnisvolle Prozeß der Gärung und Reifung des Weines«, sagt Walter F. Otto, »vermag selbst heute noch bei Weinbauern und Kennern Vorstellungen hervorzurufen, die von ferne an Mythisches erinnern. Sie sehen ihn wie ein lebendes Wesen an, das sich aus dem chaotischen Brausen des Jugendalters stufenweise zur Klarheit und Kraft durchbildet. Dabei kommt es vor, daß, wenn die Reifung beendet und der höchste Grad der Güte erreicht scheint, die chaotische Bewegung von neuem einsetzt, wie bei einem Menschen, der in die Pubertät zurückfiele, um den Weg der Entwicklung noch einmal zu durchlaufen, und nun zu noch edlerer Klärung emporzusteigen.«[15] Der Wein gemahnt zugleich an jenen Wahnsinn, der allem Schöpferischen zugrunde liegt, wie Shakespeare sagt:

»Des Dichters Aug', in schönem Wahnsinn rollend,
Blitzt auf zum Himmel, blitzt zur Erd' hinab,
Und wie die schwangre Phantasie Gebilde
Von unbekannten Dingen ausgebiert,
Gestaltet sie des Dichters Kiel, benennt
Das luft'ge Nichts und gibt ihm festen Wohnsitz.«
                    (Ein Sommernachtstraum, 5. Akt, 1. Szene)

»Der Wahnsinn, der Dionysos heißt«, sagt Walter F. Otto, »ist keine Erkrankung, kein Verfall des Lebens, sondern der Begleiter seiner höchsten Gesundheit, der Sturm, der aus seinem Innersten selbst hervorbricht, wenn es reift und über sich hinausdrängt. Es ist der Wahnsinn des Mutterschoßes, der allem Schöpfertum beiwohnt, die geordnete Existenz immer wieder zum Chaos macht, die Ur-Seligkeit und den Ur-Schmerz heraufführt, und in beiden die Ur-Wildheit des Seins.«[16] Ihren Ausdruck finden Wahnsinn und Wein insbesondere in Musik und Tanz. In den Geburts- und Kindheitserzählungen des Dionysos kommt dies zum Ausdruck.

Nonnos beschreibt in seinen Dionysiaka anmutig, wie Eros einen mit Efeu umwundenen Pfeil, den er zuvor in die Feuchte des Götter-Nektars eintauchte, auf Zeus abschnellte. Zur gleichen Zeit fuhr Semele, die Tochter des Kadmos, in der Morgenfrühe zum Tempel der Athene in Theben, um Zeus, beunruhigt durch einen ahnungsvollen Traum, ein Stieropfer zu bringen.

»Denn als vom Lethefittich des Schlafes
ihr Auge beschattet,
Da umgaukelte ihr ein Traum die irrenden Sinne,
Schillernd wie Prophezeiung;
sie glaubte mit ebenentsproßnen
Ranken ein schöngeblättert Gewächs im Garten zu schauen,
Grün und schwer belastet

von reifen, schwellenden Trauben,
Die Kronions Tau, der wachstumsfördernde, feuchtet.
Plötzlich fiel herab vom Äther himmlisches Feuer
Und verzehrte ganz die Rebe, doch schonte die Traube.«[17]

Während sie nun nach dem Opfer in den Fluten des Asopos
ein Bad nimmt, um sich von den vielen Tropfen des Opfer-
bluts zu reinigen, erblickt Zeus die Schwimmende und fällt in
Liebe zu dem Mädchen. Als nächtliches Dunkel die Erde
überschattet, eilt er mit zwei gewaltigen Sprüngen, schnell wie
ein Flügel oder Gedanke, vom sternigen Haus des Olymp ins
thebanische Haus zu Semele und vollzieht die Hochzeit.

»Und wie er ins Haus dann
Eindrang, öffneten sich von selbst die Riegel der Tore.
Und seine Hand umfaßte die Jungfrau mit liebender Fessel;
Bald ließ Rindergebrüll er über dem Lager erschallen,
Hatte zwar menschliche Glieder,
jedoch ein Antlitz mit Hörnern,
Bald erwählte er sich die Gestalt des mähnigen Löwen,
Ward zum Pardel sodann, einen kühnen Sohn zu erzeugen,
Einen Pardeltreiber und Wagenlenker von Löwen.
Dann umschnürte er auch
sein natterndurchwundenes Haupthaar,
Er, der Bräutigam, mit einem Gewinde von Reben,
Und die Locken umschlang er
mit dunklem, gebogenem Efeu,
Bakchos' geflochtener Zier...
Lange feierte Zeus die Hochzeit, und wie bei der Lese
Rief er Evoë laut, den Ruf des zu zeugenden Sohnes.
Liebestoll schloß er Mund auf Mund,
und lockenden Nektar
Ließ der Buhle sprudeln, um Semele trunken zu machen,
Daß sie als Sohn den Gebieter nektarischer Lese gebäre.
Zukunftskündend erhob er die sorgenstillende Traube,
Seinen Arm gestützt auf den feuerbringenden Narthex.
Dann wieder hob er den Thyrsos,
mit dunklem Efeu umwunden,
Und ein Hirschfell trug er; es wurde die scheckige Decke
Von der linken Hand des Weibertollen geschüttelt.
Und da lachte nun rings die Erde, es sproßten von selber

Blätter, ein Rebengarten umgrünte Semeles Lager;
Aus den Mauern entsproßten
die Blumen der tauigen Wiese
Wegen des Bromios Zeugung,
und wolkenlos über dem Lager
Dröhnte mit Donnern
der heimlich im Hause verborgne Kronion,
So vorher zu verkünden des nächt'gen Dionysos Pauken.«[18]

In den Mythen sind die Götter oder Seinsmächte Urzeugungen Gottes in die Weltseele hinein, an der jede Einzelseele in ihrer Tiefe teil hat. Die Mythen sprechen von Schwängerungen der weiblichen Weltseele, der Paargenossin Gottes, durch Gott, daraus die Urmächte stammen, die Seinsgestalten, die in unserer Seele als Blick für eine Welt aufgehen. Der Mensch lebt nicht in einer Welt, sondern in vielen, je nach der Seinsmacht, die seine Augen öffnet. Der Liebende lebt in einer Welt der Liebe, darin alles Umrahmung, Umgebung zweier Liebender ist, da alles im Lichte der Liebe, der Aphrodite, strahlt. Getroffen von ihrer Seinsmacht, umschließt ihn eine Welt, eine Ganzheit. »Gott will Götter«, hat Novalis gesagt. Gott zeugt Götter, das heißt Welten, Pluralitäten, dahinein sich das Eine ausgebiert. Aus Zeus, dem zeugenden Gott, tritt die dionysische Welt zugleich mit der Zeugung des Dionysos hervor. Aus Zeus erscheinen Dionysos und die dionysische Welt. Der Zeugungsakt verwandelt und weitet sich in ein weltstiftendes Ereignis: Die Erde lacht rings um Semeles Lager, das jetzt die Mitte der Erde ist, ein Rebengarten umgrünt das Beilager, das nur in seiner kosmischen Weite ganz erfaßt und erfahren werden kann, die Heilige Hochzeit.

Von der schwangeren Semele wird nun berichtet, daß »der ungeborene, kluge Knabe tanzend im Leibe zugleich mit der künftigen Mutter sprang wie nach dem rasenden Lied der Flöte und eigengelernte Lieder im Schoße erschallen ließ«[19]. Die eifersüchtige Hera aber überredete in der Gestalt der Amme die ahnungslose Semele, Zeus darum zu bitten, zu ihr in der Erscheinung zu kommen wie zu Hera, um unmittelbar zu erfahren, wie die Umarmung eines Gottes sei. Eifersüchtig auf Heras Ehe spricht sie dem Gott gegenüber diese Bitte aus und erbittet so den eigenen Tod:

»Sah ich doch noch nicht das Antlitz des wahren Kronion,
Nicht den glänzenden Strahl der Augen, und ich bemerkte
Nicht sein leuchtend Gesicht
und nicht das Blitzen des Bartes.
Deine Gestalt sah ich noch nicht olympisch, ich schaue
Löwen oder Pardel, doch nie als Gottheit den Gatten.
Sterblich erscheinst du mir, die ich eine Gottheit gebäre.«[20]

Zeus hört aus dieser Bitte eine letzte, tiefe Schicksalhaftigkeit heraus. Er will, wie es heißt, »mit den Fäden der Moira nicht hadern«[21]. Mit unbeschreiblichem Stolz, einer äußersten Erregung dionysischen Wahnsinns, empfängt Semele die vernichtenden Blitze, während sie sich der Hochzeit, die so keine andere Zeus-Geliebte empfangen hat, rühmt: »Semele, als sie gewahrte ihr feuriges Ende, da schwand sie in gebärendem Tode voll Freude.«[22] Bakchos tanzt in dem brennenden Schoß der Wöchnerin. Ihn schonten in ihrem Gluthauch die Blitze. Hermes bringt den Halbvollendeten zu weiterer Entbindung »aus dem Bade des himmlischen Feuers« zu Zeus, der ihn, wie in einen zweiten Mutterschoß, in seinen Schenkel einnäht und austrägt. Dies ist der mythische Ausdruck des Geheimnisses der doppelten Geburt, der Geburt aus der Natur und aus dem Geist, auf das wir bereits hingewiesen haben.

Jeder Mensch muß zweimal geboren werden, einmal aus dem Schoße der Natur, zum andern aus dem Schoße des Geistes, der Kultur. Die Grundmächtigkeit einer jeden Kultur beruht auf Offenbarungen von Urbildern und Urmächten, darin der Geist sich, archetypisch gestaltend, manifestiert. Solche Durchbrüche von Urbildern und Urmächten aber setzen Menschen voraus, die sich der Macht solcher Einbrüche in das Innere ihres Seins aussetzen. Hölderlin hat in seinem Gedicht »Wie wenn am Feiertage...« die Dichter als solche Menschen bezeichnet. Er hat damit das Wort »Dichter« ins Ursprünglich-Prophetische und Seherische erweitert, wie es noch im lateinischen Wort vates zum Ausdruck kommt, in dem der Dichter und Seher noch als Einheit erfaßt ist, wie der Wortstamm vat mit unserem Wort »Wut« etymologisch zusammenhängt. Es ist die Begeisterungs-Wut der Inspiration, mehr noch, die das Ich zerreißende und verbrennende Macht der Einbrüche des Archetypischen. In solchem Im-Feuer-der-

»Wut«-Stehen begreift der Mensch erst wirklich die Welt, weil ihre Tiefe ihn ergreift. Der gleiche Wortstamm bedeutet im Sanskrit »verstehen, begreifen«. Im Bedenken solchen Inspirationsgeschicks leuchtet in Hölderlins Gedicht das Bild der Semele auf:

»So fiel, wie Dichter sagen, da sie sichtbar
Den Gott zu sehen begehrte, sein Blitz auf Semeles Haus
Und die göttlichgetroffne gebar,
Die Frucht des Gewitters, den heiligen Bacchus.

Und daher trinken himmlisches Feuer jetzt
Die Erdensöhne ohne Gefahr.
Doch uns gebührt es, unter Gottes Gewittern,
Ihr Dichter! mit entblößtem Haupte zu stehen,
Des Vaters Strahl, ihn selbst, mit eigner Hand
Zu fassen und dem Volk ins Lied
Gehüllt die himmlische Gabe zu reichen.«

C. G. Jung hat uns in der Vision des Bruders Niklaus von der Flüe ein Beispiel für die, wie Jung sich ausdrückt, »vulkanisch in die religiöse Anschauungswelt einbrechende Macht der Vision«[23] gegeben, in der Göttlich-Urbildliches durchbricht. Der Bruder Klaus berichtet selbst darüber, »daß er ein durchdringendes Licht gesehen (habe), das ein menschliches Antlitz darstellte. Bei diesem Anblick habe er gefürchtet, sein Herz möchte ihm in kleine Stücke zerspringen. Deshalb habe er, von Schrecken betäubt, sein Gesicht sofort abgewendet, sei auf die Erde gestürzt, und das sei der Grund, warum den anderen sein Antlitz schreckenerregend sei.«[24] Aus solchen Inspirationen drängen mit neuen Gotteserfahrungen neue Weisen des menschlichen Selbstverständnisses, neue Menschenbilder hervor, Umbrüche in Kulturen, ja neue Kulturgestalten. So ist aus den anfänglichen Schreckensvisionen Mohammeds nach und nach die islamische Weltreligion und die islamische Weltkultur hervorgegangen. »Was bleibet aber, stiften die Dichter«, sagt Hölderlin im Gedicht »Andenken«, wobei wir »Dichter« in dem obengenannten Sinne auffassen müssen. Die Inder sehen in den sieben Rishis, den sieben Ur-Sehern, die Mitschöpfer der Gottheit und Autoren des Veda.
    Die Überlieferung berichtet nun weiter, daß Hermes, der

Götterbote, das aus dem Schenkel des Zeus entbundene Kind zu den Nymphen des Flußgottes Lamos bringt, die ihn wechselnd in die Arme nehmen und ihm den Milchsaft ihrer strotzenden Brüste reichen.

»Und der Knabe, richtend die Augen droben zum Himmel,
Lag da auf dem Rücken und schlaflos; wechselweis stieß er
Strampelnd in die Luft die beiden Beine voll Freude.
Ungewöhnlich erschien ihm das Himmelsgewölbe und staunend
Sah er den Sternenbogen, den väterlichen, und lachte.«[25]

Auch dieses Bild ist ein tiefes Symbol. Der Mensch manifestiert sich, noch ehe er mit seiner Aufrichtung die Ur-Weltsäule aufstellt, als Blick der Erde zum Himmel, aus dem er gefallen zu sein scheint.

Aber die zürnende Hera treibt die Nymphen in den Wahnsinn hinein. Immer wieder taucht das Wahnsinnsmotiv im Dionysos-Mythos auf. Hermes bringt nun das Kind zu Semeles Schwester Ino, die eben von einem Sohn entbunden wurde. Doch auch diese wird in Wahnsinn gestürzt, so daß Hermes das Kind schließlich in den Schutz der großen Muttergöttin Rheia bringt, die den Knaben erzieht und ihn zum Lenker ihres wilden Löwengespannes macht.

»Flinke Korybanten im gottumhegenden Hofe
Schlangen da um den Bakchos
den kinderpflegenden Reigen,
Ließen die Schwerter erklingen
und schlugen in wechselndem Schwunge
Wider ihre Schilder mit lautem, spielendem Eisen,
So des Dionysos Jugend im Auferblühen zu bergen.«[26]

Tief aus dem Schoß des Mütterlichen und Weiblichen erscheint der Gott der doppelten Geburt; denn alles Männliche kann nur fruchtbar und schöpferisch sein aus dem Schoß des Weiblichen hervor. Dionysos ist von Anfang an die von Frauen umgebene und begleitete Gottheit. »Das Ur-Weibliche«, sagt Walter F. Otto, »ist von der Art, daß alle Schönheit, Süßigkeit und Verführung ihre Strahlen vereinigen müssen zur Sonne der Mütterlichkeit, die das zarteste Leben durch die Äonen erwärmt und ernährt.«[27] Dieses Ur-Weibliche tritt mit dem Erscheinen des Gottes hervor.

Anmerkungen

1 Nonnos, Dionysiaka, 6. Gesang, V. 155–165, verdeutscht von Thassilo von Scheffer, Bremen o. J., S. 107
2 Ebd., S. 198f., 6. Gesang, V. 174–205
3 s. Erich Neumann, Zur Psychologie des Weiblichen, a.a.O., S. 15
4 Ebd., S. 18
5 Erich Neumann, Ursprungsgeschichte des Bewußtseins, a.a.O., S. 231
6 Aus: Gedichte des Rig-Veda, X 90, Auswahl und Übersetzung von Hermann Lommel, München-Planegg 1955, S. 115f.
7 C. G. Jung, Das Wandlungssymbol in der Messe, Gesammelte Werke 11, Olten 1973^2, S. 244
8 C. G. Jung, Über die Archetypen des kollektiven Unbewußten, Gesammelte Werke 9/1, Olten 1978^3, S. 43
9 C. G. Jung, Das Wandlungssymbol in der Messe, a.a.O., S. 280
10 Ebd., S. 280f.
11 Ebd., S. 243
12 Ebd., S. 289
13 Walter F. Otto, Theophania, Der Geist der altgriechischen Religion, Hamburg 1956, S. 113
14 Ebd., S. 114ff.
15 Walter F. Otto, Dionysos, Mythos und Kultus. Darmstadt 1960^3, S. 134
16 Ebd., S. 130
17 Nonnos, Dionysiaka, a.a.O., S. 121, 7. Gesang, V. 141–148
18 Ebd., S. 127f., 7. Gesang, V. 316–349
19 Ebd., S. 130, 8. Gesang, V. 23–30
20 Ebd., S. 141, 8. Gesang, V. 340–345
21 Ebd., S. 142, 8, 367f.
22 Ebd., S. 143, 8, 402f.
23 C. G. Jung, Über die Archetypen des kollektiven Unbewußten, a.a.O., S. 18ff.
24 Ebd., S. 19
25 Nonnos, Dionysiaka, 9. Gesang, V. 32–36, a.a.O., S. 146
26 Ebd., S. 150f., V. 162–166
27 Walter F. Otto, Dionysos, a.a.O., S. 162

Jesus

Der Abrahamsohn

Alte außerbiblische Abraham-Überlieferung stand Matthäus bzw. seiner Quelle zur Verfügung, um das Jesuskind als den verheißenen Abrahamsohn darzustellen, durch den, als den Erben von Abrahams Segen, alle Völker gesegnet sein sollten.

Von Tarah, dem Vater Abrahams, wird in dieser Überlieferung erzählt, daß er ein großer Fürst und Feldhauptmann des Königs Nimrod war, unter dem die Menschen angefangen hatten, den babylonischen Turm zu bauen. Die Mutter Abrahams trug den Namen Amathai. In der Geburtsnacht Abrahams kamen die Weisen Nimrods und seine Wahrsager zu Tarah. Als sie sein Haus verließen, sahen sie am Himmel ein gewaltiges Zeichen. Ein großer Stern, der im Osten aufgegangen war, lief in großer Eile und verschlang vier Sterne, die von den vier Seiten des Himmels kamen. Die Weissager deuteten die Erscheinung auf das in dieser Nacht geborene Kind; es werde groß und fruchtbar werden und sich sehr vermehren und die großen Könige der Erde stürzen. Dieses sagten sie dem König Nimrod. Darauf schickte dieser einen Boten zu Tarah. Tarah kam vor den König, und der verlangte von ihm die Herausgabe des Knaben, um ihn zu töten. Tarah aber bat um drei Tage Frist, die ihm der König auch gewährte. Nach dieser Frist gab Tarah ihm ein eben geborenes Kind eines Sklaven, das der König in der Meinung, es sei Abraham, tötete. Seinen Sohn aber versteckte Tarah in einer Höhle, wo er ihn heimlich ernährte. Als Abraham zehn Jahre alt war, begab er sich aus der Höhle zu Noah und Sem, die damals noch lebten. Diese lehrten ihn die Erkenntnis Gottes[1].

Eine andere Version der Geburt Abrahams wird Matthäus ebenfalls gekannt haben. Nach dieser Überlieferung war Nimrod ein Gottesleugner, der sich selbst für Gott hielt und verlangte, daß man ihn anbete. Zugleich war er ein Sterndeuter, der aus der Stellung der Sterne erkannte, daß in seinen Tagen ein Kind geboren werde, das sich gegen ihn erhebe und ihn besiege. Da ließ er seine Ratgeber zusammenkommen; die rieten ihm, ein großes Haus zu bauen und darin alle schwangeren Frauen seines Reiches gefangenzuhalten. Gebar nun die Frau einen Knaben, so ließ er diesen schon auf dem Schoß seiner Mutter abschlachten. Gebar hingegen die Frau ein

Mädchen, so wurde sie mit Geschenken entlassen. Auf diese Weise brachte er mehr als siebzigtausend Knaben um. Zu dieser Zeit ward auch die Frau des Tarah schwanger. Aber wie durch ein Wunder konnte man das Kind nicht fühlen. Jedesmal wenn Tarah seine Hand auf ihren Leib legte, ging das Kind nach oben, so daß er nichts fand. Als sich die Zeit der Wehen näherte, ging sie in die Wüste, wo sie in einer Höhle Abraham gebar. Von ihm wurde die ganze Höhle hell wie vom Sonnenschein. Die Frau zog danach ihr Kleid aus, wickelte ihr Kind darein und ließ es in der Wüste zurück. Als das Kind nun allein war und weinte, kam der Engel Gabriel, steckte ihm einen Finger seiner rechten Hand in den Mund, aus dem Milch quoll. Nach zehn Tagen konnte das Kind schon gehen und die Höhle verlassen, nach zwanzig Tagen war es bereits erwachsen. Zu der Zeit ging seine Mutter wieder zur Höhle, um zu schauen, was aus ihrem Sohn geworden sei. Da begegnete sie dem erwachsenen Abraham. Als sie ihm ihre Geschichte erzählte, sagte sie, sie habe gehofft, Gott werde sich seiner erbarmen. Als er sich seiner Mutter zu erkennen gab, bekannte er den gewaltigen Gott, der lebt und besteht, der sieht und nicht sichtbar ist. Dann schickte er seine Mutter zu Nimrod, daß sie es ihm kundtue. Diesen aber überfiel großes Zittern. Als er ein Heer von Streitern gegen Abraham schickte, breitete Gabriel Wolken und Dunkel zwischen ihn und seine Verfolger, die es nun nicht mehr wagten, gegen ihn zu streiten.

Die Parallelen dieser beiden Erzählungen zum Erscheinen des Sterns und zum Auftreten der Magier in der matthäischen Kindheitserzählung wie auch zur Verfolgung des Kindes durch Herodes und zum bethlehemitischen Kindermord sind zu deutlich, als daß wir sie im einzelnen aufzeigen müßten. Ebenso sind die entsprechenden Parallelen zur Krishna-Überlieferung (Verfolgung des Kindes durch Kansa und Kindermord) unverkennbar. Was dort zur Interpretation gesagt worden ist, muß hier nicht wiederholt werden. Eine bedeutende Rolle aber spielt in beiden Versionen das Symbol des Sterns und der Sternkonstellation. In bezug auf die Geburt Jesu drückt es Ignatius von Antiochien wie folgt aus: »Und es blieb dem Fürsten dieser Welt verborgen die Jungfrauschaft Marias und ihr Gebären, ebenso auch der Tod des Herrn; drei laut rufende Geheimnisse, die in der Stille Gottes vollbracht wurden. Wie wurden sie nun den Äonen kund? Ein Stern strahlte auf am Himmel, heller als alle Sterne, und sein Licht war unbeschreiblich, und seine Neuheit rief Staunen hervor; alle übrigen Sterne aber samt Sonne und Mond führten einen Reigen auf vor diesem Sterne, und sein Licht überstrahlte alle; und es herrschte Bestürzung darüber, woher diese unter ihnen neue Erscheinung sei. Infolgedessen löste jegliche Zauberei sich auf, und jede Fessel der Bosheit ward zerstört; die Unwissenheit ward weggenommen, das alte Reich ward zerstört, da Gott in Menschengestalt sich offenbarte zur Neuschaffung ewigen Lebens; da nahm seinen Anfang, was bei Gott zubereitet war. Deshalb kam alles in Bewegung, weil die Vernichtung des Todes betrieben wurde« (An die Epheser, Kapitel 19)[2].

Aus dem Dunkel des Nachthimmels tauchen die Sterne hervor wie Lichter seiner unauslotbaren Tiefe. Sie sind ein Symbol für das Licht der Urbilder, der Archetypen, die aus der Tiefe und dem Dunkel des Unbewußten aufscheinen. Und so wie der Christus-Stern dargestellt wird als der Stern unter allen Sternen, besonders eindrücklich in der Stelle, die wir dem Epheserbrief des Ignatius von Antiochien entnahmen, so stellt der Selbst-Archetyp den eigentlich zentralen Archetyp dar, um den sich alle anderen bewegen. Wenn dieser Archetyp konstelliert ist, tritt das Menschenleben in eine neue Existenz ein; Ganzheit, Zukunft und Gelingen künden sich an, der Kairos, die Sternstunde:

»Der tag war da: so stand der stern.
Weit tat das tor sich dir dem herrn...
Der heut nicht kam bleib immer fern!
Er war nur herr durch diesen stern.«
Stefan George, Kairos

Ganzheit drückt sich in dem von Ignatius beschriebenen archetypischen Bilde darin aus, daß alle übrigen Sterne samt Sonne und Mond einen Reigen vor diesem Stern aufführten. Es ist das Symbol des Ganzen, des Runden, das in diesem Reigentanz zum Ausdruck kommt. Aber auch die Vereinigung der Gegensätze von Tag und Nacht, des Männlichen und des Weiblichen, drückt sich in diesem Bilde aus durch die Teilnahme von Sonne und Mond an diesem Reigen. Das Ganze ist zugleich mehr als die Teile, es ist zugleich die unbeschreibliche, staunenerregende Neuheit, die im Aufscheinen dieses Sterns zum Erlebnis wird.

In der Abrahamslegende ist von einem großen, im Osten aufgegangenen Stern die Rede, der vier Sterne verschlingt, die von den vier Himmelsrichtungen kamen. Das deutet ebenfalls die Neuheit des Seins in Verbindung mit einer Wandlung der Menschheitsgeschichte an. Die Abrahamszeit wird in der Bibel deutlich als eine Zeitenwende angezeigt. Eine Zeitenwende bedeutet nicht, daß mit einem Schlage alles in der äußeren Welt anders geworden ist. Sie bedeutet, daß ein neuer Mensch aufgetreten ist. Ein neuer Mensch aber ist ein solcher, in dessen Bewußtsein eine neue Bilderkonstellation aus dem Unbewußten aufgegangen ist. Ein neuer Stern ist aufgegangen am Himmel, das bedeutet, ein neues Gottesbild ist aufgegangen und darin ein neuer Mensch. Den Bruch der Zeiten macht die Legende in vielfacher Weise deutlich. Sie läßt ihn auf dem Hintergrund des Turmbaus von Babel geschehen und der tyrannischen Reichsgründung durch den sagenhaften König Nimrod. Aus dem gescheiterten Turmbauversuch gehen nach der Bibel gewaltige Wanderungen der sich in Völker teilenden Menschheit hervor. Jede Volksentstehung beruht auf dem Aufleuchten neuer archetypischer Bilder, die die Gestalt von Volksgöttern annehmen. In diesen Göttern erkennen die Völker sich selbst. Heidentum heißt, wörtlich übersetzt, Völkertum. »In ihren Göttern definieren die Völker sich selbst«, hat Hegel gesagt[3]. In den Zusammenhang dieser Wanderungen gehört auch die Wanderung Abrahams hinein. Das Aufgehen eines neuen Gottesbildes und darin eines neuen Menschen ist ein Ereignis, das nicht nur an einem einzelnen Menschen geschieht. Da archetypische Konstellationen ihren Grund im kollektiven Unbewußten haben, ist das »neue Gestirn«, das neue Gottesbild heimlich in allen Menschen bereits konstelliert. Daher die oft unbegreiflich rasche Ausbreitung neuer Religionen (man denke an das Christentum oder an den Islam) und das parallele Auftreten verwandter Ideen und Glaubensrichtungen. Das Alte ist in der Tiefe schon überwunden und abgetan; es wehrt sich mit einer letzten Verzweiflung, da es insgeheim schon nicht mehr an sich glaubt. Das Aufgehen eines wirklich neuen Gottesbildes fällt daher immer in eine »erfüllte Zeit« (Galater 4,4), in einen Kairos. Der Archetyp ist ein anordnender Faktor, sein Aufgang schließt eine Koinzidenz, eine Synchronizität oder Gleichzeitigkeit von sinnentsprechenden Ereignissen in sich ein, so daß es scheint, als habe alles auf das Eintreten dieses Ereignisses geharrt.

Von dem Gottesbild, das in dem Stern Abrahams aufgegangen ist, heißt es in der Legende, es sei von dem Gott, der sieht und nicht sichtbar ist. Dieser Gott wohnt im Dunkeln, er sieht aus dem Dunkeln hervor. Sein Sehen ist die Lichthaftigkeit, die Luminosität der Urbilder; er sieht die Völker, indem er ihre Götter schöpferisch sieht, sie dadurch hervorbringt und so die Völker schafft; er sieht den neuen Menschen und schafft darin das Volk der Verheißung. Das wahre Bild des Gottes, der sieht und nicht sichtbar ist, ist der neue Mensch. Darum wird sich Gott im Kind-Archetyp offenbaren. Darauf sind die Abrahamsoffenbarung und die Religionen der Völker angelegt. Ein Stern wird aus dem Volk der Verheißung, aus Israel, aufgehen (4. Mose 24). Es darf nicht wundern, daß dieser Stern zugleich aus der Mitte anderer Religionen aufgeht und mit dem Kind-Archetyp in fester Verbindung steht.

In der syrischen Chronik von Zuqnin[4] haben wir die verchristlichte Form der iranischen Überlieferung von der Geburt des Erlösers. Man erwartete aus der Familie des iranischen Propheten Zarathustra die Geburt des »Großen Königs« von einer Jungfrau am Ende der Zeiten. Nicht nur sein Zeichen ist der Stern, der heller ist als der Glanz der Sonne, sondern er ist der Heilskönig selbst. Von diesem Stern und Heilskönig erzählen die Magier: »Und als der Anfang des Monats kam, stiegen wir hinauf und gingen bis zur Spitze des Berges und standen vor dem Eingang der Höhle der verborgenen Mysterien und fielen auf unsere Knie und breiteten unsere Hände gen Himmel aus und beteten und verehrten in Schweigen, ohne Wort, den Vater der höchsten Größe, die unaussprechlich und unendlich ist bis in Ewigkeit. Am dritten Tage traten wir in die Höhle hinein zu den aufgespeicherten Schätzen, die vorbereitet waren als Geschenke für den Stern und zur Verehrung jenes Lichtes, auf welches wir warteten ... Als aber die Zeit und die Vollendung dessen kam, was in den Schriften geschrieben

steht, betreffs der Offenbarung des Lichts jenes verborgenen
Sterns, wurden auch wir dessen würdig, daß er in unseren
Tagen komme und wir ihn mit Freuden empfängen, wie uns
von unseren Vätern befohlen war und wie wir auch in den
Schriften gelesen hatten. Und jeder einzelne von uns sah
wunderbare und verschiedene Visionen, die von uns vorher
nie geschaut worden waren, aber deren Mysterien sich in den
Schriften befanden, die wir gelesen hatten. Und wir kamen,
jeder einzelne von uns von seinem Wohnort, gemäß unserer
früheren Gewohnheit, um zum Berg der Siege hinaufzusteigen
und um uns zu taufen in der Quelle der Reinigung, um uns,
wie wir gewohnt waren, zu waschen. Und wir sahen ein Licht
in der Gestalt einer Säule von unaussprechlichem Licht, das
herunterstieg und über den Mysterien stehen blieb. Wir fürchteten uns und wurden erregt, als wir es sahen, und über ihm
den leuchtenden Stern, von dessen Licht zu sprechen wir nicht
imstande waren, da sein Licht um vieles heller war als das der
Sonne... Und wir freuten uns und priesen und bekannten
über die Maßen den Vater der höchsten Größe, daß der Stern
in unseren Tagen erschienen und daß wir würdig gewesen
seien, ihn zu schauen... Und wir stiegen hinauf und fanden
die Säule des Lichtes vor der Höhle. Eine große Furcht fiel
wiederum über uns her, und wir fielen auf unsere Knie und
breiteten unsere Hände aus, unserer früheren Gewohnheit
gemäß, und schweigend priesen wir die Vision seiner Wunderdinge. Und wiederum sahen wir, daß der Himmel sich öffnete
wie eine große Pforte, und sahen herrliche Männer, die den
Stern des Lichtes auf ihren Händen trugen. Und sie stiegen
herab und standen über der Säule des Lichtes. Und der ganze
Berg war von seinem für einen menschlichen Mund unaus-
sprechlichen Licht erfüllt. Und es näherte sich uns vor unseren
Augen von der Säule und dem Stern her etwas wie die Hand
eines kleinen Menschen, was wir nicht imstande waren zu
betrachten, und stärkte uns. Und wir sahen den Stern in die
Schatzhöhle der verborgenen Mysterien eingehen, und die
Höhle wurde über alle Maßen licht. Und von uns wurde eine
demütige und sanfte Stimme gehört, die zu uns rief und sagte:
›Tretet in Liebe ein, ohne Sorge, und schaut eine große und
wunderbare Vision!‹ Durch das Wort der Stimme wurden wir
ermutigt und gestärkt. Und wir traten hinein, indem wir uns

doch fürchteten, und beugten unsere Knie an der Öffnung der Höhle wegen der Fülle des Lichts. Und nachdem wir auf sein Wort aufgestanden waren, erhoben wir unsere Augen und sahen dieses für den Mund der Menschen unaussprechliche Licht. Und indem es sich verdichtet hatte, erschien es uns wie die Glieder eines kleinen und demütigen Menschen und sagte zu uns: ›Friede über euch, Genossen der verborgenen Mysterien.‹ Und wiederum waren wir durch die Vision erstaunt. Und er sagte zu uns: ›Seid nicht durch die Vision, die ihr geschaut habt, bekümmert, daß dieses unaussprechliche Licht euch erschienen ist, das der Stimme des verborgenen Vaters der höchsten Größe gehört. Und wiederum ist euch erschienen, daß es sein Licht in seinem Glanzwesen verdichtet hat, und es ist euch in der Gestalt eines kleinen und demütigen und schwachen Menschen erschienen, weil die Bewohner der Welt nicht imstande sind, die Herrlichkeit des Eingeborenen Sohnes des Vaters der Größe zu schauen, wenn er ihnen auch in der Gestalt ihrer eigenen Welt erscheint.‹«[5]

Auch hier finden wir das archetypische Bild des Sterns in der Verbindung mit dem Kind-Archetyp, ja in ausdrücklicher Einheit mit diesem, und dazu die Symbole des Lichts, des Berges, der Höhle und des Schatzes. Die Vorstellung vom Berg ist in den Kindheitserzählungen weniger vertraut. Der Berg stellt als sich aus dem kollektiven Unbewußten emporhebendes Symbol einen »neugewonnenen, erhöhten und festen bewußten Standpunkt« dar; »es wird darin die Geburt einer ›neuen Welt‹ ausgedrückt«[6]. Dieser neue und erhöhte Standpunkt ruht aber noch ganz in den Schätzen der Höhle, das heißt in den Tiefen des Unbewußten, aus denen das Selbst als Lichtgeburt hervorgehen wird. Der neue und erhöhte Standpunkt »verdichtet« sich zum neuen Menschen, der zugleich als klein, demütig und schwach vorgestellt wird, in Wahrheit aber Riesenkräfte in sich birgt.

In der »Legende von den Heiligen Drei Königen« des Johannes von Hildesheim (geschrieben zwischen 1364 und 1375)[7] begegnen wir diesem Berg des Sieges wieder als Berg Vaus, was wohl eine Verschreibung von Mons Victorialis, abgekürzt Mons Valis = Berg des Sieges, darstellt. Dieser Berg Vaus wird nun mit den drei Königen und der Weissagung des Bileam (4. Mose 24) in Verbindung gebracht. Dieser

Prophet Bileam, ein Priester der Midianiter und Prophet der Heiden, hat an der genannten Stelle folgende Weissagung gegeben:

»So spricht Bileam, der Sohn Beors,
so spricht der Mann, des Auge aufgeschlossen ist,
so spricht, der göttliche Reden vernimmt,
der die Gedanken des Höchsten weiß,
der Gesichte des Allmächtigen schaut,
hingesunken und enthüllten Auges:
Ich sehe ihn, doch nicht schon jetzt,
ich erschaue ihn, doch nicht schon nah:
Es geht auf ein Stern aus Jakob,
ein Szepter erhebt sich aus Israel...«

Johannes von Hildesheim erzählt nun, die Kinder Israel hätten nach ihrem Auszug aus Ägypten viele Reiche unterworfen. Infolgedessen habe sich ihnen kein Volk des Morgenlandes zu widersetzen gewagt. Im Orient aber habe ein Berg, der besagte Vaus oder Berg des Sieges, gelegen. Tag und Nacht hätten die Inder darauf Wächter gesandt, um nach den Kindern Israels, wie später auch nach den Römern, zu spähen. Durch Feuer und Rauch warnten sie davor, wenn ein Feind ins Land der Inder eindringen wollte. Insbesondere achteten sie darauf, ob sie einen Stern oder sonst eine ungewohnte Lichterscheinung sehen würden; denn die Weissagung des Bileam war bis zu ihnen gedrungen. Die Sehnsucht nach diesem Stern wuchs von Tag zu Tag, da nach ihrer Meinung Bileam von der Berufung der Heiden gesprochen habe. Zwölf weise Männer wurden schließlich ausgewählt, »die nicht allein auf den Stern achten (sollten), sondern auch, daß sie gewahrten, wann der Mensch geboren werde, dem die Sterne dienen, und der Herr werden sollte über die Heiden«[8]. Schließlich heißt es noch, daß der Berg Vaus »höher als alle andern Berge des Morgenlandes war«[9], von dem man sich auch sonst manche Wunderdinge erzählte.

»Als nun in Bethlehem Christus, Gott und Mensch, geboren wurde, da ließ der allmächtige Gott, der allen denen nahe ist, die ihn wahrhaftig anrufen, jenen Stern aufgehen, den Bileam verkündet hatte. Sehnsüchtig hatten ihn seit langer Zeit die zwölf Sternkundigen auf dem Berge Vaus erwartet. Und es geschah, daß in der gleichen Nacht und zu der gleichen Stunde, in welcher der Herr geboren ward, der Stern über dem Berge Vaus aufging. Langsam stieg er auf, wie ein Adler emporfliegt, und blieb den ganzen Tag unbeweglich über dem Berge stehen. Er erstrahlte wie die Sonne und erhellte die ganze Welt. Als die Sonne in den Mittag hinaufstieg, konnte sie ihn nicht verdunkeln, beide – Sonne und Stern – leuchteten in gleicher lichter Klarheit. Der Stern sah aber nicht so aus, wie er in unseren Kirchen gemalt wird, sondern es gingen viele lange Strahlen von ihm aus, die wie Fackeln brannten; und wie der Adler mit seinen Schwingen die Luft schlägt, so bewegten sich seine Strahlen. In sich trug er die Gestalt eines Kindleins, darüber das Zeichen des Kreuzes, und eine Stimme sprach aus dem Stern: ›Heute ist der Herr geboren, der König der Juden, der die Erwartung der Heiden und ihr Herr ist – geht und suchet ihn und betet ihn an!‹«[10] Die drei Könige, zu denen die Magier aus dem Osten längst geworden sind, tragen inzwischen auch Namen: Caspar, Melchior und Balthasar. Sie erfahren von dem Erscheinen des Sterns und machen sich unabhängig voneinander auf, bis sie sich vor Jerusalem treffen.

Wir wollen die Legende des Johannes von Hildesheim hier nicht länger verfolgen. Interessant ist, daß Stern und Kind auch hier eine enge Verbindung eingehen, ja daß ein eigentümliches Gebilde entsteht: der Stern mit der Gestalt des Kindes und den Strahlen wie Fackeln, die sich wie Adlerschwingen bewegen und das Gebilde befähigen, den Königen voranzugehen. Zweifellos enthält dieses Sternengebild das Symbol des Mandala, in dessen Mitte auch sonst häufig das »göttliche Kind« abgebildet ist, der hervorkeimende Mittelpunkt der neuen Existenz. Zugleich ist das Ganze ein fliegend Gebild. Es ist der Flug der Phantasien und Intuitionen, der dem Ergreifen der erneuten Existenz voranfliegt.

Die aus den Tiefen des Unbewußten stammenden archetypischen Vorstellungen, die mit dem Stern-Symbol zusammengehören, sind sicher nicht unerheblich dadurch neu erregt worden, daß sich um das vermutete Jahr der Geburt Jesu eine Jupiter-Saturn-Konstellation im Tierkreiszeichen der Fische gezeigt hat. Da der Saturn die wiederkehrende Urzeit, somit das Goldene Zeitalter repräsentiert und Jupiter die Königsherrschaft, mochte man in dieser Konstellation sehr wohl die Heraufkunft einer paradiesisch messianischen Zeit erkennen und die Geburt ihres Herrschers. W. Grundmann meint sogar, daß diese Konstellation auf die Abrahamslegende übergegriffen habe, die dann auf die Legende von den Weisen aus dem Osten eingewirkt hat[11]. Die astrologische Bedeutung des Zeitalters der Fische soll im folgenden Kapitel erörtert werden.

Der Davidsohn

Die Absicht des Matthäus geht dahin, Jesus nicht nur als den Abrahamsohn, sondern zugleich auch als den Davidsohn darzustellen. Im Zusammenhang damit treten die Jesaja-Weissagungen der Zions- und Davidstradition in den Mittelpunkt, die das göttliche Kind als künftigen Herrscher eines paradiesischen Endzeitreiches vorstellen. Insbesondere kommen diese Erwartungen in den messianischen Weissagungen der Kapitel 7, 9 und 11 (7,14; 9,2–7; 11,1–10) des Jesajabuches zur Sprache, die in vieler Hinsicht wie ein geheimnisvolles Einsprengsel in die Prophetie Jesajas wirken. Eine andeutende Parallele dazu bildet Micha 5,2. Es gibt gute Gründe dafür, daß die Übersetzung von Jesaja 7,14 in Matthäus 1,23 die zutreffende ist: »Siehe, die Jungfrau wird schwanger sein und einen Sohn gebären, und man wird seinen Namen Immanuel nennen (das heißt übersetzt: Mit uns ist Gott).« Mit ihm wird nach dem letzten Gefecht das Friedensreich hereinbrechen, das zugleich ein Reich der Gerechtigkeit sein wird:

»Denn ein Kind ist uns geboren, ein Sohn ist uns gegeben,
und die Herrschaft kommt auf seine Schulter,
und er wird genannt:
Wunderrat, starker Gott,
Ewigvater, Friedefürst.
Groß wird die Herrschaft sein und des Friedens kein Ende
auf dem Throne Davids und über seinem Königreiche,
da er es festigt und stützt durch Recht und Gerechtigkeit
von nun an bis in Ewigkeit.
Das wird der Eifer des Herrn der Heerscharen tun«
(Jesaja 9,6f.).

Mit dieser Herrschaft des Kindes der Jungfrau wird zugleich die goldene Urzeit wieder anheben:

»Da wird der Wolf zu Gast sein bei dem Lamme
und der Panther bei dem Böcklein lagern.
Kalb und Jungleu weiden beieinander,
und ein kleiner Knabe leitet sie.
Kuh und Bärin werden sich befreunden
und ihre Jungen werden zusammen lagern;
der Löwe wird Stroh fressen wie das Rind.
Der Säugling wird spielen an dem Loch der Otter,
und nach der Höhle der Natter streckt das kleine Kind die
Hand aus.
Nichts Böses und nichts Verderbliches wird man tun
auf meinem ganzen heiligen Berge;
denn voll ist das Land von Erkenntnis des Herrn wie von
Wassern,
die das Meer bedecken« (Jesaja 11,6–9).

Man hat ganz den Eindruck, als ob in diesen in sich zusammengehörigen Weissagungen von Jesaja 7, 9 und 11 eine ältere religiöse Tradition wieder an die Oberfläche träte, die in Israel vielleicht noch lebendiger war, als uns das Alte Testament erkennen läßt, eine matriarchale Schicht, in der der glücksbringende Herrscher der Sohn der Jungfrau ist. Jungfrau ist in diesem Zusammenhang nicht Ausdruck für eine vaterlose Zeugung, sondern stehendes matriarchales Symbol für die Große Mutter, die zugleich die Geliebte ihres Heros ist. Eine antipatriarchale Welt leuchtet hier auf, eine Welt ohne Krieg und jede Gewalttat.

Daß diese Vorstellung als eine archetypische über das Volk Israel hinaus bekannt war, zeigt die vierte Ekloge, der vierte Hirtengesang des Vergil. Auch hier wird das Ende der kriegerischen Zeiten, des eisernen Zeitalters, verkündet und die Wiederkunft der saturnischen Zeit eines goldenen Friedenszeitalters:

»Endzeit ist schon da, sibyllischen Sanges Erfüllung;
Groß aus Ursprungsreine
erwächst der Jahrhunderte Reigen.
Schon kehrt wieder die Jungfrau,
kehrt wieder saturnische Herrschaft,

Schon wird neu ein Sproß entsandt aus himmlischen Höhen.
Sei der Geburt nur des Knaben,
mit dem die eiserne Weltzeit
Gleich sich endet
und rings in der Welt eine goldene aufsteigt,
Sei nur, Lucina, du reine, ihm hold;
schon herrscht dein Apollo...

Dir aber, Knabe,
spendet von selbst als Erstlingsgeschenklein
Efeugeranke, von Baldrian rings durchwuchert, die Erde,
Wasserrosen mischt sie dem lächelnden Reiz des Akanthus.
Freiwillig tragen die Ziegen
nach Haus milchstrotzende Euter,
Und die Rinder fürchten sich nicht vor mächtigen Löwen,
Üppig umblüht deine Wiege dich rings
mit lieblichen Blumen.
Dann stirbt aus die Schlange,
und trügerisch-giftiges Krautwerk
Stirbt dann aus und überall wächst empor
assyrischer Balsam...

Dann, wenn schon zum Mann dich gestählt
dein kräftiges Alter,
Läßt auch der Schiffer freiwillig das Meer,
die segelnde Fichte
Tauscht nicht Waren mehr aus: überall trägt alles die Erde.
Nicht mehr duldet der Boden den Karst,
der Weinberg die Sichel,
Jetzt auch löst die Stiere vom Joch der kräftige Pflüger.
Nicht mehr lernt nun trügerisch bunt
sich zu färben die Wolle,
Nein, schon wechselt von selbst
im Wiesengrunde der Widder
Lieblich in glühenden Purpur sein Vlies
und goldenen Safran.
Scharlach kleidet nun ganz von selbst
die weidenden Lämmer...

O, mir dauere dann noch zuletzt so lange das Leben
Und mein Odem, als es genügt, deine Taten zu preisen!...

Auf denn, Knabe, du kleiner,
erkenne mit Lachen die Mutter!
Lange Beschwerde doch
brachten der Monate zehn deiner Mutter.
Auf denn, Knabe, du kleiner:
wer nicht anlachte die Mutter,
Nimmer würdigt ein Gott ihn des Mahls,
eine Göttin des Lagers.«[12]

Die christliche Kirche des Altertums sah in dieser vierten Ekloge Vergils eine heidnische Prophezeiung auf den Messias Jesus und seine Geburt von der Jungfrau Maria. Jesaja, Vergil und Matthäus bezeugen einen gemeinsamen Archetyp, der in ihnen zutage tritt. Walter F. Otto hat in seinem schönen Aufsatz »Das lächelnde Götterkind« die letzten vier Zeilen des Vergilschen Gedichts zitiert und kommt zu dem bedenkenswerten Ergebnis: »So gehört das Lachen allen Stufen der menschlichen Existenz an, von der kindlichsten und naturhaftesten bis hinauf in die Erhabenheit des Geistes, und verbindet sie alle miteinander, weil es von einem Glanz aus der ewigen und göttlichen Tiefe des Seins zeugt. Das lächelnde Kind ist von einem Bilde des Lebens bezaubert, das ihm noch traumhaft, aber schon als Gestalt entgegentritt. Auch das tierische Junge kennt seine Mutter, aber es lächelt nicht, denn vor ihm leuchtet die Gestalt nicht auf, deren Erscheinung die Erkenntnis im Menschen erweckt. Dieses erste Auftauchen des Bildes, mit dem sich die ganze Welt des geistigen Lichts ankündigt, wirkt das noch sprachlose Entzücken, dem bald auch das Denken und die Sprache nachfolgen. Darum darf der Dichter das erste Lächeln, wenn es auch allen Menschenkindern gemeinsam ist, als Adelszeichen verstehen und als Vorbedingung des Berufs zur Größe und zum Verkehr mit den ewigen Göttern.«[13]
Die Kindheitslegenden des Lukas-Evangeliums sind in besonderem Maße mit der Zions- und Davidtradition verbunden, der Tempel und die Davidstadt Bethlehem spielten in ihnen eine hervorragende Rolle. Dazu kommt das Bukolische, das im Zusammenhang mit dem messianischen Kind ja schon in den bereits erwähnten Überlieferungen aufklang. Hier ist es in die Geschichte von den Hirten verwoben, die das

Kind in der Krippe finden. Vielleicht hängt das Auftauchen einer Hirtenwelt auch mit der Davidtradition zusammen; denn David wird selbst als ein Hirte vorgestellt, der als Knabe die Schafe hütete (1. Samuel 16,11). Was in der neutestamentlichen Überlieferung getrennt berichtet wird, haben christliche Kunst und Krippenspiele gerne miteinander dargestellt, das Auftreten der Weisen und der Hirten, der Weisheit und der Einfachheit des Geistes vor dem Krippenkind, Extreme, die sich hier berühren. Das Kind als Archetyp des Selbst ist die schwer auffindbare Kostbarkeit, der zuliebe man alles von sich abstreifen muß, was zwischen diesen Extremen liegt. Eine ebenso geistklare wie einfache Welt liegt im Blick auf diese Kostbarkeit vor uns da, so daß es nicht zufällig scheint, daß die Weisen ihre Schätze und die Hirten (im Krippenspiel) die einfachen Dinge ihres Lebens bringen. Die Weisen stehen wieder staunend an ihrem eigentlichen Anfang, trotz allem, was in Lebensgeschichte und Weltgeschichte dazwischengekommen ist, und die Einfachen haben sich von diesem Anfang eigentlich nie entfernt. »Das Allerursprünglichste, was die Menschen je erleben können, das ist in der Mitte der Heiligen Nacht! Das Kind! Als ob alle Weltgeschichte ausgelöscht wäre, so steht die Menschheit in der Heiligen Nacht an ihrem Anfang«, schreibt Joseph Wittig[14]. Manfred Hausmann hat es in seinem Gedicht »Anbetung« zu Bild und Sprache und Klingen gebracht, versetzt in eine abendländische Landschaft wie auf Altarbildern deutscher oder niederländischer Meister:

»Wir sind mit unsrer Königsmacht
schwermütig hergeritten.
Es schneite auf uns Tag und Nacht,
auf Mann und Pferd und Schlitten.

Die Tür geht auf, es summt der Wind,
wir beugen unsern Rücken,
da wir das zauberische Kind
im Dämmerlicht erblicken.

Hier ist das Gold, der Weihrauch hier,
und hier, o Kind, die Myrrhen.
Du lächelst, und schon fühlen wir,
wie wir uns ganz verwirren.

Wir haben anders dich geglaubt.
Nun treten wir ins Dunkel
und heben ab von unserm Haupt
der Kronen Goldgefunkel.

Das Wissen von der bunten Welt,
vom Meer und seinen Häfen,
von Mond und Stern am Himmelszelt,
wir streifen's von den Schläfen.

Das Ich, das trotzig sich erschuf
über den andern allen,
will nun wie ein verlorner Ruf
im Innersten verhallen.

Wir neigen unsers Alters Gram
auf deine kleinen Hände:
und in dem Neigen wundersam
geht alle Not zu Ende.

Die Pferde draußen schütteln sich
und klirren mit den Glocken.
Und lautlos fallen Strich an Strich
darüberhin die Flocken.«[15]

Das Protevangelium des Jakobus

Mit dem Tempel in einer engeren Verbindung steht das Protevangelium des Jakobus, das in erster Linie zur Verherrlichung der Maria geschrieben worden ist. Es schildert die wundersame Geburt der Maria, der Tochter des Joachim und der Anna, ihr Aufwachsen im Tempel und mündet schließlich in die Erzählung von der Geburt Jesu ein. Als dem Tempel geweihtes Mädchen wird Maria dem Witwer Joseph anvertraut. Weder durch diesen noch durch die Geburt Jesu wird ihre Jungfrauschaft verletzt. Hier taucht also schon verhältnismäßig früh die Vorstellung von der dauernden Jungfrauschaft Marias auf (2. Hälfte des 2. Jahrhunderts).

Die Verkündigung der Geburt Jesu wird im Protevangelium des Jakobus[16] folgendermaßen dargestellt: Maria war dabei, einen Vorhang aus echtem Purpur und Scharlach für den Tempel zu spinnen. Als sie nun hinausging, um mit einem

Krug Wasser zu schöpfen, hörte sie eine Stimme, die sie als Begnadete begrüßte; sie konnte aber nicht sehen, von woher diese Stimme kam. Sie erbebte, ging in das Haus, stellte den Krug hin und begann damit, den Purpur auszuspannen. Da stand der Engel des Herrn plötzlich vor ihr, der ihr ankündigte, daß sie aus Gottes Wort empfangen werde. Zur Beschwichtigung ihrer Zweifel wurde ihr (mit den Worten aus dem Lukas-Evangelium) gesagt, daß die Kraft des Höchsten sie überschatten werde. Maria vollendete in der Folge den Vorhang und brachte ihn dem Priester, der sie als Gesegnete unter allen Geschlechtern der Erde pries. In ihrer Freude suchte sie Elisabeth, ihre Verwandte, auf, die ebenfalls an einem Vorhang arbeitete. Bei der Begegnung hüpfte das Kind der Elisabeth, Johannes, in ihrem Leibe, sie pries Maria, worüber diese sich wunderte; denn sie dachte nicht mehr an die Geheimnisse, die ihr der Engel gesagt hatte. Maria soll sechzehn Jahre alt gewesen sein, als alle diese geheimnisvollen Dinge geschahen.

Daß Maria während der Ankündigung beim Weben eines Vorhangs angetroffen wird, erinnert an den Zagreus-Mythos. Dort webt Persephone an einem Mantel, der ein Bild der Welt darstellen soll. Maria ist aber nun die Farbe Purpur bzw. Scharlach zugelost worden. Es deutet dies wohl darauf hin, daß die Welt, für die der Vorhang steht, im Zeichen der Inkarnation und des Opfers Jesu stehen wird, wofür diese Farben symbolisch stehen[17]. Überhaupt hält sich hinter der durch Lukas angeregten Szene die Vorstellung der Heiligen Hochzeit, wie dies die koranische Fassung deutlich macht, die das Protevangelium des Jakobus zur Voraussetzung hat. Dort heißt es in der Sure 19 (Maryam):

»Da sandten wir unseren Geist zur ihr,
der erschien ihr als ein ebenmäßiger Mann.
Sie sprach:
›Siehe, ich nehme beim Erbarmer
meine Zuflucht vor dir.
Wenn auch du ihn fürchtest!‹
Er sprach:
›Ich bin doch der Gesandte von deinem Herrn,
um dir einen reinen Knaben zu schenken!‹

117

Sie sprach:
›Wie sollte ich einen Knaben bekommen,
da mich kein Mann berührt hat
und ich keine Hure bin?‹
Er sprach: ›So!
Dein Herr hat gesagt:
Es ist mir ein leichtes!
Damit wir ihn zum Zeichen
für die Menschen machen
und aus Barmherzigkeit von uns.
Und es ist eine beschlossene Sache.‹
Und sie empfing ihn
und zog sich mit ihm zurück
an einen entfernten Ort.«

Nach islamischer Exegese (Zamachschari) soll der Geist, der Maria erschienen ist, der Engel Gabriel gewesen sein. Dieser sei in der makellosen Gestalt eines jungen, bartlosen Mannes mit reinem Antlitz, Lockenhaar und gleichmäßigem Körperbau zu ihr gekommen. Auch wird die Meinung ausgesprochen, daß der Engel in der Erscheinung Josephs vor Maria getreten sei. Als Überbringer des Geistes habe er durch einen Hauch veranlaßt, daß Maria mit einem Jungen schwanger ward. Der im Rahmen des biblischen Monotheismus kaum deutlicher darstellbare Hierosgamos (Heilige Hochzeit) deutet darauf hin, daß sich Gott in einer neuen Gottes- und Menschengestalt offenbaren will, die den Boden des Bewußtseins aus der Tiefe des Unbewußten heraus neu konstelliert. In den Menschen hinein gebiert sich das neue Gotteskind. Gott gebiert sich in der Seelentiefe zu einem neuen Gottes- und Menschenbilde aus. Das Unbewußte ist der Schoß und die Krippe, darin sich Gott uns zur Welt bringt und darin den Menschen in seinem noch unabgeschlossenen Werden. Der Mystiker Angelus Silesius hat dieses Geheimnis in immer neuer Weise auszusagen versucht:

»Ich bin Gotts Kind und Sohn, er wieder ist mein Kind:
Wie gehet es doch zu, daß beide beides sind?«[18]

»Sag an, o großer Gott, wie bin ich dir verwandt,
Daß du mich Mutter, Braut, Gemahl und Kind genannt?«[19]

»Ich muß Maria sein und Gott aus mir gebären,
Soll er mich ewiglich der Seligkeit gewähren.«[20]

Aus den folgenden Kapiteln des Protevangeliums verstehen
wir, warum Maria die Geheimnisse vergessen mußte, die ihr
der Engel gesagt hatte. Der Verfasser will die Matthäustradi-
tion anschließen, die Joseph zum Mittelpunkt hat, der erst
durch einen Engel im Traum erfährt, daß die Schwangerschaft
der Maria dem Heiligen Geist entstammt. Die Legende malt
den Zusammenhang breit aus. Joseph kommt von seinen
Bauten zurück und findet Maria schwanger. Da fürchtet er,
daß sie sich in der Zwischenzeit mit einem andern Manne
eingelassen habe. Aber Maria kann nur sagen, daß sie nicht
weiß, woher ihr das kommt. Schließlich greift sogar der Hohe-
priester ein, der Maria und Joseph zwingt, in der Wüste das
Prüfungswasser des Herrn zu trinken. Doch kommen beide
wohlbehalten zurück.

Der Befehl des Augustus, daß alle Einwohner Bethlehems
sich aufschreiben lassen sollten, leitet die Geburtsgeschichte
ein. Maria reitet auf einem Esel, und während Joseph sich
nach ihr umschaut, blickt sie ihn einmal traurig und einmal
lachend an. Danach befragt, antwortet sie Joseph: »Ich sehe
zwei Völker mit meinen Augen, ein weinendes und klagendes
und ein fröhliches und jauchzendes!« Das klingt an 1. Mose
25,23 an, wo von den zwei Völkern im Leibe der Rebekka,
Edom und Israel, die Rede ist. Judenheit und Christenheit
werden sich scheiden, deutet die Weissagung an. Währenddessen bedrängt das Kind die Mutter und will herauskommen. An
einsamem Ort finden sie eine Höhle, Joseph führt Maria und
seine Söhne in diese hinein. Er selbst sucht nach einer
Hebamme. Im Augenblick der Geburt erstarrt die Zeit: »Ich
aber, Joseph, ging umher und ging (doch) nicht umher, und
ich blickte hinauf in die Luft und sah die Luft erstarrt. Und ich
blickte hinauf zum Himmelsgewölbe, und ich sah es stillstehen
und die Vögel des Himmels unbeweglich bleiben. Und ich
blickte auf die Erde, und ich sah eine Schüssel stehen und
Arbeiter darum gelagert, und ihre Hände in der Schüssel. Aber
die Kauenden kauten nicht, und die etwas aufhoben, hoben
nichts auf, und die etwas zum Munde führten, führten nichts
zum Munde, sondern alle hatten das Angesicht nach oben

gerichtet. Und siehe, Schafe wurden umhergetrieben und kamen doch nicht vorwärts, sondern standen still; und der Hirte erhob die Hand, sie mit dem Stecken zu schlagen, aber seine Hand blieb oben stehen. Und ich blickte auf den Lauf des Flusses, und ich sah die Mäuler der Böcke darüberliegen und nicht trinken. Dann aber ging alles auf einmal wieder seinen Gang (18,2).«[21]

Die Welt erstarrt für einen Augenblick und hält den Atem an. Die Zeit ist nicht mehr und gerinnt zu einem Nunc stans, zu einem stehenden Nu, da die Ewigkeit in die Welt eintritt. Jeder Zeitmoment ist letztlich in der Ewigkeit gehalten. Das Urbild, das in die Zeit eintritt, stammt aus einem Pleroma ewiger Gleichzeitigkeit. Raum-Zeitliches steht still und wird Symbol, wenn der Archetyp es anrührt. Man mag darin einen Hinweis auf das Nunc aeternum sehen, das Jetzt der Ewigkeit, von dem Meister Eckehart sagt: »Wer die Kunst besäße und die Macht, daß er die Zeit und alles, was in den sechstausend Jahren geschehen ist und noch geschehen wird bis an das Ende, wieder zusammenziehen könnte in ein gegenwärtiges Jetzt der Ewigkeit, das wäre die Erfüllung der Zeit! Das ist das Jetzt der Ewigkeit, wo die Seele in Gott alle Dinge neu und frisch und gegenwärtig gewahrt.«[22] Meister Eckehart bringt diese Erfüllung der Zeit auch mit der Geburt Gottes in der Seele zusammen[23].

Joseph findet sogleich eine Hebamme, doch diese kann nur noch als Zeugin der wunderbaren Geburt mit Joseph in die Höhle eintreten. »Und er trat an den Ort der Höhle, und siehe, eine finstere Wolke überschattete die Höhle. Und die Hebamme sprach: ›Erhoben ist heute meine Seele, denn meine Augen haben Wunderbares gesehen; denn Israel ist das Heil geboren.‹ Und sogleich verschwand die Wolke aus der Höhle, und ein großes Licht erschien, so daß die Augen es nicht ertragen konnten. Kurz darauf zog sich jenes Licht zurück, bis das Kind erschien, und es kam und nahm die Brust von seiner Mutter Maria (19,2).«[24] Die Hebamme trifft beim Hinausgehen auf Salome, der sie das »nie dagewesene Schauspiel« erzählt, daß eine Jungfrau geboren hat. Salome aber will es nicht eher glauben, bis sie ihren Finger hineingelegt und den Zustand Marias untersucht habe. (Das erinnert an die Bitte des Thomas, Johannes 20,25, seine Finger in die Wunden des Auferstandenen legen zu dürfen.) Als Marias dauernde Jungfrauschaft erwiesen ist, ergreift Feuer Salomes Hand. Sie bittet Gott um Vergebung für ihren Unglauben. Auf Befehl des Engels faßt sie das Kind an und wird geheilt. Dann wird ihr zu schweigen geboten, bis der Knabe nach Jerusalem kommen wird. – Auch in dieser Erzählung taucht das Lichtmotiv auf. Nach dem Zurücktreten des Lichts erscheint dann das Bild vom Kind an der Brust seiner Mutter, das Madonnenmotiv, das uns noch eingehender beschäftigen wird.

Das Protevangelium schließt nun ohne sehr tiefgreifende Änderungen die Legende von den Magiern und ihrem Auftreten vor Herodes und dem Kind in der Höhle an. Die Kindermorderzählung benutzt es dann zur Anknüpfung einer Tradition über Johannes den Täufer und seinen Vater Zacharias. Zu den Kindern, die von Herodes gesucht wurden, wird nun berichtet, gehörte auch Johannes, der spätere Täufer. Die Mutter floh mit ihm ins Gebirge, wo sich auf ihr Gebet hin der Berg auftat und Mutter und Kind verbarg. Der Berg ließ in seinem Innern ein Licht aufschimmern, und ein Engel des Herrn behütete sie. Herodes aber, der Johannes suchte, sandte zu Zacharias, der am Altar diente. Als dieser erklärte, daß er nicht wüßte, wo sein Sohn sei, ermordeten ihn die Diener des Herodes. Als man am Morgen das geronnene Blut wahrnahm, rief eine Stimme: »Zacharias ist ermordet worden, und sein Blut wird nicht abgewaschen werden, bis sein Rächer kommt« (vgl. Matthäus 23,35). Durch das Los wurde Simeon zum Nachfolger des Zacharias gewählt, dem durch den Heiligen Geist geoffenbart worden war, er werde nicht sterben, bis er den Christus im Fleische sähe (vgl. Lukas 2,25ff.).

Die Madonna mit dem Kind

Die legendenhaften Überlieferungen der Kindheit Jesu sind uns weithin unbekannt und in ihrem symbolischen Sinngehalt bedeutungslos geworden. Übriggeblieben ist fast nur das Kind in der Krippe oder das Kind auf dem Schoß oder Arm seiner Mutter Maria. Es ist, religionsgeschichtlich gesprochen, das Bild der Muttergöttin mit dem göttlichen Kinde, das sich uns überhaupt als erstes aufdrängt, wenn wir den Archetyp des göttlichen Kindes bedenken. »Die Bedürftigkeit und Hilflosigkeit der kindlichen Natur und die schützende Seite der Mutter sind betont«, schreibt E. Neumann zu diesem Aspekt und führt dann eine Fülle von religionsgeschichtlichem Material an: »Als Ziege ernährt die Muttergottheit den kretischen Zeusknaben und schützt ihn vor dem fressenden Vater; den Horusknaben, der vom Skorpion gestochen wird, zaubert seine Mutter Isis ins Leben zurück und die Maria schützt das göttliche Jesuskind, vor Herodes fliehend, ebenso wie Leto, die ihre göttlichen Kinder vor dem Zorn der feindlichen Göttin verbirgt. Das Kind ist Begleitgott der Großen Mutter. Als Kind und Kabire steht es neben und unter ihr, auf sie angewiesen und ihr Geschöpf. Noch für den Jünglingsgott ist die Große Mutter das Schicksal. Wieviel mehr für das Kind, dessen Natur es ist, der Mutter zu gehören und abhängiger Teil ihres Lebens zu sein. Am deutlichsten ist diese Beziehung in ihrer ›vormenschlichen‹ Symbolik, in der die Mutter das Wasser ist als Meer, See und Strom, das Kind aber der von ihr umfaßte, in ihr enthaltene, in ihr schwimmende Fisch.«[25]

E. Neumann hat für den Aspekt des vollständigen Enthaltenseins des Kindes im mütterlichen Sein das von uns schon mehrfach erwähnte uralte Symbol des Uroboros, der kreisartig in sich selbst gekrümmten Schlange, benutzt. Der Uroboros enthält noch ungeschieden alle Gegensätze in sich, ein Symbol für das ursprüngliche Sein, »das Umgreifende« (Jaspers), für das Unbewußte, für das Pleroma (die Fülle), das noch alles in sich trägt; er ist der Schoß aller Dinge, das Ungestaltete, das Chaos, die Urmutter, die auch das Männliche in sich enthält.

Im Bild der Madonna mit dem Jesusknaben wird dieser Aspekt nur noch abgeschwächt empfunden. Sie stellt, wie E. Neumann sagt, »die gute Gebärerin und Beschützerin« dar. »Ein Konflikt ist noch nicht vorhanden, denn das ursprüngliche Enthaltensein des Kindes im mütterlichen Uroboros ist wirksam im Glück eines ungestörten aufeinander Bezogenseins.« »Die Madonna«, fügt Neumann dann hinzu, »ist das Bild, welches das erwachsene Ich mit dieser kindlichen Stufe verbindet. Das kindliche Ich selber erfährt, entsprechend seinem noch unzentrierten Ich und Bewußtsein in diesem Stadium, noch den ungestalteten Charakter des mütterlichen Uroboros.«[26]

Das Bild der Madonna mit dem göttlichen Kinde trägt daher

in der abendländischen Überlieferung regressive Züge. Das hat unter anderem zu dem mariologischen Defizit in der evangelischen Theologie und Frömmigkeit geführt. Der Ablösungsprozeß von den Eltern, insbesondere von der Mutter, stellt eine der schwierigsten Lebensleistungen für den erwachsen werdenden Menschen dar und wird von sehr vielen, wenn nicht den meisten bis ins hohe Alter hinein nicht wirklich geleistet. Sohn und Tochter schaffen, bildlich gesprochen, die »zweite Abnabelung« nicht und bleiben so zeit ihres Lebens halbe Kinder. Sie gelangen nicht zur vollen selbständigen Personwerdung.

Hanna Wolff hat unter diesem Blickwinkel in ihrem Buch »Jesus der Mann« den vulgären Protestantismus als »Rückfall in die Vaterbindung«, den Vulgärkatholizismus hingegen als Rückfall in die Mutterbindung charakterisiert. »Der Vulgärkatholizismus verfügt über Bibel und gesamte Tradition mit der Psychologie der Mutterbindung. Wie die dominierende große Mutter, die weiß, was sich für die Ihren gehört, und die die Mittel kennt, es durchzusetzen. Hier wird Heil, intra muros ecclesiae, nichts weniger als garantiert. Zwar nicht ohne weiteres die ewige Seligkeit, aber schlechthin verloren gehen kann keines der Kinder dieser großen Mutter. Höchstens ins Fegefeuer kann es kommen und halt ein bißchen mehr büßen. Niemand wird hier ernsthaft in die Entscheidung gestellt, denn im Prinzip kann es ja immer nur um die Entscheidung für die allvermögende Mutter gehen.«[27]

Dieses Verhältnis ist nach Hanna Wolff in der Marienverehrung symbolisiert. Demgegenüber hat Luther in Richtung auf die Selbstwerdung einen gewaltigen Schritt nach vorn getan. »Er flieht nicht zurück zur Großen Mutter, sondern schreitet voran in der Selbstwerdung, indem er als Person Verantwortung übernimmt. Zur Mutter Maria flüchtet man, denn sie schützt vor dem Gericht und legt Fürsprache ein. Luther hingegen ringt um Selbstverantwortung im Gericht vor Gott ... Ketzer und Abtrünnige hat es auch vor Luther gegeben, und man wurde irgendwie mit ihnen fertig. Aber bei Luther geht es um eine Lebensfrage der Mutter Kirche, die sich als Große Mutter in ihren Vertretern konstelliert hat. Denn hier will einer dieser Großen Mutter psychologisch entrinnen. Hier will einer die Infantilität selbst vor Gott abstreifen. Das ist ›Untreue gegen die Mutter‹, eine grundlegende Infragestellung aller, die der Großen Mutter ergeben sind und auf diese Infantilität um keinen Preis verzichten wollen.«[28]

Hanna Wolff geht noch einen Schritt weiter: »Mit dem freundlichen Jesuskind verbindet sich nämlich die ganze Härte einer verschärften Richtervorstellung. Der anmutig gelockte Knabe ist zugleich der Weltenrichter. Der gesamte psychisch geistige Horizont ist verdüstert. Das Ende, der Jüngste Tag der Endabrechnung kommt herauf. Man spürt schon die sengenden Endurteile, denen man nicht entrinnt. Totentänze und Todesmeditationen sind zahlreich, das verzehrende Feuer des Jenseits flammt schon ins Diesseits hinein.«[29] Es ist die unter der unabgelösten Mutterbindung unterdrückte Eros-Energie, die sich als Macht- und Vernichtungswille projiziert.

So zutreffend diese Ausführungen von Hanna Wolff unter dem Aspekt der Mutterbindung und der verdrängten und unterdrückten Anima, der weiblichen Seelenanteile im Manne, auch sind, es bleibt zu bedauern, daß sie sich ausschließlich auf die regressiven Züge des Bildes vom göttlichen Kind im konstellierten Mutter-Archetyp bezieht und von daher alle »Kindermystik« in Grund und Boden verdammt. Wir haben in den Vorstellungen vom Jungfrauensohn in den Kapiteln 7, 9 und 11 des Jesajabuches und in der 4. Ekloge Vergils den Aspekt kennengelernt, der die für den einzelnen und für die Gesellschaft hereinbrechende Ur- und Endzeit, die erfüllende Heilszeit, meint. Das Friedensreich der Gerechtigkeit wird im Zeichen dieses Archetyps hereinbrechen.

Das Bild der Mutter mit dem Kind stellt Voraussetzung und Urbild des Ur- und Seinsvertrauens dar, ohne das kein Mensch sein Leben letztlich bewältigen kann. Es ist die matriarchale Utopie einer »vaterlosen Gesellschaft«, die auf dem Grunde dieses Archetyps ruht, da der Mensch ganz in das Sein eingelassen und vom Sein gehalten ist. Die Mutter ist das Urbild des Seins und die Urgestalt, in der uns der Geist in seiner Liebeswirklichkeit erreicht. Darauf deutet die tiefsinnige Beobachtung hin, die Walter F. Otto im Zusammenhang

Tafel III: Die Anbetung des Kindes.
Gemälde von Stephan Lochner, Alte Pinakothek München.

mit dem »lächelnden Götterkind« der vierten Ekloge gemacht hat. Mit folgenden Worten hat Martin Buber das Bild der Geburt Jesu auf dem Isenheimer Altar geschildert und darin zugleich gedeutet: »In der Mitte die Geburt. Da glüht auf kristallnem Gebirge der Morgen der Welt, unter ihm sitzt die Jungfrau mit dem Kinde, und zuhöchst darüber entstürzen der göttlichen Glorie die Engelscharen wie Samenstaub einer unendlichen Blüte. In der Glorie sind sie noch überfarben, geeint im sonnenhaften Licht, aber da sie niederwallen, im Zwischenreich des Werdens glänzt jeder als eine Farbe auf; und so knien und schweben sie musizierend links in dem Portal, jeder eine Farbe. ›Denn das ist die letzte Materie, so ein Ding allein in ihm selbst stehet und jubiliert in seiner Exaltation.‹«[30] Es ist ein Bild des Selbst, das hier aufleuchtet.

Das Bild »Die Anbetung des Kindes« von Stephan Lochner (s. Tafel III) bringt die Beziehung zum Archetyp des Selbst auf eine andere Weise zum Ausdruck. Es zeigt Maria in einem grünblauen Mantel, wie sie das Kind anbetet, mit einem großen runden Kreis in Gold als Heiligenschein und mit einer Perlenkette ums Haar. Das Kind liegt auf der Erde, als sei es gerade dem Himmel entsunken, auf einer weißen Decke als Auflage mit Kreuzsymbolen. Um seinen Kopf herum leuchtet ein ähnlicher Goldkreis wie um den der Maria. Ochs und Esel blicken wie der Ausdruck einer gutherzigen Vitalität darüber. In der Fensternische, einer rechteckigen Vierung, blicken darüber drei blaugekleidete und blaugeflügelte Engel auf das Kind nieder, nur der mittlere richtet wohl einen staunenden Blick auf die Gottesmutter. Kindhaft anzuschauen wie diese sind auch die Engel auf dem Dach mit dem Liedblatt in der Hand. Die Flügel der Engel oben und in der Mitte sind fast zu einem Pfauenmotiv mit Augen gestaltet. Bei dem Engel links, der auf die Hirten zufliegt, kommt grüne und rote Tönung auf. Hinter den Schafherden erscheint im Hintergrund die Stadt Jerusalem. Das Bild ist in seiner Bewegung eigentümlich links-läufig, hat aber Schwerpunkt und Gewicht ganz auf der rechten Seite. – Das tiefe Blau, das das Bild beherrscht, drückt den Himmel aus, der in die Nacht der Welt hineinleuchtet. Zugleich ist sehr stark die Vertikale betont. Man möchte hier an eine Deutung anschließen, die C. G. Jung in einem anderen Zusammenhang gegeben hat, »daß Blau als Vertikale

Höhe und Tiefe bedeutet (der blaue Himmel oben, das blaue Meer unten), ... und daß ... die Vertikale dem Unbewußten entspreche. Das Unbewußte aber hat beim Manne weibliches Vorzeichen. Blau nun ist die traditionelle Farbe des Himmelsmantels der Jungfrau ... Die Anima aber bedeutet, wie die Frau, Höhe und Tiefe des Mannes.«[31] Für die weitere Farbsymbolik des Bildes ist die Bemerkung Jungs von Belang: »Gott Vater wird die königliche Goldfarbe zugeschrieben, Gott Sohn die rote, weil er sein Blut vergossen hat, und dem Heiligen Geist die grüne.«[32] Die Linksläufigkeit des Bildes deutet auf eine Bewegung, die durch das Unbewußte, die Anima, hindurchführt; sie betont aber zugleich die Vertikale und die rechte Seite. Letztere steht für Bewußtwerdung und Bewußtsein ein. Linksläufigkeit, Vertikale und der Blick der Jungfrau weisen auf das Kind, das Symbol des Selbst. Das Kind liegt auf einer weißen Decke mit Kreuzsymbolen. Weiß, schreibt Ingrid Riedel, »ist Ausdruck des Absoluten, des Anfangs und des Endes, der Fülle und der Leere sowie deren Vereinigung. Als das Anfängliche ist es das Einfache und die Einfalt. Negativ: das noch Undefinierbare, Schemenhafte. Als die Farbe, die noch alles in sich enthält, als Potential, bedeutet Weiß Offenheit und Freiheit. Als Farbe, die die bunte Fülle des Lebens auslöscht, bedeutet Weiß Askese, Kasteiung und Kälte. Als Farbe des Lichts bedeutet Weiß Erleuchtung, Verklärung, Auferstehung und Vollkommenheit.«[33] Im Zusammenhang mit diesen Aussagen weist I. Riedel auf die Ursprungssymbolik des Eis, der Milch und die Rolle von Weiß als Farbe der Initiation hin. All das be-deutet den Kind-Archetyp als Ausdruck des Archetyps des Selbst, das zunächst im Menschen undefinierbar und schemenhaft angelegt ist, dann aber als das Einfache zugleich in die Ganzheit initiiert, die noch aussteht, Unbewußtes und Bewußtes verbindet. Die in diesem Symbol auftauchenden Kreuze weisen zugleich auf das Schmerzhafte des Bewußtwerdungs- und Ganzwerdungsprozesses. Symbole des Selbst sind ferner die Goldkreise um das Haupt des Kindes und der Maria, die Perlenkette, die Vierung des Fensters und die weiße Decke, auf der das Kind liegt. Einen ähnlichen Sinn enthält die Symbolik des Pfauenrades, von dem Jolande Jacobi sagt, daß es »mit seinem Farbenspiel und seinen vielfachen Augen ... die stets wechselnden und sich bewegenden Aspekte und Eigenschaften der Psyche versinnbildlich(t), ... die im mittleren Auge, im Zentrum ihren Brennpunkt finden«.[34]

Das göttliche Kind als Archetyp ist nicht nur die personifizierte anmutige kindliche Hilfsbedürftigkeit, sondern es kann gerade als Ausdruck des Selbst und damit der ganzheitlichen Persönlichkeit auftreten. Konstelliert sich der von Hanna Wolff beschriebene Aspekt immer in der ersten Lebenshälfte und den Problemen dieser Phase, so manifestiert sich der Archetyp des göttlichen Kindes als Ausdruck der Selbstfindung und im Zusammenhang mit den Problemen der zweiten Lebenshälfte als der des Geistes. Ausdrücklich sagt C. G. Jung: »Der Geist kann bei beiden Geschlechtern auch in der Gestalt eines Knaben oder Jünglings auftreten... Sie kann positiv sein und hat dann die Bedeutung der ›höheren‹ Persönlichkeit, des Selbst.«[35]

Die Kindheitserzählung des Thomas

Das Bild des übermütigen göttlichen Knaben, dem keinerlei Spuren einer Hilfsbedürftigkeit anzumerken sind, spielt in der apokryphen Jesusüberlieferung, der Kindheitserzählung des Thomas, eine Rolle. Die Gelehrten wissen in der Regel mit diesen Geschichten nichts anzufangen. Sie weisen auf Parallelen aus den Krishna- und Buddhalegenden hin und finden in bezug auf die »Taten« dieses Jesusknaben: »Je grobsinnlicher und verblüffender ein Wunder ist, desto größeren Gefallen findet der Sammler an ihnen, ohne den geringsten Antoß an ihrer Fragwürdigkeit zu nehmen«[36]. Aber diese Erzählungen sind ihrem Gegenstand kongenial, gerade indem sie scheinbar leichtgebaut und schelmisch klingen.

Das Kindheitsevangelium des Thomas[37] beginnt mit der Geschichte von der Erschaffung der zwölf Sperlinge (Kap. 2). Da heißt es, daß Jesus im Alter von fünf Jahren an der Übergangsstelle eines Stromes spielt. Er leitet das vorüberfließende Wasser in Gruben zusammen und macht es durch sein Wort rein. Dann bereitet er aus weichem Lehm zwölf Sperlinge, und das alles am Sabbat. Viele andere Kinder spielen mit ihm. Ein Jude meldet die Sabbatschändung seinem Vater Joseph. Der will seinen Sohn zur Rede stellen, aber Jesus klatscht nur in die Hände, ruft den Sperlingen zu: »Fort mit euch!« Und die Sperlinge, die eben noch Lehm waren, fliegen mit Geschrei davon.

Diese Geschichte ist von symbolischem Sinn. Jesus spielt am Fluß an der Übergangsstelle zum anderen Ufer. Er ist es, der den Fluß des Lebens, der alle Menschen umschlingt und mit sich fortreißt, zum Stehen bringt. Der Strom des Lebens wird zum Wasser des Lebens, aus dem sich die Neuschöpfung vollzieht, die durch die zwölf Sperlinge symbolisiert wird. Jesus weist durch sein Spielen an der Übergangsstelle auf das andere Ufer, das Reich des Friedens. Die neugeschaffenen Menschen »fliegen« in alle Welt hinaus, ihr Gesang ist die Botschaft Jesu. – Die Eingangsgeschichte der Kindheitserzählungen des Thomas enthält geheim auch einen buddhistischen Sinn: Der Fluß des Lebens ist Samsara, das andere Ufer Nirvana, das Reich des Friedens, auf das die Buddhalehre weist. Die Sperlinge bilden den Sangha, die Jüngergemeinde, die ins Nirvana »fliegt«. Der Jesusknabe erscheint in gewissem Sinne als neuer Buddha. Auch noch an anderer Stelle werden der legendarische Jesusknabe und der Buddhaknabe sich berühren. Das kann aber nur geschehen, wenn es auch in der Tiefe eine solche Berührung gibt.

Der Koran stellt uns diese Erzählung in einer vereinfachten, elementarisierten Form vor. Er läßt Jesus sprechen:

»Siehe, ich komme zu euch
mit einem Zeichen von eurem Herrn.
Siehe, ich will euch aus Lehm
die Gestalt eines Vogels schaffen.
Dann werde ich in sie hauchen,
und es sollen mit Gottes Erlaubnis
Vögel sein« (Sure 3,49).

Der Koran will sagen: Jesus, das menschgewordene Wort Gottes, kann Leben schaffen wie Gott. Aber dieses Leben ist von einer neuen Qualität. Vögel sind ein uraltes Bild für die Seele. Jesus schafft den Menschen zu einem Wesen, das seine Seele erfährt als angehaucht von Gott und sie in den Frieden davonträgt.

Mit diesem Jesusknaben ist nicht zu spaßen. Als der Sohn des Schriftgelehrten Annas das Wasser, das Jesus zusammengeleitet hatte, mit einem Weidenzweig zum Abfließen bringt, läßt ihn Jesus wie einen Baum, der weder Blätter noch Wurzel noch Frucht trägt, verdorren. Die Eltern des Verdorrten machen Joseph den Vorwurf: »Solch einen Knaben hast du, der so etwas tut« (Kap. 3). Als ein heranlaufender Knabe ihn an der Schulter stößt, wird Jesus erbittert: »Du sollst auf deinem Weg nicht weitergehen!« Der Knabe fällt hin und stirbt. Die Eltern des Verstorbenen schelten darauf Joseph: »Lehre ihn zu segnen und nicht zu fluchen« (Kap. 4). Als Joseph ihn zurechtweist, antwortet Jesus ihm: »Jene sollen ihre Strafe tragen.« Und alsbald erblinden die, die ihn angeklagt haben. Alle, die es sehen, geraten in große Furcht: »Jedes Wort, das er redet, ob gut oder böse, war eine Tat und wurde zum Wunder.« Die Antwort, die Jesus dem Vater gibt, der ihn an den Ohren zupft, ist bezeichnend: »Genug, daß du suchst und nicht findest, und höchst unweise hast du gehandelt. Weißt du nicht, daß ich dein bin? So betrübe mich nicht« (Kap. 5).

Es ist das im allgemeinen nicht die Art und Weise, wie uns Jesus vorgestellt wird. Noch 1963 konnte es im »Glaubensbuch für das 3. und 4. Schuljahr«[38] mit Bezug auf die lukanische Erzählung vom zwölfjährigen Jesus im Tempel heißen: »Als Jesus ein Kind war, lebte er mit seinen Eltern in Nazareth. Vom zwölfjährigen Jesus heißt es in der Bibel: ›Er ging mit ihnen hinunter nach Nazareth, und er war ihnen untertan.‹ Er *gehorchte* seinen Eltern, obwohl er der Herr über alles war.« Daraus wird für das christliche Kind die Folgerung gezogen: »Das Gotteskind überlegt: Wie kann ich meinen Eltern *Freude machen?* Dazu gibt es viele Gelegenheiten. Wenn wir den Eltern Freude machen, freut sich auch Gott darüber, und wir selbst werden froh. Es wird schön zu Haus. Vor allem müssen wir den Eltern *gehorchen*. Das gebietet uns Gott. Man kann gut und schlecht gehorchen. Ein Gotteskind gehorcht gern, geschwind und genau. Es gehorcht auch dann, wenn es einmal schwer ist. Gott will, daß wir auch den Vorgesetzten gehorchen. *Merksatz:* Eltern und Vorgesetzte: Gott will, daß wir unseren Eltern und Vorgesetzten gehorchen und ihnen Freude machen.«[39] Und im »Beicht- und Kommunionbüchlein für die Bistümer der DDR ›Kinder des Lichtes‹«[40] heißt es als Folgerung aus dem Vorbild Jesu für die Kinder:

»*Das Gotteskind* kommt pünktlich zur Schule und zum Religionsunterricht, gibt gut acht und lernt fleißig, stört nicht und träumt nicht im Unterricht...«[41]

Hier wird Jesus zum Urbild eines artigen Kindes und Musterknaben stilisiert. Man darf sich dann nicht wundern, wenn bei den Kindern und vielen Jugendlichen der Eindruck entsteht, daß sich bei diesem Jesus »nichts abspielt«. Jesus, der Lausbub und böse Junge des Kindheitsevangeliums, weist auf einen tieferen Zusammenhang. Er gilt uns gerade in dieser Stilisierung als ein archetypisches Bild des Selbst. Das Selbst aber ist in seiner letzten Tiefe – wie Gott – jenseits von Gut und Böse. Wo man es überrennt, schlägt es zurück; wo man seine Energie nutzlos zum Abfließen bringt, verdorrt der Mensch; wer es nicht in seiner Ambivalenz zum konventionellen Verhalten erkennt, sucht und findet nicht. Der Mensch versteht dann nicht, daß das Selbst seine eigene Tiefe ist: »Weißt du nicht, daß ich dein bin? So betrübe mich nicht.« Das Selbst kann einen in einem gewissen Sinne »totschlagen«, um einen lebendig zu machen. In Kapitel 8,2 heißt es übrigens, daß »alle sofort geheilt wurden, die unter seinen Fluch gefallen waren«.

Wir haben in der Buddhalegende jene Erzählung kennengelernt, die den Buddhaknaben als seinem Lehrer überlegen vorstellt. Er kennt vierundsechzig Schriftarten, von denen die meisten seinem Lehrer unbekannt waren. Als sich, so das Thomasevangelium, ein Lehrer namens Zachäus an Joseph heranmacht, ihm seinen Sohn Jesus zum Unterricht zu überlassen, sagt er diesem alle Buchstaben von A bis O in langer, eindringlicher Aufzählung. Jesus aber entgegnet dem Lehrer: »Wenn du selbst nicht einmal das A seinem Wesen nach kennst, wie willst du andere das B lehren? Heuchler, lehre zuerst, wenn du weißt, das A, und dann wollen wir dir auch wegen des B glauben.« Dem Lehrer, der wirklich das Wesen des A nicht kennt, gibt der Knabe dann folgende Belehrung: »Höre, Lehrer, die Anordnung des ersten Schriftzeichens und achte hier darauf, wie es Geraden hat und einen Mittelstrich, der durch die zusammengehörenden Geraden, die du siehst, hindurchgeht, (wie diese Linien) zusammenlaufen, sich erheben, im Reigen schlingen, drei Zeichen gleicher Art, sich unterordnend und tragend, gleichen Maßes; da hast du die

Linien des Alpha« (Kap. 6). Die Anmaßung unseres Erziehens und Lehrens beruht sehr oft darauf, daß wir uns vor dem Kind aufbauen, als seien wir Wissende, wo wir doch mit unserem vermeintlichen Wissen eine Mauer vor das Geheimnis des Wesens stellen, das sich in allem, was ist, manifestieren will. Wir mauern das Seinsgeheimnis mit Wissen und Fertigkeiten zu. Im ontologischen Sinne ist unser Erziehen und Lehren mit Recht eine Heuchelei zu nennen. Was Jesus im Wesen des A ausgedrückt sieht, ist eine Symbolik des Ur-Seins Gottes, der Trinität. Gott – dargestellt in der ersten Geraden – geht aus sich hervor wie sein Spiegelbild, sein Selbstbild, der Logos und Sohn – dargestellt in der zweiten Geraden – und bleibt – dargestellt im Mittelstrich – mit sich selbst und seinem Bild in lebendiger Einheit durch den Heiligen Geist, der vom Vater zum Sohn und vom Sohn zum Vater fließt. Gott ist in sich dynamische Kommunikation, Aus-sich-Hervorgehen, In-sich-Zurückgehen und Sich-in-sich-Halten, das Ur-Ich und das Ur-Du und der Urgrund allen Werdens aus dem Geist, der Leben und Liebe ist, wofür das Bild des Reigens steht. Alles hat darin seinen Anfang, sein A. Alles ist ein Hinweis und eine Spur, die auf den göttlichen Grund der Wirklichkeit zeigt. In diesem Sinne kann man nicht auf B übergehen, ohne zu wissen, was A ist. Unser Wissen und Lehren beginnt aber für gewöhnlich erst mit B, und das bedenken wir zumeist nicht.

Von der Drei sagt Jolande Jacobi, daß sie »im Gegensatz zur eher unbeweglichen Zwei eine dynamische Zahl« sei. »Sie stellt Bewegung, Vorwärtsschreiten, Entwicklung dar. In ihr erfüllt sich die Zwei. ›Dreiheit ist Entfaltung des Einen zur Erkennbarkeit‹, sagt Jung... Als Dreieinigkeit spielt die Drei nicht nur in der christlichen Religion eine große Rolle; auch in Indien und anderswo begegnen wir dem Abbild des Göttlichen in seinen dreifachen Aspekten.«[42] Die Dreiheit oder, richtiger, Dreieinigkeit repräsentiert das Selbst, aber noch in einer abstrakt-geistigen Auffassung, noch ohne die Beziehung auf die konkrete materielle Realität[43].

Der Lehrer bittet Joseph nun dringend, das Kind wieder fortzunehmen: »Ich ertrage die Strenge seines Blickes nicht, noch auch nur ein einziges Mal seine durchdringende Rede. Dieses Kind ist nicht erdgeboren. Das kann auch Feuer bändigen. Es ist wohl gar vor der Erschaffung der Welt gezeugt

worden. Welcher Mutterleib es getragen, welcher Mutterschoß es genährt hat, ich weiß es nicht... Dieser ist irgendwie
etwas Großes, ein Gott oder ein Engel oder was weiß ich, was
ich sagen soll« (Kap. 7). – Das Durchdringende von Blick,
Rede und Wesen des Selbst kommt in diesen Aussagen zum
Ausdruck; in der Gestalt eines Kindes erscheint irgend etwas
Großes, das vor der Welt entstanden ist. »Winziger als winzig,
größer als groß ist das Selbst des Lebewesens, das in der Höhle
(seines Herzens) verborgen ist«, heißt es in der Katha-Upani-
shad 2.20. Und die Chandogya-Upanishad sagt 3.14.3: »Dieses Selbst in meinem Herzen ist kleiner als ein Reiskorn, oder
ein Gerstenkorn, oder ein Senfkorn, oder ein Hirsekorn, oder
der Kern eines Hirsekornes; dieses Selbst in meinem Herzen
ist größer als die Erde, größer als das Zwischenreich (zwischen
Himmel und Erde), größer als der Himmel, größer als diese
Welten.«[44]

Zwei weitere Geschichten erzählen, daß Jesus vom Tod und
Sterben erwecken kann; so ein Kind, das vom Dach herabge-
fallen ist (Kap. 9), und einen jungen Mann, dem beim Holz-
spalten die Axt entfiel, so daß sie seinen Fuß spaltete (Kap.
10). Als ihm beim Wasserschöpfen der Krug zerbricht, bringt
er der Mutter das Wasser in seinem Oberkleid (Kap. 11).
Während der Vater Weizen sät, sät auch Jesus ein Weizenkorn
aus. Das bringt hundert Kor Weizen, den er den Armen
schenkt (Kap. 12). – Sehen wir in diesen Erzählungen Symbo-
lisierungen des Selbst, dann stellen sie eine die normale
Naturgesetzlichkeit tragende und übergreifende Seinsmacht
vor.

Einmal sollte der Vater ein Bett anfertigen, war aber, da er
zu jener Zeit nur Pflüge und Joche hergestellt hatte, aus der
Übung gekommen. So wurde ein Brett kürzer als das Gegen-
stück. Jesus aber faßte das kürzere Holzstück an und streckte es
(Kap. 13). – Die Ganzwerdung, die das Selbst bewirkt, beruht
auf der Entwicklung gerade der zurückgebliebenen seelischen
Funktionen.

Kapitel 14 erzählt von Jesu Zusammenstoß mit einem anderen Lehrer, der Jesus auf den Kopf zu schlagen wagte. Jesus
verfluchte ihn, und der Lehrer fiel ohnmächtig mit seinem
Gesicht zu Boden. Ein anderer Lehrer versuchte es mit gutem
Zureden. Jesus aber las nicht die Buchstaben, die in dem

Buch standen, sondern lehrte die Umstehenden im Heiligen Geist das Gesetz. Dieser Lehrer gab Jesus freundlich wieder an Joseph zurück, ihm zuliebe wurde auch jener Geschlagene wieder geheilt (Kap. 15). – Das Selbst redet nicht nach unseren Büchern, sondern stellt einen spontanen und autonomen Erkenntnisdurchbruch aus der Tiefe dar. Solche spontanen und autonomen Erkenntnisdurchbrüche sind nach dem Kindheitsevangelium des Thomas im Heiligen Geist geredet.

Als Jesus einmal mit Jakobus Holz sammelt, beißt eine Natter Jakobus in die Hand. Jesus bläst auf den Biß, da hört der Schmerz auf, und das Tier zerplatzt (Kap. 16). Wenn man in der Natter ein Bild des Bösen sehen will, dann heilt Jesus den Menschen davon so, daß er zugleich die Macht des Bösen überhaupt aufhebt. In Kapitel 17 bringt Jesus ein totes Kind wieder zum Leben, gibt es seiner Mutter zurück und geht zu den andern Kindern, um zu spielen. Wie aus einem ständigen Spielen heraus geschehen diese Wunder in der Legende, eine Brücke zu den Krishna-Legenden, die Trauer und Freude als Spiel Gottes verstehen. Andererseits schickt Jesus einen aus dem Tode erweckten Menschen an die Arbeit am Hausbau zurück (Kap. 18). Das Haus ist ein Bild der Kirche, zugleich aber auch des »auferbauten« Menschen, der zu seiner Ganzheit gefunden hat.

Das Kindheitsevangelium des Thomas schließt (Kap. 19) mit der Erzählung vom zwölfjährigen Jesus im Tempel aus dem Lukasevangelium. Diese Legende wird durch die Bemerkung erweitert, daß alle sich über ihn wunderten, »wie er, ein kleiner Knabe, die Ältesten und Lehrer des Volkes zum Verstummen brachte«. Die Mutter Jesu aber wird von den Schriftgelehrten und Pharisäern selig gepriesen.

Zu den Kapiteln 6 bis 8 der Kindheitserzählungen gibt es eine bemerkenswerte Variante des syrischen Thomasevangeliums, die stellenweise johanneischen Klang annimmt. Sie stellt eine bedeutsame Symbolisierung des Selbst in seiner Fremdheit gegenüber unseren Normen, unserem »In-der-Welt-Sein« dar. Die Variante lautet: »Aber ein Lehrer mit Namen Zachäus hörte ihn mit seinem Vater reden und sprach: ›O du böser Knabe!‹ Und er sagte zu seinem Vater Joseph: ›Wie lange willst du dich nicht entschließen, diesen Knaben herzugeben, daß er die Kinder seines Alters zu lieben und das

Alter zu ehren lerne?‹ Joseph antwortete und sprach: ›Und
wer ist fähig, einen Knaben wie diesen zu erziehen? Denkt er
etwa, das komme einem geringen Kreuz gleich?‹ Und Jesus
antwortete und sprach zu dem Lehrer: ›Diese Worte, die du
gesagt hast, und diese Namen, alle dem stehe ich fremd
gegenüber, denn ich bin getrennt von euch, wenn ich auch
unter euch wohne. Ehre im Fleisch habe ich nicht. Du bist im
Gesetze, und im Gesetze verbleibst du. Als du geboren wur-
dest, war ich. Aber du meinst, du seist mein Vater. Du wirst
von mir eine Lehre lernen, die kein anderer kennt noch lernen
kann. Das Kreuz, von dem du geredet hast, mag der tragen,
dem es zugehört. Wenn ich aber herrlich erhöht bin, werde ich
ablegen, was ich mit eurem Geschlecht gemein habe. Denn du
weißt nicht, woher du bist. Ich allein weiß wirklich, wann ihr
geboren seid und wie lange ihr hier zu bleiben habt.‹ Als sie
dies hörten, staunten sie, riefen und sprachen: ›O wunderbar
zu sehen und zu hören! Worte wie diese haben wir niemals
einen reden hören, weder die Priester noch die Schriftgelehrten noch die Pharisäer. Woher ist dieser geboren, der fünf
Jahre alt ist und solche Worte redet? So etwas hat niemand je
gesehen.‹ Jesus antwortete und sprach zu ihnen: ›Ihr wundert
euch über das, was ich gesagt habe, daß ich weiß, wann ihr
geboren seid; und doch habe ich noch mehr zu sagen.‹ Als sie
aber dies hörten, schwiegen sie und waren nicht imstande zu
sprechen.«[45]

Pseudo-Matthäus

Daß sich die Kindheitsgeschichten weiter entwickelten, versteht sich bei dem zum Teil anmutigen Stoff von selbst; daß
sich dabei noch eine tiefsinnige Symbolik entfaltete, zeigt
unter den jüngeren Kindheitsevangelien insbesondere das
sogenannte Pseudo-Matthäusevangelium[46]. Einen besonderen
Reiz enthalten darin die Erzählungen im Zusammmenhang
mit der Flucht nach Ägypten. So wird in Kapitel 18 erzählt, daß
die Familie einmal in einer Höhle rasten wollte, aus der
plötzlich viele Drachen hervorkamen. Da mit Joseph zugleich
drei Knaben und mit Maria einige Mädchen auf der Reise
waren, schrien alle entsetzt auf. Jesus aber stieg vom Schoß
seiner Mutter herab und stellte sich vor den Drachen auf.

Darauf beteten diese ihn an und wichen zurück. Dies wird als Erfüllung von Psalm 148,7 angesehen: »Lobet den Herrn, ihr Drachen von der Erde, Drachen und alle Abgründe.« Jesus selbst sagt – wohl mit Blick auf Jesaja 11 – von sich: »Alle wilden Tiere müssen vor mir zahm werden.« – Es ist bedeutsam, daß in dieser Erzählung die Drachen nicht getötet, sondern gezähmt in den Lebensbereich Jesu einbezogen werden. Das Selbst stellt eine Ganzheit als Wiedervereinigung der Gegensätze her. Etwas Ähnliches besagt die Legende in Kapitel 19. Löwen und Leoparden beteten das Jesuskind an und begleiteten die heilige Familie in der Wüste. Ausdrücklich wird dies als Erfüllung der Prophetie in Jesaja 11,6f. bezeichnet.

Im 20. Kapitel wird uns davon berichtet, wie Maria von der großen Sonnenhitze in der Wüste ermüdet war und wünschte, unter dem Schatten eines großen Palmbaumes auszuruhen. Als sie sich darunter niedergelassen hatte, sah sie, daß die Palmkrone voller Früchte war, die aber viel zu hoch hingen, als daß Joseph sie hätte herunterholen können. Joseph seinerseits beklagte den Mangel an Wasser für seine Familie und die Lasttiere. »Da sprach das Jesuskind, das mit fröhlicher Miene in seiner Mutter Schoß saß, zur Palme: ›Neige, Baum, deine Äste, und mit deiner Frucht erfrische meine Mutter.‹ Und alsbald senkte die Palme auf diesen Anruf hin ihre Spitze bis zu den Füßen der seligen Maria, und sie sammelten von ihr Früchte, an denen sie sich alle labten. Nachdem sie alle ihre Früchte gesammelt hatten, verblieb sie aber in gesenkter Stellung und wartete darauf, sich auf den Befehl dessen wieder aufzurichten, auf dessen Befehl sie sich gesenkt hatte. Da sprach Jesus zu ihr: ›Richte dich auf, Palme, werde stark und geselle dich zu meinen Bäumen, die im Paradies meines Vaters sind. Und erschließe unter deinen Wurzeln eine Wasserader, die in der Erde verborgen ist, und die Wasser mögen fließen, damit wir aus ihr unseren Durst stillen.‹ Da richtete sie sich sofort auf, und eine ganz klare, frische und völlig helle Wasserquelle begann an ihrer Wurzel zu sprudeln. Als sie aber die Wasserquelle sahen, freuten sie sich gewaltig, und sie löschten ihren Durst, sie selber, alle Lasttiere und alles Vieh. Dafür dankten sie Gott.«[47]

Die koranische Legende von der Geburt Jesu hängt von dieser Überlieferung ab. Sie ist im archetypischen Sinne urtüm-

licher als die apokryphe Kindheitsgeschichte, die das Erzähl-
material geliefert hat. Mohammed war durch die ihm unbekannten Geburtsgeschichten bei Matthäus und Lukas nicht
behindert, aus der im Pseudo-Matthäus aufbewahrten Tradition, die er mündlich kennenlernte, den urbildlichen Gedanken zu erfassen und auszusprechen. Im Sinne der Archetypik
ist die koranische Legende sozusagen der ältere Bericht:

»Und die Wehen zwangen sie
zum Stamm der Palme.
Sie sprach:
›O wäre ich doch zuvor gestorben
und ganz vergessen!‹
Da rief er unter ihr:
›Sei nicht traurig!
Dein Herr hat unter dir
ein Rinnsal gemacht,
Und schüttle den Stamm
der Palme zu dir,
sie läßt frische, reife Datteln
auf dich fallen!
Und iß und trink
und sei kühlen Auges!
Und wenn du jemand
von den Menschen siehst,
dann sprich:
Siehe, ich habe dem Erbarmer
ein Fasten gelobt.
Deshalb spreche ich heute
mit niemandem« (Sure 19,23–26).

Der Baum ist in den Mythen der Völker ein altes Muttersymbol und zugleich ein Archetyp des Selbst. Aus einem
(Ganzheits-)Kern hervorwachsend, breitet er sich in alle
Dimensionen aus, »verzweigt« sich, um die Selbstverwirklichung als Frucht hervorzubringen. Zugleich ist er der Grund
und die Umhüllung des Ich, das nur im Schoße des Selbst
gründen und zu seiner Bestimmung, der Individuation, gelangen kann. Die Mutter Jesu wird also in den Baum-Archetyp
hineingenommen, während das geborene Kind als Kind-
Archetyp die Wiedergeburt repräsentiert, die neue Existenz,

die vom Ich wahrgenommene Beziehung zum Selbst und die
daraus bewußt vollzogene Ganzwerdung. Erich Neumann,
der diesen Zusammenhängen in seinem Buch »Die große
Mutter« nachgegangen ist, führt als Beispiel die ägyptische
Muttergöttin Hathor an. »Die Göttin als der den Seelen Nahrung spendende Baum, die Sykomore oder die Dattelpalme,
ist eine . . . zentrale Figur Ägyptens. Gebären und die Sonne
gebären gehört wie das Nähren zum Muttertum des Baumes.
Die Sykomorengöttin Hathor, die als ›Haus des Horus‹ den
Horus gebiert, trägt die Sonne auf ihrem Kopf; der Wipfel des
Baumes ist der Ort der Sonnengeburt, das Nest, aus dem der
Phönix-Reiher aufsteigt.«[48] Neumann nennt noch eine Fülle
von Parallelen, die alle auf den gemeinsamen Archetyp weisen. Emma Jung berichtet aus einer der vielen Parzival-
(Perceval-)Überlieferungen, daß Perceval, durch einen Wald
reitend, zu einem Baum gelangte, in dessen Zweigen er ein
Kind erblickte. Dieses Kind repräsentiert die Ganzwerdung,
der sich Perceval in einem entscheidenden Stadium seiner
»Suche« näherte[49]. Der Baum mit den Früchten steht zugleich
in der Beziehung zum Baum der Erkenntnis im Paradiesbe-
richt der Bibel. Pseudo-Matthäus enthält einen Hinweis darauf. Auch die aufspringende Quelle gehört in diesen Zusammenhang. Die der neuen Eva geschenkten Früchte, die sie
dem Kind, der neuen Existenz, verdankt, stellen das Gegenbild zu den verbotenen Früchten des Sündenfalls dar. Der
Koran transponiert urbildliche Wirklichkeit aus dem mythi-
schen Bereich ins Heilsgeschichtliche:

»Und sie kam mit ihm
zu ihrem Volk,
ihn tragend.
Sie sprachen:
›Maria!
Du hast etwas Sonderbares
getan.
Schwester Aarons!
Dein Vater war doch kein
schlechter Mensch
und deine Mutter
keine Hure.‹

Da deutete sie
auf ihn.
Sie sprachen:
›Wie solln wir mit einem
sprechen,
der, ein Kind,
in der Wiege liegt?‹
Er sprach:
›Ich bin der Knecht Gottes.
Er hat mir das Buch gegeben
und mich zum Propheten gemacht.
Und er hat gemacht,
daß mir Segen sei,
wo immer ich bin,
und hat mir das Gebet
und die Almosensteuer
geboten,
solange ich lebe,
und Liebe
gegen meine Mutter.
Und er hat mich nicht
gewalttätig
und unselig
gemacht.
Und Heil sei auf dem Tag
meiner Geburt,
auf dem Tag,
da ich sterbe,
und auf dem Tag,
da ich zum Leben
erweckt werde!‹«
(Sure 19,27–33)

Das Bild, das uns als erstes aus diesen Zeilen entgegentritt,
ist das der Mutter Maria, die den Jesusknaben auf dem Arm
trägt. Dieses Kind ist von unbekümmerter Selbstsicherheit.
Kaum geboren, ergreift es schon die Initiative und steht seiner
Mutter bei, die von seiner Hilfe abhängig ist. »Unter ihr« ruft
es – aus dem Mutterschoß oder eben geboren – der verzweifel-
ten Maria zu, das Wasser, das Gott geschaffen, wahrzuneh-

men und die Palme zu sich herzuschütteln, um an die daran
hängenden Datteln zu kommen. Schelmischen Rat erteilt es
sogleich gegen unerwünschte Fragesteller. Schließlich richtet
es sich in der Wiege auf und reinigt seine Mutter von jedem
Verdacht, indem es zu sprechen beginnt und sich als Gottes-
knecht, Buchbesitzer und Prophet vorstellt.

Auf dem Bild »Flucht nach Ägypten« (siehe Umschlag) aus
der Kirche St. Martin in Zillis, Graubünden (Schweiz), bewegt
sich das Tragetier (Pferd oder Esel) entschieden nach rechts
auf die Palme zu, deren Wedel sich der Mutter und dem Kind
zuneigen. Mutter und Kind blicken frontal zum Betrachter.
Die Hände der Maria, eine zur Palme geöffnet, drücken Stärke
aus. Das Runde, Bergende erscheint betont. Eigenartiger-
weise trägt das Kind eine Buchrolle in der Hand. Das Bild hat
etwas Vermittelndes zur Koranüberlieferung. Das Ganze ist in
einen quadratischen Raum hineingestellt. Es zeigt in seiner
Gesamtbewegung wie in seinen Formen – das Runde und das
Quadratische – eine deutliche Richtung auf Bewußtwerdung
und Ganzheit, zur Symbolik des Selbst.

Pseudo-Matthäus erzählt nun weiter: Als die Hitze in der
Wüste unerträglich wurde, schlug Joseph vor, den Weg am
Meer entlang zu wählen, um in den Küstenstädten ausruhen zu
können. Jesus aber versprach ihnen, den sonst dreißig Tage
dauernden Weg abzukürzen. Und während sie so redeten,
erblickten sie schon die Berge Ägyptens und begannen, seine
Städte zu sehen. Als sie nun in die Stadt Sotinen einzogen,
fanden sie in einem Tempel, der »Kapitol Ägyptens« genannt
wurde, 365 Götzenbilder aufgestellt. Wie aber Maria mit dem
Kind in den Tempel eintrat, fielen sämtliche Götzenbilder auf
den Boden. Als dies Affrodosius, der Vorsteher der Stadt,
erfuhr, kam er mit seinem ganzen Heer. »Jener aber trat in
den Tempel ein, und als er alle Götzenbilder auf ihrem Angesicht darniedergestreckt liegen sah, ging er hin zur seligen
Maria, die an ihrem Busen den Herrn trug, betete ihn an und
sprach zu seinem ganzen Heere und zu allen seinen Freunden:
›Wenn dieser nicht der Gott unserer Götter wäre, so wären
unsere Götter gewiß nicht vor ihm auf ihr Angesicht gefallen,
und sie würden nicht in seiner Gegenwart hingestreckt dalie-
gen. So bekennen sie sich (vielmehr) stillschweigend zu ihm
als ihrem Herrn« (Kap. 22–24)[50]. – Schon die märchenhafte

Zeitverkürzung deutet darauf hin, daß wir es hier mit einem im Grunde zeitlosen Geschehen zu tun haben. So wie hier die Götterbilder vor dem göttlichen Kind niederfallen, so sind die Archetypen letztlich um den Archetyp des Selbst gereiht und ihm zugeordnet. Die Götter bilden ein religiöses Symbol für die Fülle der Archetypen, im Kind-Archetyp aber manifestiert sich das Selbst in seiner umfassenden Macht, die stärker ist als die Welt und die sie tragenden Mächte.

Christophorus

Die Christophorus-Legende[51] bringt dies auf eine besonders tiefe Weise zum Ausdruck. Von Christophorus wird erzählt, daß er ursprünglich Offerus hieß, dann aber, weil er Christus trug, Christusträger, Christophorus, genannt wurde und daß er zum Geschlecht der Riesen gehörte, von zwölf Ellen Höhe und ungeheurer Kraft. Dem kam es in den Sinn, den mächtigsten König zu suchen, um ihm allein zu dienen. Als er nun zu einem König kam, von dem man sagte, daß er der größte Fürst der Welt sei, trat Offerus in dessen Dienst. Als aber ein Spielmann in einem Lied den Namen des Teufels nannte, bekreuzigte sich der König. Er gestand, dies zu tun, damit der Teufel keine Macht über ihn gewinne. »Dann kann ich dir nicht länger dienen«, sagte Offerus, »denn es gibt einen Stärkeren als dich.« So ritt er von dem König weg und begegnete in einer Einöde einer Schar Ritter, darunter einem im roten Kleid. Den fragte er nach dem Teufel und trat freudig in seinen Dienst, als dieser sich zu erkennen gab. Doch sah er, wie der Teufel einen Umweg machte, weil an der Straße ein Kreuz errichtet war. Da zwang er den Teufel zu dem Bekenntnis: »Es ist ein Mensch gewesen, Christus mit Namen, der ward ans Kreuz geschlagen; sooft ich das Zeichen des Kreuzes sehe, fürchte ich mich und fliehe, denn der einst daran hing, der ist nicht tot.« Da verließ Offerus auch den Teufel. Wie es ihm weiter erging, erzählt die Legenda aurea auf folgende Weise: »Er suchte lange Zeit, ob ihm jemand von Christo möchte

Tafel IV: St. Christophorus.
Gemälde von Quentin Massys, Flandern 1490,
Allentown Art Museum, Allentown, Pa. USA.

Kunde geben. Zuletzt kam er zu einem Einsiedel, der predigte ihm von Christo und unterwies ihn mit Fleiß im Glauben. Und sprach zu Christophorus: ›Der König, dem du dienen willst, begehrt, daß du viel fastest.‹ Antwortete Christophorus: ›Er fordere von mir ein ander Ding, denn dies vermag ich nicht zu tun.‹ Sprach der Einsiedel: ›Es ist not, daß du viel betest.‹ Antwortete Christophorus: ›Ich weiß nicht, was das ist, und kann ihm darin nicht folgen.‹ Da sprach der Einsiedel: ›Weißt du den Fluß, darin viel Menschen umkommen, so sie hinüber wollen fahren?‹ Antwortete Christophorus: ›Ja, ich weiß ihn.‹ Und der Einsiedel sprach: ›Du bist groß und stark: setze dich an den Fluß und trage die Menschen da hinüber, so wirst du Christo dem Könige gar genehm sein, dem du zu dienen begehrst; und ich hoffe, daß er sich dir daselbst wird offenbaren.‹ Sprach Christophorus: ›Das vermag ich wohl, und will ihm hierin dienen.‹ Also ging er zu dem Fluß und baute sich an dem Ufer eine Hütte. Er nahm eine große Stange in seine Hand statt eines Stabes, darauf stützte er sich im Wasser und trug die Menschen alle hinüber ohne Unterlaß. Danach über manchen Tag, da er einst in seiner Hütte ruhete, hörte er, wie eines Kindes Stimme rief: ›Christophore, komm heraus und setz mich über.‹ Er stund auf und lief hinaus, konnte aber niemanden finden; also ging er wieder in seine Hütte. Da hörte er die Stimme abermals. Er ging wieder hinaus und fand niemanden. Darnach hörte er die Stimme zum dritten Male wie zuvor; und da er hinausging, fand er ein Kind am Ufer, das bat ihn gar sehr, daß er es hinübertrage. Christophorus nahm das Kind auf seine Schulter, ergriff seine Stange und ging in das Wasser. Aber siehe, das Wasser wuchs höher und höher, und das Kind ward so schwer wie Blei. Je weiter er schritt, je höher stieg das Wasser, je schwerer ward ihm das Kind auf seinen Schultern; also, daß er in große Angst kam, und fürchtete, er müßte ertrinken. Und da er mit großer Mühe durch den Fluß war geschritten, setzte er das Kind nieder und sprach: ›Du hast mich in große Fährlichkeit bracht, Kind, und bist auf meinen Schultern so schwer gewesen: hätte ich alle diese Welt auf mir gehabt, es wäre nicht schwerer gewesen.‹ Das Kind antwortete: ›Des sollst du dich nicht verwundern, Christophore; du hast nicht allein alle Welt auf deinen Schultern getragen, sondern auch den, der die Welt erschaffen hat.

Denn wisse, ich bin Christus, dein König, dem du mit dieser Arbeit dienst. Und damit du siehst, daß ich die Wahrheit rede, so nimm deinen Stab, wann du wieder hinübergegangen bist, und stecke ihn neben deiner Hütte in die Erde; so wird er des Morgens blühen und Frucht tragen.‹ Damit verschwand er vor seinen Augen. Christophorus aber ging hin und pflanzte seinen Stab in die Erde; und da er des Morgens aufstund, trug der Stab Blätter und Früchte als ein Palmbaum.«[52]

Diese Legende macht deutlich, daß das Selbst nicht das Ich ist, schon gar nicht »mein Ich«, sondern die ganzmachende Kraft aus der Tiefe, der der Mensch nur dienen, mit der er sich aber nicht identifizieren kann. Auch die Rede »mein Selbst« hat den Sinn wie »mein Herr«. Das Selbst legt sich uns auf und gibt unserem Leben die Bestimmung. Das Ich wird zum Träger und Diener des Selbst. Immer besteht dabei die Gefahr, sich mit dem Selbst zu identifizieren, in der Sprache der Tiefenpsychologie zu reden, inflationär zu werden. Dann schwellen die Wasser an und drohen das Ich zu überschwemmen. Dieser Gefahr ist der Mensch, der sich auf dem Wege der Individuation befindet, stets ausgesetzt. Es ist der Weg an das andere Ufer, ans Ufer der Ganzwerdung, des Heils, auf dem, wie es in der Legende heißt, viele Menschen umkommen. Wo aber das Ich zum Träger und Diener des Selbst wird, wird der Stab des Weges zur Palme des Lebens und Sieges, die Blätter und Früchte trägt.

Quentin Massys hat in seinem Bild »St. Christophorus« (Flandern 1490, s. Tafel IV) der Gestalt dieses legendären Heiligen einen in jeder Hinsicht riesenhaften Ausdruck gegeben. Christophorus geht durch eine durch zwei schroffe Felsen begrenzte Meerenge, wirkt aber gewaltig auch gegenüber der Landschaft. Auch die Schiffe im Hintergrund erscheinen winzig. Dennoch hört er auf das Kind, das mit äußerster Souveränität den Riesen dirigiert.

Anmerkungen

1 Der Erzählung »Der Stern Abrahams« von Micha Josef Bin Gorion, Die Sagen der Juden, Frankfurt/M. 1962, S. 182ff., nacherzählt

2 Übersetzung aus: Bibliothek der Kirchenväter, Die Apostolischen Väter, übersetzt von F. Zeller, Kempten und München 1918, S. 124f.

3 G. W. F. Hegel, Vorlesungen über die Philosophie der Geschichte, Leipzig (Reclam) o. J., S. 91 (wörtlich): »Die Religion ist der Ort, wo ein Volk sich die Definition dessen gibt, was es für das Wahre hält... Die Vorstellung von Gott macht somit die allgemeine Grundlage eines Volkes aus.«

4 Iranische Geisteswelt, von den Anfängen bis zum Islam, hrsg. von Geo Widengren, Baden-Baden 1961, S. 227–230

5 Ebd., S. 228ff.

6 Jolande Jacobi, Die Psychologie von C. G. Jung, a.a.O., S. 180

7 Johannes von Hildesheim, Die Legende von den Heiligen Drei Königen, München 1963

8 Ebd., S. 13

9 Ebd., S. 14

10 Ebd., S. 20f.

11 Walter Grundmann, Das Evangelium nach Matthäus, Berlin 1968, S. 75

12 Übersetzung Johannes Götte, aus: Vergil Landleben, 1960[4] (Tusculum-Bücherei), S. 23ff.

13 Walter F. Otto, Das Wort der Antike, Darmstadt 1962, S. 51

14 Joseph Wittig, Kommt, wir gehn nach Bethlehem, Weihnachtliche Geschichten, Heilbronn 1952[2], S. 8

15 Aus dem Gedichtszyklus »Kleine Weihnachtssuite«, in: Evangelische Weihnacht, Tübingen 1947, S. 147f.

16 Die Nacherzählung des Protevangeliums des Jakobus erfolgt in Anlehnung an die Übersetzung von O. Cullmann in Hennecke-Schneemelcher, Neutestamentliche Apokryphen, I Evangelien, Tübingen 1959[3], S. 280ff.

17 s. Ingrid Riedel, Farben, In Religion, Gesellschaft, Kunst und Psychotherapie, Stuttgart 1983, S. 31

18 Angelus Silesius, Cherubinischer Wandersmann, Bremen o. J. (Sammlung Dieterich), S. 33

19 Ebd., S. 21

20 Ebd., S. 4

21 Hennecke-Schneemelcher I, a.a.O., S. 287

22 zit. nach Marie-Louise von Franz, Zeit, Strömen und Stille, Frankfurt/M. 1981, S. 32

23 s. ebd.

24 Hennecke-Schneemelcher I, a.a.O., S. 287f.

25 Erich Neumann, Ursprungsgeschichte des Bewußtseins, a.a.O., S. 46

26 Ebd., S. 46f.

27 Hanna Wolff, Jesus der Mann, Die Gestalt Jesu in tiefenpsychologischer Sicht, Stuttgart 1975, S. 163

28 Ebd., S. 45

29 Ebd., S. 46

30 Martin Buber, Ereignisse und Begegnungen, Leipzig 1920[2], S. 16f.

31 C. G. Jung, Psychologie und Alchemie, a.a.O., S. 249f.

32 Ebd., S. 246f.

33 Ingrid Riedel, Farben, a.a.O., S. 179f.

34 Jolande Jacobi, Die Psychologie von C. G. Jung, a.a.O., S. 211f.

35 C. G. Jung, Zur Phänomenologie des Geistes im Märchen, Gesammelte Werke 9/1, Olten 1978[3], S. 231

36 so Cullmann für viele, vgl. Hennecke-Schneemelcher I, a.a.O., S. 293

37 Die Nacherzählung des Kindheitsevangeliums des Thomas erfolgt in Anlehnung an die Übersetzung von O. Cullmann in Hennecke-Schneemelcher I, a.a.O., S. 293ff.

38 Düsseldorf 1963

39 Hubertus Halbfas, Fundamentalkatechetik, Stuttgart 1969[2], S. 135

40 Leipzig 1960

41 Hubertus Halbfas, Fundamentalkatechetik, a.a.O., S. 134

42 Jolande Jacobi, Vom Bilderreich der Seele, Wege und Umwege zu sich selbst, Olten 1981, S. 94f.

43 s. ebd., S. 95

44 Upanischaden, Ausgewählte Stücke, übertragen von Paul Thieme, Stuttgart 1968 (Reclam), S. 39f.

45 Übersetzung O. Cullmann, Hennecke-Schneemelcher I, a.a.O., S. 298f.

46 Die Nacherzählung von Teilen von Pseudo-Matthäus erfolgt in Anlehnung an die Übersetzung von O. Cullmann in Hennecke-Schneemelcher I, a.a.O., S. 306ff.

47 Hennecke-Schneemelcher I, a.a.O., S. 307

48 Erich Neumann, Die Große Mutter, Eine Phänomenologie der weiblichen Gestaltungen des Unbewußten, Olten 1978[3], S. 230

49 Emma Jung/Marie-Louise von Franz, Die Graalslegende, in psychologischer Sicht, Olten 1980, S. 289ff.

50 Hennecke-Schneemelcher I, a.a.O., S. 309

51 Nacherzählt in teilweiser Anlehnung an Jörg Erb, Die Wolke der Zeugen I, Kassel 1952[2], S. 32f.

52 Die Legenda aurea des Jacobus de Voragine, aus dem Lateinischen übersetzt von Richard Benz, Heidelberg o. J., S. 499f.

Merlin

Um 1200 verfaßte Robert de Boron seinen Roman »Merlin«, der mit seiner »Geschichte des Heiligen Gral« zusammengehört. Robert de Boron führt seinen Bericht auf eine Geheimüberlieferung zurück, die Merlin selbst dem Schreiber Blasius übergeben haben soll. Merlin erteilt noch als Kind dem Blasius den Auftrag, sich in jene Gegenden zu begeben, »wo die Menschen wohnen, die den Heiligen Gral hüten. Und es wird von nun an alle Zeit deine Aufgabe sein, daß du dein Buch schreibst und daß es gern gehört wird von allen Menschen. Aber es wird nicht aus geistlicher Vollmacht wirken, weil du nicht zu den Aposteln gehörst und auch nicht zu ihnen gehören kannst. Denn die Apostel schrieben nie etwas anderes auf von Unserem Herrn, als was sie selbst von Ihm gehört oder gesehen hatten, du aber setze nichts anderes in dein Buch, als was du von mir und sonst von keinem anderen gesehen und gehört hast. So wie ich unbekannt bin und bleiben werde bei allen, vor denen ich mich nicht im Lichte enthüllen will, so wird auch das ganze Buch geheimgehalten werden, und es wird selten geschehen, daß einer es benützen darf.«[1] Damit soll gesagt werden, daß dieses Buch zwar nicht zu den von der Kirche anerkannten Offenbarungsschriften gezählt werden wird, daß diese es aber als spirituelle Unterströmung dulden werde. Als Kundmachungen des Sehers Merlin kommt ihm aber auch ein gewisser Offenbarungscharakter zu, der in einem Verhältnis zu den Schriften des Neuen Testaments und der darin enthaltenen Christusoffenbarung steht. Dieses Verhältnis scheint ein ergänzendes zu sein. Wie dieses nun zu verstehen ist, geht bereits aus der Kindheitsgeschichte Merlins hervor, die ein komplementäres Gegenbild zur Geburtsgeschichte Jesu darstellt.

Kindheitsgeschichte Merlins

Wie die Geburt Christi aus dem Heilsratschluß Gottes hervorgegangen ist, so geht die Geburt Merlins aus einem Unheilsratschluß der Teufel hervor. Dabei knüpft dieser Ratschluß der Teufel ausdrücklich an die Geburt Christi an. Nachdem Jesus zur Hölle niedergefahren war, den Toten das Evangelium gepredigt und so den Teufeln alle weggenommen hatte, die an seine Geburt glaubten, sprachen sie entsetzt:

»Wer ist dieser Mann, der uns so bezwungen und unsere Burgen gebrochen hat, so daß nichts, das wir versteckt gehalten, vor Ihm verborgen bleiben kann; und daß Er uns alles getan hat, was Ihm gefiel? Wir aber wähnten, daß kein Mensch von einer Frau geboren werden kann, der nicht der Unsrige würde. Dieser da ist so geboren, daß wir keinen Teil an Ihm haben und daß Er uns vernichtet und quält, soviel Er nur vermag. Wie ist dieser nur so geboren, daß wir keine irdische Lust an Ihm finden und Er uns so zugrunde richtet?«[2] Die Teufel erinnern sich nun der Weissagungen der Propheten über die Geburt Christi und der Einsetzung der Taufe, durch die ihnen die Macht über die Menschen genommen wird. Außerdem habe Christus Gottesdiener zurückgelassen, die denen verzeihen, die ihre bösen Werke bereuen. »Dadurch haben wir sie alle verloren. Eine gewaltig große geistige Substanz hat Unser Herr geschaffen, daß Er, um den Menschen zu retten, auf die Erde kam und geruhte, aus einer Frau geboren zu werden. Er erlitt die irdischen Qualen, und eine Frau gebar Ihn, ohne daß wir davon erfuhren und ohne daß eine Menschenlust zwischen Mann und Frau geschehen ist. Und als wir dahintergekommen waren, stellten wir Ihn in jeglicher Weise auf die Probe, so sehr wir nur konnten, und als wir Ihn vergeblich in Versuchung geführt und in Ihm keines von unseren Werken erkannt hatten, da wollte Er sogar sterben, um die Menschen zu erlösen. Gar sehr liebt Er den Menschen, wenn Er so große Pein dulden will, um ihn für sich zu gewinnen und uns zu entreißen. Und gar heftig müßten wir uns Mühe geben und überlegen, wie wir den Menschen fangen könnten und dazu brächten, unsere Werke zu tun in der Art, daß er nicht bereuen noch die Gottesdiener sprechen kann, durch die er jene Verzeihung erlangen könnte, die der Gottessohn durch seinen Tod erkaufte.«[3]

Um aus diesem Schaden herauszukommen, überlegen sie schließlich: »Aber wie können wir nur einen Menschen schaffen, der zu allem Volke spräche und ihnen unsere Geisteskraft, unsere Werke und Taten rühmte? Er müßte erzählen, daß wir Macht haben, zu wissen alles Vergangene, alle Dinge, die geschehen sind, die gesagt und getan wurden. Und wenn wir diesen Menschen hätten, der unsere Vollmacht erhielte, so wüßte er die Dinge zu sagen und zu erzählen, und er wäre angesehen bei den Menschen auf der Erde und könnte uns wohl helfen und ebenso lehren wie die Propheten, die bei uns waren – wo wir doch wähnten, daß solches nie geschehen könnte. Genauso würde er als Seher berichten von allem Vergangenen, was nah und fern geschehen ist, was gesagt und getan wurde, und er würde viel Glauben finden bei vielen Menschen.«[4]

Darauf meldet sich ein Teufel, daß es unter ihnen einen gebe, der die Macht habe, die Gestalt eines Mannes anzunehmen und sich mit einer Frau zu vereinigen. Auf diese Weise solle der Mann gezeugt werden, der Antichrist, der alle Menschen betrügen soll. Der solle Teufelsverstand und -sinn und ein Gedächtnis haben, um den Menschen und Jesus Christus zu überlisten.

Einer von den Teufeln hatte Macht über die Frau eines reichen Edelmannes, der viele Tiere und andere Reichtümer besaß. Von der Frau, die mit dem Teufel Umgang pflegte, hatte er einen Sohn und drei Töchter. Der Teufel erwürgte nun einen Teil seiner Schafe, und die Frau stachelte ihn an, darin fortzufahren. Als der Mann von seinen Hirten erfuhr, wie nach und nach seine Herde zugrunde ging, stieß er zuletzt in großem Zorn den Fluch aus: »So soll der Teufel alles holen, was ich habe und was mir noch übrig ist!« Da ließ ihm der Teufel nicht ein einziges seiner Tiere und erdrosselte den Sohn des Kaufmanns in seinem Bett. Darüber verlor der Edelmann seinen Glauben. Die Frau aber trieb der Teufel dadurch in Verzweiflung, so daß sie sich erhängte. In Schmerz und Kummer wurde der Edelmann von einer Krankheit befallen und starb. »So macht es der Teufel mit denen, die er nach seinem Willen lenken kann.«[5]

Danach führte der Teufel einen Jüngling zu den drei verwaisten Jungfrauen, dieser verführte eine von ihnen und überwältigte sie. Als entdeckt wurde, daß sie schwanger war, ließen die Richter sie lebendig begraben. So waren nur noch die beiden Schwestern übriggeblieben. Die ältere wandte sich nun an einen edlen Mann, der zugleich ein guter Beichtvater war. Diesem vertraute sie ihre Not und die Sorge an, daß Gott sie hasse. Aber der Edelmann – es ist, wie sich später herausstellt, der von Merlin zum Schreiber bestellte Blasius – erkannte darin das Werk des Teufels. So richtete der Teufel seine zerstörerischen Absichten zunächst auf die jüngere Tochter, zu der er eine Frau schickte, die schon öfter seinen Willen getan hatte. Diese schlich sich in ihr Vertrauen ein und erfuhr bald, daß die Jüngere mit ihrer älteren Schwester nicht übereinstimmte. Sie redete sie mit Schwester an und sprach: »Wie schade ist es doch um Euren edlen Leib, denn niemals werdet Ihr rechte Freude haben, solange Ihr in der Gesellschaft Eurer Schwester seid. Ach liebe Schwester, wenn Ihr wüßtet, welche Wonne die anderen Frauen haben, Ihr würdet alles, was Ihr jetzt besitzt, für nichts schätzen. Was ist die Freude einer Frau wert, wenn sie keine Lust am Manne hat? Niemals wird Euch so viel Freude zuteil, wenn Ihr bei Eurer Schwester bleibt.«[6] Als die Jüngste das schreckliche Ende ihrer anderen Schwester erwähnte, redete die Frau es ihr aus; jene habe sich ganz töricht und unbesonnen angestellt und sei einem schlechten Rat gefolgt. Als die Frau gegangen war, dachte das Mädchen immer über deren Wort nach, und der Teufel erhitzte sie so lange, bis sie in der Nacht ihren schönen Leib betrachtete. Da wollte sie der Freuden dieser Welt nicht länger entraten.

Am nächsten Tag gab ihr die Frau den Rat, wie sie es anstellen müsse, damit es ihr nicht wie ihrer Schwester ergehe. Die Frau sprach: »Ihr sollt Euch allen Männern hingeben, und wenn Ihr das Haus Eurer Schwester verlaßt und sagt, daß Ihr es nicht bei ihr aushalten könnt, so werdet Ihr mit Eurem Leib nach Eurem Belieben verfahren können und werdet keinen Richter finden, der darüber zu Gericht säße. So könnt Ihr der Gefahr entrinnen; und wenn Ihr dieses Leben eine Zeitlang geführt habt, solange es Euch gefallen mag, wird sich ein edler Mann finden, der froh genug, wenn er Euch Eures großen Erbes wegen zur Frau bekommen kann.«[7]

Als nun die Ältere erfuhr, daß ihre Schwester sie verlassen hatte, eilte sie erschrocken zu ihrem Beichtvater. Dieser antwortete ihr voll Entsetzen, daß sie nun besonders auf der Hut sein müsse, da der Teufel nicht eher Ruhe gäbe, bis er alle ins Verderben gestürzt habe. Dann ermahnte er sie, fest an den dreieinigen Gott zu glauben und sich davor zu hüten, in großen Zorn zu geraten. Vor allem aber belehrte er sie, darauf zu achten, »daß da, wo du schläfst, stets Lichtesfülle ist, denn der Teufel haßt vor allen anderen Dingen die Helligkeit, das Licht, und er geht nicht gerne dahin, wo Licht ist«[8].

Lange Zeit lebte das Fräulein in Frieden. Dann »machte sich der Teufel an die jüngere Schwester und führte sie eines Samstagabends in das Haus der älteren, um diese in Zorn zu versetzen und zu versuchen, ob er sie nicht zu Fall bringen könne. Als die Schwester des guten Fräuleins in das Haus ihres Vaters kam, war schon ein gutes Stück der Nacht vergangen, und sie brachte eine Schar junger Burschen mit. Sie drangen alle in das Haus ein. Als die ältere Schwester sie sah, war sie darüber gar betrübt und sprach: ›Liebe Schwester, du dürftest gar nicht hier hereinkommen, solange du ein solches Leben führst, denn ihr würdet böses Gerede über mich bringen, und das kann ich nicht brauchen.‹ Als die jüngere Schwester sie das sagen hörte, geriet sie in Zorn über die Worte, daß sie übles Gerede über ihre Schwester brächte. Darum warf sie ihr vor, sie führe ja ein viel schlimmeres Leben als sie selbst, die jüngere. Denn sie liebe doch den guten Kirchenmann in böser Lust, und wenn die Leute das erführen, würde sie verbrannt werden. Als die Schwester vernahm, daß ihr die jüngere Schwester einen so schändlichen Vorwurf machte, da geriet auch sie in großen Zorn und rief, sie solle ihr Haus verlassen. Diese aber antwortete: ›Das Haus meines Vaters gehört mir ebenso wie dir.‹ Als die Ältere merkte, daß ihre Schwester nicht hinaus wollte, packte sie sie an den Schultern, um sie hinauszustoßen. Diese wehrte sich, und die jungen Burschen, die mitgekommen waren, nahmen die Schwester und prügelten sie aufs grausamste so lange, bis sie ihnen entweichen konnte. In ihrem Schmerz lief sie in ihr Zimmer und verschloß die Türe mit dem Schlüssel. Es war aber im Hause niemand, der den Burschen Einhalt gebieten konnte, außer ihrem Diener und ihrer Magd. So war sie ganz allein in ihrem Zimmer, legte sich in allen Kleidern zu Bett und begann aus der Not ihres Herzens zu weinen. Sie hatte immer noch ihren großen Zorn nicht verwunden, daß ihre Schwester sie so zugerichtet hatte. Und in diesem Elend schlief sie ein.«[9]

Da machte sich jener Teufel auf, der die Fähigkeit hatte, sich mit einer Frau zu verbinden. Er trat zu ihr ein und lag mit ihr. Erst als sie empfangen hatte, erwachte sie, fand sich geschändet und ihres Magdtums beraubt. Noch im Erwachen erinnerte sie sich der Worte ihres Beichtvaters. Sie schlug das Kreuz, betete zur Mutter Gottes und suchte dann in ihrem

Zimmer nach dem, der ihr das angetan hatte; denn sie glaubte, sie müsse ihn im Zimmer finden. Als sie zur Tür eilte, fand sie diese verschlossen und suchte von neuem das Zimmer ab. Da erkannte sie, daß sie vom Bösen Feinde überwältigt worden war.

Am Tage verließen die jüngere Schwester und ihre Begleiter das Haus; die ältere aber ging zu ihrem Beichtvater. Dieser mochte das, was sie ihm bekannte, kaum glauben, sprach sie aber schließlich los und legte ihr die Buße auf, sich zeit ihres Lebens von jeder Sinneslust zu enthalten und zu den Gottesdienern und zur Heiligen Kirche zu gehen. Lange sann er darüber nach, wie das wahr sein könnte, was das Fräulein ihm gebeichtet hatte; dann erkannte er, daß sie vom Bösen Feind überlistet worden war. So ließ er sie geweihtes Wasser im Namen des Vaters und des Sohnes und des Heiligen Geistes trinken und besprengte sie damit.

Schließlich ließ sich ihre Schwangerschaft nicht länger verbergen. Die Leute hielten sie für irre, da sie nicht angeben konnte, von wem das Kind sei, und behauptete, es sei von keinem Manne. Als die Richter in die Gegend kamen, ließen sie sie in ihrem Hause abholen und vor Gericht stellen. Der Edelmann erwirkte zunächst, daß man sie nicht zum Tode verurteilte, solange sie schwanger war, damit das Kind nicht mit getötet würde. Auf seinen Rat wurde sie darauf in einen Turm mit zwei Frauen verbracht, die ihr dort bei der Geburt helfen sollten.

»So blieb sie lange Zeit in dem Turm, und die Richter hatten alles angeordnet, was sie brauchte, und übergaben sie den Frauen, die bei ihr waren. Auf diese Weise . . . blieben sie dort im Turm, und sie bekam ihr Kind, als es Gott dem Herrn gefiel. Und als es geboren ward, da besaß es – und so war es recht – den Verstand und die Kraft des Bösen, da es von einem solchen gezeugt worden war. Aber der Böse hatte es töricht angefangen, denn Unser Herr hat durch Seinen Tod den Menschen losgekauft und hatte der Mutter wegen ihrer echten Reue die Sünde verziehen. Der Böse Feind aber hatte sie überwältigt durch Betrug. Aber sobald sie sich überlistet fühlte, rief sie Gott den Herrn um Gnade an, da, wo sie eben weilte. Als sie das getan, stellte sie sich unter den Schutz der Heiligen Kirche Gottes und hielt die Gebote, die der Beichtvater ihr

aufgetragen hatte. Und deshalb wollte Gott nicht, daß des
Teufels Gabe zunichte werde, die das Kind von ihm bekommen sollte und wozu er die Tat ausgeführt hatte. Er wollte
doch, daß es seine Schwarzkunst bekomme und seine Kraft,
zu wissen alle Dinge der Vergangenheit, die gesagt und getan
und ausgeführt worden waren – und alles das wußte es auch.
Unser Herr aber, der alles weiß, verzieh der guten Frau ihre
Sünde wegen ihrer mütterlichen Reue und der echten Buße
nach der Beichte. Er wußte, daß sie Reue in ihrem Herzen
trug. Denn sie hatte nicht frei zugestimmt und nicht aus freiem
Willen getan, was ihr zugestoßen war. Durch die Kraft der
Taufe, die sie reingewaschen, wollte Unser Herr, daß die
Sünde ihr keinen Schaden zufüge, und darum gab er dem
Kinde die Kraft, auch die Dinge der Zukunft zu wissen. Aus
diesem Grunde also wußte der Knabe die Dinge, die gesagt
und getan und vergangen waren, durch den Bösen Feind, und
das Übrige, daß er die Dinge der Zukunft wußte, wollte Unser
Herr setzen gegen das, was er durch den Bösen Feind wußte,
um ihn so auf Seine Seite zu bringen. Nun möge er sich
wenden nach der Seite, die er wählen will; und wenn er dem
Teufel sein Recht zukommen lassen will, so kann er es tun,
ebenso Unserem Herrn das Seinige ... Späterhin wird man
sehen, zu wem (das Kind) sich halten muß, zu Gott oder
Teufel.«[10]

Als die Frauen das Kind sahen, bekamen sie große Angst;
denn es war ganz behaart. Selbst die Mutter schlug vor ihm
das Kreuz. Die andern Frauen klagten, daß sie es kaum halten
könnten. Auf Wunsch der Mutter wurde es sogleich getauft
und nach dem Namen ihres Vaters Merlin genannt. Das Kind
wuchs anders als sonst Kinder. Mit neun Monaten sah es
schon aus wie ein Jahr und wenige Zeit darauf wie achtzehn
Monate alt. Als die beiden Frauen erklärten, daß sie nun aus
dem Turm herausmöchten, weinte die Mutter und klagte,
indem sie ihr Kind auf dem Arm trug: »Um deinetwillen
werde ich den Tod erleiden und hab ihn doch nicht verdient.«
Da blickte das Kind seine Mutter an und sagte: »Liebe Mutter, fürchte dich nicht, du wirst nicht an etwas sterben, das dir
durch mich zugestoßen ist.« Die Mutter erschrak darüber so
sehr, daß sie das Kind aus den Armen fallen ließ. Als sie das
Kind wieder aufgehoben hatte, sprach es kein weiteres Wort.

Erst als die Mutter die beiden Frauen aufforderte, sie zu bedrohen, um zu hören, was das Kind sagen werde, antwortete es wieder: »Das hat euch meine Mutter eingegeben.« Darauf meinten die Frauen entsetzt: »Das ist kein Kind, das ist ein Teufel, der weiß, was wir gesagt und getan haben.« Sie traten ans Fenster und erzählten dem Volk dieses Wunder.

Als sich der Tag immer mehr näherte, an dem die Mutter vor Gericht gestellt und verbrannt werden sollte, ging das Kind im Turm umher, blickte seine weinende Mutter an, lachte und stellte sich so, als hätte es große Freude. Als dann der Tag des Gerichts anbrach, fragten die Richter sie nach dem Vater des Kindes. Sie antwortete, daß sie von keinem Manne wisse, worauf die Richter die anwesenden Frauen beizogen, ob sie je davon gehört hätten, daß eine Frau ein Kind ohne einen Mann bekommen habe. Voll Wut über diese Behandlung seiner Mutter sprang Merlin vor und sagte, daß über die Hälfte der anwesenden Männer und Frauen brennen müßten, da sie schon mit anderen als ihren Gattinnen und Gatten Gemeinschaft gehabt hätten. Er kenne die Verhältnisse nur zu gut. Als nun einer der Richter Schwierigkeiten machte, sie freizusprechen, entgegnete ihm das Kind zornig: »Ich kenne besser meinen Vater als du den deinigen kennst. Und deine Mutter weiß besser, wer dich zeugte, als meine weiß.« Als Merlin diesen Fall dann aufdeckte, war seine Mutter gerettet. Der Richter wagte sie nicht mehr zu verurteilen. Schließlich fragte ihn der Richter nach seinem Vater. »Du sollst wissen«, antwortete Merlin, »daß ich der Sohn eines bösen Dämons bin, der meine Mutter überlistet hat. Und wisse, daß diese Art von Dämonen den Namen ›Ecupedes‹, das ist ›Incubus‹, hat und in der Luft wohnt, und dieser hat mir die Gabe verliehen, alle Dinge der Vergangenheit zu wissen, Worte, Taten und Geschehnisse.«[11] Als nach all diesen Ereignissen Blasius Zweifel äußerte, ob er ihn auch nicht betrügen werde, weil er vom Teufel erzeugt worden sei, gab ihm Merlin die Antwort: »Es ist die Gewohnheit aller bösen Herzen, daß sie in all ihren Dingen das Böse viel mehr sehen als das Gute und es festhalten. So wie du mich hast erzählen hören, daß ich der Sohn des Teufels sei, hast du mich doch auch sagen hören, daß Gott mir Sinn und Verstand und Wissen über die Dinge gegeben hat, die in der Zukunft geschehen. Und deshalb, wenn du weise wärest, müßtest du erkennen und empfinden, zu welchem ich mich halten werde. Wisse wohl, Gott will, daß ich diese Dinge weiß, damit die Teufel an mir zuschanden werden. Ihre Geisteskraft und ihre Kunst aber habe ich nicht verloren, sondern ich behalte von ihnen, was ich behalten muß. Jedoch behalte ich es keineswegs zu ihrem Nutz und Frommen, und sie handelten durchaus nicht weise, als sie mich in meiner Mutter zeugten. Denn sie legten mich in ein solches Gefäß, das niemals ihnen angehören durfte.«[12]

Zu jener Zeit herrschte in England der Thronräuber Vortigern, der auf hinterlistige Weise den rechtmäßigen König töten und, als er seine Stellung bedroht sah, einen Turm bauen ließ, »so hoch und so stark, daß er keinen Menschen mehr zu fürchten brauchte. Als sie aber drei oder vier Klafter hoch den Turm über der Erde aufgerichtet hatten, da fiel alles wieder zusammen.«[13] Da ließ König Vortigern alle seine weisen Männer aus seinem ganzen Lande zusammenkommen und fragte sie um ihren Rat. Die wählten aus ihren Reihen die sieben weisesten Gelehrten aus, die die Kunst der Astrologie beherrschten. Lange suchten sie nach der Ursache, warum sich der Turm nicht vollenden ließ, aber sie fanden nichts. Als dann der weiseste unter ihnen einen nach dem andern befragte, stellte sich heraus, daß jeder eine andere Meinung hatte, in einem Punkt aber stimmten sie alle überein. Sie sahen alle ein Kind von sieben Jahren, das ohne einen irdischen Vater geboren wurde, und durch dieses Kind würden sie alle sterben. Da schlug ihnen der Weiseste vor, dem König zu sagen, daß dieser Turm niemals halten werde, wenn in das Mörtelwerk der Grundmauern nicht das Blut jenes Kindes gemischt werde, das ohne Vater geboren wurde. Diejenigen, die der König ausschickte, um das Kind zu holen, sollten es an Ort und Stelle töten und nur sein Blut mitbringen.

Der König willigte in den Vorschlag der Weisen und schickte seine Boten nach allen Richtungen aus. Da kamen einige von diesen am Eingang zu einer Stadt über ein großes Feld, auf dem Kinder Ball spielten. Auch Merlin, der alle Dinge wußte, war dort. Er nahm sein Schlagholz und schlug eines der reichsten Kinder, von dem er wußte, daß es ihn verachtete, ans Bein. Da begann das Kind zu weinen und nannte Merlin »Sohn ohne Vater«. Als die Boten sich bei den

Kindern nach Merlin erkundigten, ging dieser auf sie zu und sagte: »Ich bin der, den ihr sucht und den ihr geschworen habt zu töten und dessen Blut ihr dem König Vortigern bringen sollt.« Die Boten staunten und waren entsetzt, dies aus dem Munde Merlins zu hören. Er brachte auch die Boten dahin, ihn nicht zu töten, da er ihnen zusagte, mit ihnen zu gehen, und versprach, daß ihnen nichts geschehen würde, weil er allein wisse, warum der Turm nicht halten könne.

Als sie nach langen Tagesreisen in die Nähe des Ortes kamen, wo Vortigern lebte, gab Merlin den Boten den Rat, dem König alles so zu erzählen, wie sie es selbst erlebt hätten, und daß er, im Unterschied zu den Gelehrten, wisse, warum der Turm nicht halten könne. Mit den Gelehrten aber solle der König so verfahren, wie sie mit ihm verfahren wollten. Der König ließ ihn dann auch wirklich zu sich holen. Als der König Merlin zu dem Turm führte, mußten die Gelehrten eingestehen, daß sie den Grund für den Einsturz nicht kannten. Merlin aber sprach zu Vortigern: »Willst du wissen, warum dein Turm einfällt und wer ihn zum Einsturz bringt? Wenn du das wissen willst, werde ich es dir zeigen. Weißt du, was unter diesem Turm ist? Da ist ein großes Wasser, und unter diesem Wasser liegen zwei Drachen, die nichts sehen. Der eine ist weiß und der andere rot. Die liegen unter zwei großen Steinen. Sie kennen einander recht gut und sind gar groß und stark. Und wenn sie spüren, daß das Wasser und die Erde durch die Gewalt der Steinmassen, mit denen man den Turm baut, zu hart auf ihnen lastet, so wenden sie sich um, und zwar mit so großer Gewalt, daß das Wasser in Wallung gerät. Dadurch bringen sie eine so große Erschütterung hervor, daß alles, was darüber liegt, einstürzen muß. Auf diese Weise fällt der Turm durch diese beiden Drachen zusammen. Laßt nur hineinschauen, und wenn Ihr es nicht findet, wie ich es gesagt habe, so könnt ihr mich töten lassen. Findet Ihr es aber, so seien meine Bürgen (die Boten) frei und die Gelehrten, die von all diesem nichts wußten, seien des Todes schuldig.«[14]

Der König ließ nun auf Merlins Rat die Erde entfernen, bis sie an das Wasser kamen. Dann ließ er, wieder auf den Rat des Kindes Merlin, breite Gräben ziehen, und das Wasser floß auf die Felder ab. Im Beisein der Edlen des Landes, die Vortigern nach dem Willen Merlins hatte herbeirufen lassen, sollte nun der Kampf zwischen den beiden Drachen stattfinden, und Merlin prophezeite, daß der Weiße den Roten besiegen werde.

»Nun waren alle Leute versammelt, und die Arbeiter traten zu den beiden Steinen, lockerten sie, zogen sie heraus, und da fanden sie die beiden Drachen, die so groß und so wild und so häßlich waren, daß die Arbeiter gewaltige Angst davor hatten und zurücksprangen. Und sie sahen, daß der Rote viel größer und häßlicher war und stärker als der Weiße. Da meinte Vortigern: ›Dieser Große müßte wohl den anderen besiegen.‹ Hierauf sprach Merlin: ›Vortigern, nun müssen meine Bürgen frei sein.‹ Und Vortigern sagte: ›Das sollen sie sein.‹ Nun rückten die beiden Drachen einander so nahe, daß sie sich witterten. Sobald sie einander erschnupperten, wandten sie sich um und packten einander mit Zähnen und Klauen, und niemals sah man zwei Tiere einander so grausam bekämpfen wie die beiden Drachen. Die ganze Nacht und den ganzen Tag und den nächsten Morgen bis zum Mittag kämpften sie, so daß alle Leute, die dort waren, glaubten, der Rote müsse den Weißen töten. Das dauerte so lange, bis dem Weißen aus Maul und Nüstern Feuer hervorströmte, und er verbrannte den Roten. Als der rote Drache tot war, zog sich der weiße Drache etwas zurück, legte sich nieder und lebte nur noch drei Tage.«[15] Nun konnte König Vortigern den Turm bauen, so groß und so stark er nur wollte. Den Gelehrten aber verzieh Merlin, nachdem sie ihm zugesichert hatten, sich nicht mehr mit Schwarzkunst zu befassen. So entgingen sie dem Tode.

Der König aber war begierig, die Bedeutung der beiden Drachen zu erfahren. Nach den nötigen Zusicherungen, daß Vortigern ihm kein Unheil zufügen werde, gab Merlin ihm die Erklärung: Der rote Drache bedeute Vortigern, der weiße aber die rechtmäßigen Thronerben Pendragon und Uter. Diese würden kommen, ihn besiegen und die Herrschaft übernehmen. Der Turm würde ihn nicht schützen können. Und so wie der weiße Drachen den roten verbrannt habe, würde er im Feuer sterben. Die Weissagung Merlins erfüllte sich bald. Die Truppen Pendragons und Uters landeten in England, zuletzt suchte Vortigern, von dem seine Untertanen abgefallen waren, in einem Schloß Zuflucht, an das Pendragon Feuer legte. In diesem Feuer kam Vortigern um.

Christus und Antichristus

Man darf sich durch den naiven Sagenstil des Merlin-Romans und die Breite seiner Darstellung nicht täuschen lassen. Sie entspringt nicht einer Lust am Fabulieren, sondern einer archetypischen Konstellation, von deren geheimnisvoller Bedeutsamkeit ein Geschichtsjahrtausend bis in unsere Zeit hinein bestimmt zu sein scheint. Das Jahr 1000 nach Christus stellt das vermutlich folgenschwerste Umbruchsdatum in der Geschichte des Abendlandes dar. Im Jahre 1000 ging, entsprechend der kirchlichen Gleichsetzung des Reiches Gottes mit der Zeit der Kirche, das Tausendjährige Reich Christi zu Ende. So erwartete man den Untergang dieser Welt und die Wiederkunft des Herrn. Kaiser Otto III. begab sich in Erwartung des Jüngsten Gerichts an das Grab seines Freundes, des heiligen Adalbert von Prag, nach Gnesen. Da das Weltende nicht eintrat, mußte jenes andere Ereignis erwartet werden, das die Apokalypse des Johannes voraussah. Nach dem Tausendjährigen Reich sollte der schon in den Abgrund geworfene Satan noch einmal losgebunden und auf die Erde entlassen werden (Offenbarung des Johannes 20,3). Diese Erwartung schloß die andere in sich, daß nun der Messias des Satans, der Antichrist, auf Erden erscheinen werde.

C. G. Jung hat in seinem Buch »Aion«[16], insbesondere in seiner Schrift »Das Zeichen der Fische«, astrologische Untersuchungen über den mit dem Jahre 1000 zusammenhängenden Zeitenbruch angestellt, die größte Aufmerksamkeit verdienen. Nach diesen astrologischen Voraussetzungen geht mit der Geburt Jesu das Zeitalter des Widders zu Ende, während das Zeitalter der Fische beginnt. Unsere eigene Zeit steht bereits im Eintritt in das Zeitalter des Wassermanns. Diesen Anschauungen zufolge ist Jesus der letzte Widder und der erste Fisch. Jesus ist ja in der Tat das letzte blutige Opfer (Widder), das zugleich den Opferdienst überholt. Der Fisch ist von Anfang des Christentums als Symbol für Christus aufgenommen worden, wie er ja auch in vielen Religionen ein Symbol des Erlösers ist. Für das Sternbild der Fische gilt nun insbesondere, daß es aus einem vertikalen (1. Fisch) und einem horizontalen Fisch (2. Fisch) besteht. Der vertikale Fisch ist Christus, der Mensch, in dem sich die Gottesbezie-

hung vom Vater zum Sohn in ungebrochener Helligkeit und
Reinheit erfüllt; der horizontale Fisch ist der Antichristus, der
Mensch, der im Willen zur Welt und zur Macht aufgeht und
sich darin vergottet. Die Umbruchstelle vom ersten zum zweiten Fisch ist der Übergang vom ersten zum zweiten christlichen Jahrtausend. Das dritte Jahrtausend tritt dann ins Zeichen des Wassermanns ein und verheißt die Vereinigung der
Gegensätze.

Man mag sich über diese Vorstellungen wundern, da nach
dem aufgeklärten »modernen« Bewußtsein die Astrologie ja
eine Form des Aberglaubens ist. Man wird darüber aber
anders urteilen, wenn man bedenkt, daß in den Zeiten, in
denen solche astrologischen Voraussagungen entstanden, das
kollektive Unbewußte noch durch keinerlei »aufgeklärtes«
Bewußtsein daran gehindert wurde, seine Projektionen auf
die symbolischen Anordnungen der Sternbilder zu werfen.
Der Prophet in uns, das kollektive Unbewußte, wirft seine
Ahnungen auf die Sterne und zeitigt so die aus der objektiven
Psyche stammenden Grundlagen der Zeit: die qualitative
Zeit, das Schicksal. Es ist dabei nicht einmal ausgeschlossen,
daß die Übereinstimmung der archetypischen Konstellationen
des kollektiven Unbewußten mit den physischen Konstellationen der Sterne im Sinne von Synchronizitätsphänomenen
zusammengeht. Durch die Beobachtung der astrologischen
Koinzidenzen, im Sinne von Synchronizitätsphänomenen,
»berührt unser Verstand manchmal das ›absolute Wissen‹ des
Unbewußten und wird dadurch von Ahnungen erfüllt, die weit
über jede bewußte Reflexion hinausgehen und zukünftige
menschliche Entwicklungsmöglichkeiten antizipieren können,
was eben das Wesen der Prophetie ausmacht«[17]. So ist Emma
Jung der Meinung, daß »die besondere Belebung des Fisch-
symbols im Frühchristentum wohl nicht ohne synchronistische
Beziehung zum Beginn des astrologischen Fischzeitalters« sei.
»Der Fisch tauchte damals als Bild aus der Tiefe des Unbewußten auf und wurde mit der Gestalt Christi assoziiert.«[18]

Christus ist ein Gottessymbol, in dem uns die helle Seite
Gottes begegnet. Christliche Theologen gehen gelegentlich so
weit, daß sie behaupten, wir dürften Gott überhaupt nur in
Christus erkennen. Denn nur in Christus sei Gott als der Gott
der Liebe, der Güte, des Lichtes, der hellen Wahrheit und des

158

reinen Geistes erfahrbar. Mit dem 1. Johannesbrief sind sie der Auffassung: »Und das ist die Verkündigung, die wir von ihm (Jesus Christus) gehört haben und euch verkündigen, daß Gott Licht ist und in ihm ist keine Finsternis« (1,5). Damit wird Gott als eine complexio oppositorum (Vereinigung von Gegensätzen) geleugnet. Aber Gott schafft nicht nur das Licht, sondern auch die Finsternis; er wirkt nicht nur das Heil, sondern auch das Böse (Jesaja 45,7). Gott schickt auf den Menschen nicht nur einen guten Geist, sondern auch einen bösen Geist (vgl. 1. Samuel 16,14; 1. Könige 22,21ff.). Gott ist nicht nur der helle, sondern auch der dunkle Hintergrund der Welt. Er ist nicht nur Geist, sondern auch dunkler Drang. Er wohnt nicht nur im Licht, sondern auch im dunklen Grunde seines Seins. Es ist daher nach der Christusoffenbarung eine Enantiodromie (Gegenläufigkeit) zu erwarten: die Offenbarung Gottes in seinem dunklen Sohn, im Satan. Durch die Christusoffenbarung hört Gott zwar auf, eine complexio oppositorum zu sein, doch vereinigt sich die durch die Christusgestalt abgespaltene Dunkelseite Gottes zur Gestalt des Satans, der sich im Antichristus auf Erden manifestieren soll.

Es ist sicher nicht zufällig, daß die Gestalt des Antichristen bereits im Umkreis des johanneischen Schrifttums auftaucht, in jenem Schrifttum also, das die helle Gottesseite am entschiedensten in Christus ausstilisiert hat. Die gestaute Dunkelseite brach sich dann in den Antichristerwartungen des beginnenden zweiten christlichen Jahrtausends vehement Bahn. Etwa zur gleichen Zeit, als Robert de Boron sein Doppelwerk von der Geschichte des Grals und von Merlin schrieb, hatte der Abt Joachim von Fiore seine geistige Erleuchtung, die ihn zum Künder einer weltgeschichtlichen Wende machte. Auf das Reich des Vaters (Alter Bund) und das Reich des Sohnes (Neuer Bund, Kirche) sollte das Reich des Geistes kommen. Das Eintreten dieses Reiches des Geistes aber setzte das voraufgehende Erscheinen des Antichristus voraus, geheimnisvolle Ereignisse, die Joachim auf das Jahr 1260 berechnete. Man wird die Gleichzeitigkeit von Robert de Boron und Joachim von Fiore nicht als zufällig anzusehen haben. Beide weisen darauf hin, daß der Boden des Bewußtseins der Menschen von der Konstellation des Archetyps des Antichristus bestimmt war.

Wenn wir den Antichristus in diesem Zusammenhang einen Archetypus genannt haben, dann muß man bedenken, daß er den Teil eines ursprünglicheren Gottesbildes darstellt, wie das in entsprechender Weise auch für Christus gilt. Ein Gottesbild ist, tiefenpsychologisch ausgedrückt, immer auch ein Archetyp des Selbst. Wir können erkenntnistheoretisch zwischen einem geoffenbarten Gottesbild und einem archetypischen Bild gar nicht unterscheiden, da eine Offenbarung sich immer als ein Inhalt der Psyche mitteilt und außerhalb derselben nicht mehr greifbar ist. Wir können ohne Mitwirkung unserer Seele keine Offenbarung empfangen. Mit anderen Worten: Jede Offenbarung drückt sich tiefenpsychologisch als eine bestimmte archetypische Konstellierung des kollektiven Unbewußten aus und die Offenbarung des Gottesbildes in der Konstellation des Archetyps des Selbst. Theologisch müßten wir sagen, daß die Offenbarung eine einige und unteilbare Handlung Gottes und der Seele darstellt.

Nun zeigen aber die spontanen Äußerungen des kollektiven Unbewußten, daß der Archetypus des Selbst umfassender als das christliche Gottesbild angelegt ist. Das durch Christus erschlossene helle Gottesbild des liebenden, geistigen Gottes hat in der Lehre von der Trinität seinen klassischen Ausdruck gefunden. Auffällig ist daran die Betonung der Zahl Drei und das ausschließliche Vorwalten des Männlichen. Der Heilige Geist der Trinität ist nicht mehr wie die semitische Ruach (= Geist) weiblich. Innerhalb dieser Trinität stellt der Sohn Gottes den göttlichen Logos, also die helle Selbsterkenntnisseite in Gott dar, was den Gedanken in sich einschließt, daß der Vater sich im Sohn ganz erschlossen und erkannt habe. Es bleibt danach kein irrationaler, dunkler Grund und Rest in Gott zurück. Demgegenüber erscheint das Selbst in den spontanen Äußerungen des kollektiven Unbewußten in archetypischen Bildern, die die Zahl Vier betonen, das Runde, das Weibliche und neben dem Hellen das Dunkle, die Vereinigung der Gegensätze. Die Figur des Selbst kann in diesem Zusammenhang beim Mann auch »als ein Einweihender (als indischer Guru), als alter Weiser, als Naturgeist, Held usw. auftreten«, bei der Frau »als überlegene weibliche Gestalt..., zum Beispiel als Priesterin, Zauberin, Erdmutter, Natur- und Liebesgöttin«[19].

Wie dabei die Tendenz einer kompensatorischen Gegensatzvereinigung obwaltet, zeigt der Traum eines jungen Theologiestudenten, der Schwierigkeiten mit seiner religiösen Überzeugung hatte. Dieser Traum, den uns C. G. Jung in seinem Aufsatz »Über die Archetypen des kollektiven Unbewußten« mitgeteilt hat, beginnt mit der Szene: »Er stand vor einem schönen alten Manne, der ganz *schwarz* gekleidet war. Er wußte, es war der *weiße* Magier. Dieser hatte eben eine längere Ansprache an ihn gehalten, an die sich der Träumer nicht mehr erinnern konnte. Er hatte nur die Schlußworte behalten: ›Und dazu brauchen wir die Hilfe des *schwarzen* Magiers.‹ In diesem Augenblick ging die Türe auf und herein trat ein ganz ähnlicher alter Mann, nur war er *weiß* gekleidet.«[20] C. G. Jung spricht in diesem Zusammenhang auch vom Archetyp des Geistes. »Die beiden Magier sind die zwei Aspekte des *alten Mannes,* des überlegenen Meisters und Lehrers, des Archetypus des Geistes, welcher den präexistenten, im chaotischen Leben verborgenen Sinn darstellt.«[21]

Uns interessiert in diesem Zusammenhang der Doppelaspekt des Archetyps des Selbst, der in der Merlin-Gestalt sich in charakteristischer Verbindung mit der Figur des alten Weisen offenbart. Merlin erscheint als eine Vereinigung der Gegensätze auf einer höheren Stufe. Dabei ist zu bedenken, daß die Vier nicht einfach als ein weiteres Glied zur Drei hinzukommt, sondern nach dem alchemistischen Satz der Maria Prophetissa eine neue, umfassendere Einheit begründet. Der Satz der Maria lautet: »Die Eins wird zu Zwei, die Zwei zu Drei, und aus dem Dritten wird das Eine als Viertes.«[22] Dieses Axiom stellt eine besondere Beziehung zwischen dem Dritten und der höheren Einheit als dem Vierten her. Das Dritte ist aber innerhalb der Trinität der Heilige Geist. Dieser wird zugleich als der Paraklet, der Tröster, aufgefaßt. Die christliche Existenz ist eine an der Welt leidende Existenz. Die Welt und das in ihr waltende Dunkle und Böse ist nicht in das Gottesbild integriert. Ebenso ist die Materie draußen geblieben. Die Materie und die Natur hängen nun aber auch wieder mit den mütterlichen Gründen des Seins zusammen. Materie kommt von mater, Mutter. In dieser leidenden und zerrissenen Existenz soll der Geist der Tröster sein. Nun ist eigentümlicherweise Grün die Farbe des Heiligen

Geistes. Er nimmt damit selbst die Farbe der ausgeschlossenen Natur an. Der Heilige Geist und der Naturgeist, der dunkle Grund und der helle Geist Gottes müßten also in dem Vierten eine neue, höhere Einheit eingehen. Und genau in diesem Sinne ist die Merlin-Gestalt konzipiert. Darum wollen zwar die Teufel einen Antichristus und Höllenpropheten hervorbringen, aber es entsteht eine höhere Einheit zwischen dem teuflischen und dem göttlichen Erbe in Merlin. – Sehr bedeutsame Hinweise auf den archetypischen Gehalt der Farbe Grün hat I. Riedel in ihrem Buch »Farben« gegeben und dabei gezeigt, daß sich dieser Archetyp des Grün in unserer Zeit mit dem Christussymbol verbinden will. Sie verweist dabei auf den grünen Delphin (der Delphin ist ein altes Christussymbol) im Traum einer Frau, auf eine Vision C. G. Jungs, der den Kruzifixus im grünlichen Golde sah, und auf den grünen Christus Marc Chagalls im Fraumünster-Fenster von Zürich[23]. »Jahrhundertelang aus dem Christus-Bild Abgespaltenes, von ihm Ferngehaltenes, das aber im Untergrund der Seele weitergelebt und weitergearbeitet hat, will sich zusammenschließen zu einem Symbol neuer Ganzheit.«[24] Es ist nicht zufällig, daß I. Riedel im Zusammenhang damit auch auf den Zauberer Merlin zu sprechen kommt[25]. In Merlin ist die Figur des alten Weisen mit der des Naturgeistes durchaus vereint.

Auf letzteres weist seine Herkunft aus dem keltischen Heidentum. Heinrich Zimmer hat das in seinem Merlin-Aufsatz eindrücklich dargestellt. Das durch die Christianisierung in seiner Blüte, wie Zimmer sich ausdrückt, »geköpfte« Wachstum der heidnischen Religionen Nordeuropas lebt in der Sagenwelt des Artus- und Gralszyklus fort. »Die einweihende Gestalt dieser Sagenkreise ist Merlin; er stellt mit einsamer Vollendung im Abendlande dar, was anderen Kulturkreisen, z. B. Indien oder den Indianern, eine geläufige und gebietende Figur ist: den Zauberer als Lehrer und Seelenführer, vergleichbar dem Guru als Hauspriester und Meister der Einweihungen im Hinduismus und dem Medizinmann als Orakel und geistliche Führung des Stammes. Merlin ist im ›enchanted forest‹, dem Zauberwald, zu Haus, im ›Valley of no return‹, im ›Tal ohn' Wiederkehr‹, das vernehmlich anklingt an ›das Land, aus dem kein Wanderer wiederkehrt‹ – ans Totenland: der Zauberwald ist freilich der dunkle Teil der Welt, aller

Abenteuer voll, den keiner betritt, ohne sich darin zu verirren und vielfältig in Todesnot zu fallen – und der den Berufenen, der ihn besteht, als einen Verwandelten, Wiedergeborenen entläßt. Der Wald ist eine alte Stätte der Einweihungen: in der Wildnis offenbart sich das Dämonische, Ahnengeister und Naturkräfte; hier sucht man die Begegnung mit seinem Über-Ich, dem Totemtier. Der Medizinmann führt die Jugend in den wilden Wald, daß sie durch grausame Männerweihen zum Krieger und Erwachsenen neugeboren werde; Wildnis und Dschungel als alter Widerpart zu Haus und Herdstätte, Dorf und Feldmark, wo die häuslichen Schutzgötter, Recht und Sitte des Tags und die Menschenordnung beherrschen, bergen das Dunkle und Ausgegrenzte, das Unheimliche und Ungeheure gegenüber dem Wohlgelenkten und Beschirmten, Aufgehellten und Geheuren. Im Ungeheuren, das verschlingen kann ohne Wiederkehr, am Sitz der dunklen Mächte, in deren Bund man ungeheuer mächtig wäre über den gewohnten Bezirk geläufiger Ordnungen und Kräfte – dort irgendwo im Tal ohn' Wiederkehr steht Merlins Schloß mit Fenstern ohne Zahl ins nahe Geheimnis ringsum, mit zahllosen Eingängen für die Kommenden vieler Pfade und ebenso vielen Ausgängen in die Weite der Welt.«[26]

Es gehört zur Christianisierung der Merlin-Gestalt, daß er zum Teufelssohn gemacht wurde. Aber es bleibt bedeutsam, daß er in dieser Neudeutung als Diener Christi verstanden wurde. Merlin soll, so haben wir gehört, die Schwarzkunst und Kraft des Teufels zu eigen bekommen und alle Dinge der Vergangenheit wissen. Er soll also hineinschauen in die dunkle Tiefe der Wirklichkeit und damit wie mit einem Teil seiner Natur umgehen können, ohne es abzuspalten, und er soll die Zukunft von Gott her wissen, also hinausschauen in ein Heil, wie es nur aus Gott fließen kann. Merlin wird so zu einem Symbol der Ganzheit, der Vereinigung der Gegensätze aus letztlich göttlichem Geist, der sich den dunklen Geist und den Naturgeist integriert. Auf letzteren deutet die Kindheitsgeschichte hin, wenn sie das Kind Merlin als ganz und gar behaart schildert. Er ist so ein tierisch-göttliches Kind, ein Faun und Teufel, in dem Riesenkräfte stecken, denn er wächst schneller, als sonst Kinder wachsen. Der Naturgeist wird in die Dunkelseite Gottes integriert.

Der Schatten Gottes

Es ist damit auf das Mysterium iniquitatis, das Geheimnis des Bösen hingedeutet. Denn im Dunklen, im Schatten Gottes hält sich dieses Geheimnis. In diesem Dunklen steckt das Potential für das Vierte, die zu erwartende ganze Gottesgestalt über die Trinität hinaus. Emma Jung trifft prägnant diesen Zusammenhang, wenn sie sagt, »*daß im Vierten eine neue Dimension betreten wird,* in der das Ureine, die Ganzheit, sich neu und die Drei zur Einheit zusammenfassend manifestiert. So ist Merlin letztlich auch nicht einfach der Antichrist, der als Vierter zur Trinität hinzutritt, sondern eine *Inkarnation des ureinen Vatergottes,* in welchem sich der Vater, Christus und der Heilige Geist verkörpern.«[27] Als konstellierter Archetyp bedeutet er eine tiefer ins Menschliche und Naturhafte, in unsere Welt hinabgedrungene Verwirklichung der Gottheit, die im Blick auf das Böse mit dem Annehmen unseres Schattens, der auf den Schatten Gottes zurückweist, zusammenhängt.

Das Selbst als Mittelpunkt der Richtung auf Ganzheit stellt sich als eine Vereinigung von Gegensätzen dar. Das Selbst meldet sich als eine solche Vereinigung von Gegensätzen: der Held und sein Gegenspieler, Faust und Mephisto, Jakob und Esau, Yang und Yin (die männliche und weibliche Kraft im Weltbild Chinas), der Mann und die Frau. Das Selbst hat, religiös ausgedrückt, eine ausgesprochene Tendenz, Gott und den Satan, Christus und Antichrist, David und Goliath, Kain und Abel, den guten und den bösen Trieb, das Lichte und das Dunkle, das Starke und das Schwache, das Hohe und das Niedrige zu versöhnen.

Das Selbst meint daher eine Zielgerichtetheit, die dem, was Erich Neumann in seiner bedeutenden Schrift »Tiefenpsychologie und neue Ethik« die alte Ethik nennt, diametral entgegengesetzt ist. Die alte Ethik ist auf Trennung, auf Scheidung, auf Spaltung angelegt. Das Ich soll sich mit der Lichtseite identifizieren, das heißt mit den Werten, die in der Gemeinschaft als positiv gesetzt sind. Das führt zur Bildung der Persona, der Maske, der bewußten Einstellung und »Anpassung an die Forderungen der Zeit, des Milieus und der Gemeinschaft. Die Persona ist das Kleid und die Hülle, der

Panzer und die Uniform, hinter und in der das Individuum sich verbirgt, oft genug nicht nur vor der Welt, sondern auch vor sich selbst. Es ist die ›Haltung‹, hinter der das Haltlose und Unhaltbare, der gültige Schein, hinter dem das Dunkle und Sonderbare, Abwegige und Heimlich-Unheimliche unsichtbar bleibt.«[28] Das Gewissen des Über-Ich verdeckt die Ganzheitstendenz des Selbst, es setzt die Werte der alten Ethik »absolut«, »d. h. nicht bezogen auf die Wirklichkeit des individuellen Menschen«[29]. Unterdrückung und Verdrängung sind die Hauptmethoden, »mit deren Hilfe der Einzelne versucht, seine Anpassung an das ethische Ideal durchzusetzen. Die Bildung zweier psychischer Systeme in der Persönlichkeit ist das natürliche Ergebnis dieses Versuchs, wovon das eine meistens gänzlich unbewußt bleibt, das andere zu einem wesentlichen Teil unter aktiver Beteiligung des Ich und des Bewußtseins gebildet wird. Das meist unbewußt bleibende seelische System ist der Schatten, das andere ist die Scheinpersönlichkeit oder die Persona.«[30] Um anschaulich zu reden: Nach außen kehren wir einen Lichtmenschen heraus, insbesondere spiegeln wir ihn vor uns selbst, nach innen; im Unbewußten bauen wir einen Schattenmenschen auf, einen dunklen Menschen, nach außen und vor uns selbst spielen wir den Christus, nach innen verstecken wir einen Antichristen, nach außen und vor uns selbst spielen wir den Mann, nach innen verdrängen wir als Schattenseite eine unterdrückte, primitiv gehaltene Frau, nach außen und vor uns selbst sind wir gut bürgerlich, nach innen nähren wir einen Primitiv- oder Massenmenschen. Unser Ich ist mit unserer Persona identifiziert, darum bekommen wir uns selbst gar nicht in den Blick, identifizieren wir uns mit unserer Scheinpersönlichkeit und verhindern dadurch unsere Individuation.

»Der Schatten«, sagt Neumann, »ist die andere Seite. Er ist der Ausdruck der eigenen Unvollkommenheit und Irdischkeit, das Negative, das mit den absoluten Werten nicht übereinstimmt, er ist die Körperlichkeit im Gegensatz zur Absolutheit und Ewigkeit einer ›nicht zu dieser Welt‹ gehörenden Seele. Der Schatten stellt die Einmaligkeit und Vergänglichkeit unserer Natur dar, ist die eigene Bedingtheit und Grenze, bildet damit aber auch ein Kernsystem unserer Individualität.«[31] Die neue Ethik verlangt einen Prozeß der Selbsterkenntnis, indem das Ich gezwungen wird, seine Schattenseite als seinen dunklen Bruder zu erkennen und sein Böses anzunehmen. »Die Anerkennung und das Annehmen des Schattens setzen die Bereitschaft voraus, den dunklen Bruder nicht nur zu sehen und weiter im Gefängnis als Unterdrückten schmachten zu lassen, sondern ihm Freiheit und Anteil am Leben zu geben... Das Ich muß von seinem Thron herabsteigen und seine individuelle, konstituelle, schicksalsmäßige und historische Unvollkommenheit realisieren.«[32]

Im Hebräischen werden die Worte »das Böse« (ra) und »der Nächste« (rea) in der Konsonantenschrift gleich geschrieben. »Liebe deinen Nächsten wie dich selbst« kann auch gelesen werden: »Liebe dein Böses wie dich selbst.« Chassidische Weisheit, gespeist aus den tiefen Einsichten der jüdischen Kabbala, hat diesen Zusammenhang gemerkt. »Es wird dann gelesen: Liebe Dein Böses, wie Du – Ich JHWH (der Ewige), und die Deutung lautet: wie du dich verhältst, so verhalte ich mich, JHWH, das heißt: so wie du dein Böses liebst, so liebe ich es.«[33]

Der Schatten als das Dunkle, Geleugnete, Verdrängte und im Gefängnis Gehaltene ist zugleich das unentwickelte Potential, die Kraft, die mit der ganzen Wirklichkeit verbindet und den vollständigen Menschen schafft. Das Judentum hat die Integration des Schattens immer als die Forderung Gottes an den Menschen verstanden, ganz zu werden. Martin Buber hat es in seinen Reden und Geleitworten »Vom Geist des Judentums« in die Worte gekleidet: »Wie die Reihe der Sinai-Gebote durch den Ruf zur ausschließenden und unbedingten Entscheidung für den Einen eröffnet wird, so dienen die größten unter Moses Worten der gleichen Forderung: ›Ganz sollst du mit Jahwe deinem Gott sein‹ und ›Jahwe deinem Gott zu dienen mit deinem ganzen Herzen und deiner ganzen Seele‹; und das gleiche verkünden die Propheten von Elija an, der zum Volke spricht: ›Wie lange noch hinket ihr auf beiden Seiten?‹ Das nachbiblische Schrifttum bildet die Idee immer prägnanter aus. Die Mischna deutet das Wort ›Du sollst Gott lieben mit deinem ganzen Herzen‹, dahin, daß gemeint sei: mit deinen beiden Trieben, mit dem ›guten‹ und dem ›bösen‹ Trieb; das heißt: mit der Entscheidung und durch sie, also daß die Inbrust der Leidenschaft gewandelt wird und mit ihrer ganzen Kraft in die einige Tat eingeht; ist doch an sich kein Antrieb böse, sondern der Mensch macht ihn dazu, wenn er sich ihm ergibt statt ihn zu regieren; der Midrasch läßt Gott zum Menschen sprechen: ›Du hast die Leidenschaft, die in deine Hand gegeben ist, böse gemacht.‹ So wird auch das Wort des Psalmisten ›Mein Herz sei ganz in deinen Gesetzen‹ dahin gedeutet, David habe zu Gott gesprochen: ›Laß nicht den bösen Trieb mich teilen, sondern mache mein Herz ganz.‹ Und noch nachdrücklicher heißt es: ›Nur wenn du ungeteilt bist‹ (d. h. wenn du die innere Zweiheit durch die Entscheidung überwunden hast), hast du teil an Jahwe deinem Gotte.«[34] Die an den Menschen ergehende Forderung lautet: Werde, der du bist! Werde ganz! Diese Forderung erfährt eine außerordentliche Vertiefung und Radikalisierung durch die Einsicht in die tiefenpsychologischen Strukturen des Menschen und die daraus geforderte Ganzheit im Sinne einer Integration des Schattens und des Bösen. Der tiefenpsychologische Aspekt ist zugleich begleitet von einer Manifestation von Urbildern, die die Seinstiefe des Menschen ausleuchten.

Der Schatten als Archetyp konstelliert sich zugleich als dunkler Aspekt des Gottesbildes. Ist nicht Gott der Dunkle, der sich wie Merlin im tiefen Wald das »Schloß mit Fenstern ohne Zahl ins nahe Geheimnis ringsum«[35] baut? Ist nicht jedes Fünklein Bewußtsein, das Gott im Zuge der Evolution anzündet, das Bauen an einem Observatorium, mit dem Gott in sein eigenes dunkles Geheimnis hineinzuschauen sucht? Hat Gott sich nicht insbesondere im Menschen einen Spiegel vor Augen gestellt, darin er sich sieht und denkt? Was heißt denn sonst, daß der Mensch Gottes Bild ist? »Der Mensch«, sagt C. G. Jung in »Erinnerungen, Träume, Gedanken«, »ist vermöge seines reflektierenden Geistes aus der Tierwelt herausgehoben und demonstriert durch seinen Geist, daß die Natur in ihm eine hohe Prämie eben gerade auf die Bewußtseinsentwicklung gesetzt hat. Durch sie bemächtigt er sich der Natur, indem er das Vorhandensein der Welt erkennt und dem Schöpfer gewissermaßen bestätigt. Damit wird die Welt zum Phänomen, denn ohne bewußte Reflexion wäre sie nicht. Wäre der Schöpfer Seiner selbst bewußt, so brauchte Er keine bewußten Geschöpfe; auch ist es nicht wahrscheinlich, daß die höchst indirekten Wege der Schöpfung, die Jahrmillionen auf die Erzeugung ungezählter Arten und Geschöpfe verschwendet, aus zweckgerichteter Absicht hervorgehen. Die Naturgeschichte erzählt uns von einer zufälligen und beiläufigen Wandlung der Arten durch Hunderte von Millionen Jahren und von Fressen und Gefressenwerden. Von letzterem berichtet auch die biologische und politische Menschheitsgeschichte in überreichem Maß. Die Geistesgeschichte aber steht auf einem andern Blatt. Hier schiebt sich das Wunder des reflektierenden Bewußtseins ein, der zweiten Kosmogonie. Die Bedeutung des Bewußtseins ist so groß, daß man nicht umhin kann zu vermuten, es läge in all der ungeheuren, anscheinend sinnlosen biologischen Veranstaltung irgendwo das Element des Sinnes verborgen, welcher endlich den Weg zur Manifestation auf der Stufe der Warmblütigkeit und eines differenzierten Hirns wie zufällig gefunden hat, nicht beabsichtigt und vorgesehen, sondern aus ›dunklem Drange‹ erahnt, erfühlt, ertastet.«[36]

Jede dieser Aussagen verdient Beachtung. Das reflektierende Bewußtsein ist das Spätere, die zweite Kosmogonie. Zugrunde aber liegt der Welt und dem Bewußtsein als ihr Schöpfer ein »dunkler Drang«, der die Welt der kosmischen Manifestationen »erahnt, erfühlt, ertastet«. Der Schöpfer der Welt ist seiner nicht selbst bewußt; er wird es, indem er in einem Jahrmillionen währenden Weg der Schöpfung bewußte Geschöpfe hervorbringt. Es ist der Weg der Menschwerdung Gottes. Dieser Prozeß ist noch keineswegs abgeschlossen. Er tritt vielmehr, wie noch zu zeigen sein wird, in unserer Zeit in ein neues, kritisches Stadium ein. Symbolisch vorgeschattet wird dieses Stadium bereits in der Merlin-Gestalt und in der Sagenwelt der Suche nach dem heiligen Gral. Das aber, was wie ein dunkler Drang wirkt, was erahnt, erfühlt, ertastet, ist das Unbewußte. Das Unbewußte fällt mit dem Bilde und dem Wirken des Schöpfers zusammen.

Es besteht eine tiefe Beziehung zwischen dem Schatten des Menschen und dem Schatten im Gottesbilde. Der Mensch kann sich eher annehmen, wenn er seine Dunkelseite in Gott symbolisch repräsentiert findet. Nichts von dem, was seine Wirklichkeit ausmacht, ist dann außerhalb von Gott. Er trägt dann mit am Schicksal Gottes, und in der eigenen Annahme und Aufhellung seines Schattens trägt er zur Erlösung Gottes bei. Denn der Mensch wird nicht nur von Gott erlöst, sondern er wirkt mit an der Erlösung Gottes, indem Gott sich im Menschen erkennt. Alles, was uns im Leben und in uns selbst begegnet, ist dann ein Sich-Erahnen, Erfühlen, Ertasten Gottes, an dem wir teilnehmen – passiv und aktiv – und worin die Erlösung des Sinns geschieht. Die Merlin-Gestalt ist daher schon von ihrer Grundkonzeption her, die sich in seiner Kindheitsgeschichte darstellt, eine bedeutsame, über die Christusoffenbarung im kompensatorischen und komplementären Sinne hinausweisende Gottesmanifestation. Von den christlichen Theologen hat, soweit ich sehe, eigentlich nur Luther die Dunkelseite Gottes zu sehen vermocht. In seinem deus absconditus, dem verborgenen Gott, läßt er einen auf dem Grunde der Wirklichkeit rumorenden Gott durchblicken, der auch im Dreck, in der Finsternis und im Satan ist. Der Teufel hat, scheint es, Zugang zu Gottes verborgensten Gedanken. Ohne felix culpa, die glückliche Schuld des Sündenfalls säßen wir immer noch in der Unbewußtheit des Paradieses, einer naturhaften Instinktgeborgenheit vor der Schwelle der Menschwerdung und der Geschichte. Und ohne Judas wäre Christus nicht für uns gekreuzigt worden. Im lumen gloriae, im Licht der Herrlichkeit, sagt Luther, wird sich dieses göttliche Geheimnis aufhellen.

Die Heilige Hochzeit

Die Kindheitsgeschichte Merlins weist aber noch auf einen anderen Zusammenhang hin, der zum Geheimnis des Schattens Gottes und des Menschen gehört. Es ist das Geheimnis des unterdrückten Weiblichen, der Anima, im Manne und in Gott. Es ist eine Eigentümlichkeit des biblischen Gottes, ohne ein weibliches Pendant zu sein. Die Weiblichkeit Gottes ist ein in der Bibel tief verdecktes und gehütetes Geheimnis. Die Merlin-Sage erzählt nun davon, daß der Turm des Königs Vortigern nicht zu Ende gebaut werden konnte, weil sich unter seinem Fundament zwei Drachen, ein weißer und ein roter, aufhalten, die durch ihre Bewegung den Turm zum Einstürzen bringen. Hinter der individuellen Deutung, daß der rote Drache Vortigern, der weiße hingegen die legitimen Königserben seien, hält sich ein allgemeinerer archetypischer

Sinn. Der rote Drache ist in unserer Geschichte mit dem Bösen, der weiße hingegen mit dem Guten identifiziert. Der Turmbau bildet ein Symbol der Individuation. Diese kann nicht gelingen, solange das Grundlagenproblem, dargestellt in den beiden Drachen, nicht gelöst ist. Es käme im Grunde genommen auf eine Versöhnung und Vereinigung der beiden Drachen an. Emma Jung zeigt diesen Zusammenhang in der alchemistischen Symbolik auf[37]. Dort spielen der rote und der weiße Drache als Motiv eine wesentliche Rolle, indem sie das Problem der seelischen Gegensätze darstellen. »Nach alchemistischer Anschauung sollten aber diese Gegensätze geeint werden, denn Rot und Weiß sind die Farben von Bräutigam und Braut, welche in der ›chymischen Hochzeit‹ zusammenkommen. Es ist also etwas getrennt, was natürlicherweise vereint sein sollte; und Merlin ist derjenige, welcher die Menschen auf diesen Mißstand aufmerksam macht.«[38] Zugleich ist es »die Unbewußtheit über das innere Gegensatzproblem, die zum Kriege führt und die königliche Hochzeit von Weiß und Rot verhindert«[39]. Das Problem, das mit der Merlin-Gestalt aufklingt, ist das Problem der Vereinigung von Licht und Dunkel, Gut und Böse, Männlich und Weiblich. Wir stehen heute, astrologisch gesprochen, im Ausklang des Zeitalters der Fische. Das zweite christliche Jahrtausend tritt in eine mörderische Spaltung ein bis hin zur Spaltung der Materie im Atom mit der Drohung einer apokalyptischen Zerstörung der Menschheit und des Biotops Erde. Man muß sehen, daß die Spaltung der Menschheit, die apokalyptische Drohung zum Geschick der Menschwerdung Gottes in Christus gehören, weil Gott in eine lichte und eine unbewußte dunkle Seite gespalten ist, weil offiziell der Christus, inoffiziell der Antichrist herrscht. Zugleich aber erreicht der Wahn des Männlichen, trotz Frauenbewegung und Emanzipation, in Wissenschaft, Technik und Politik einen Höhepunkt, der sich am deutlichsten in der Vergewaltigung der Natur äußert.

Eine neue Menschwerdung Gottes, eine neue Inkarnation, die Geburt eines neuen Menschen ist gefordert, wenn die Drohung dieser Zeit gewendet werden soll. Wo aber eine neue Schöpfung anhebt, tritt, mythisch gesprochen, ein Hierosgamos, eine Heilige Hochzeit, hervor. Darauf deutet das Bild von den zwei Drachen und dem zu vollendenden Turmbau hin. Denn die Individuation, die dieser veranschaulicht, ist, wie wir bereits sagten, die Vereinigung der Gegensätze zum vollständigen Menschen und, im Gottesbild, zum vollständigen Gott. Aber wie sich in der Frühe des Christentums mit der Christusgestalt auch schon die Gestalt des Antichristen konstellierte, dessen Zeitalter ein Jahrtausend später hervortreten sollte, so hat sich mitten in der Weltvernichtung apokalyptischer Schau das Bild der Heiligen Hochzeit und der Geburt des göttlichen Kindes als des zweiten Erlösers erhoben. Die Apokalypse überblickt mythisch die ganze christliche Zeit, und darüber hinaus: »Die Hochzeit des Lammes ist gekommen, und sein Weib hat sich bereitet« (Offenbarung 19,7). Geboren aber wird vom Weibe des Lammes der zweite Erlöser, der Sohn des Sonnenweibes, der ganz im Zeichen einer Ganzheitskonstellation der Gegensatzvereinigung steht: »Und es erschien ein großes Zeichen im Himmel: ein Weib, mit der Sonne bekleidet, und der Mond unter ihren Füßen und auf ihrem Haupt eine Krone von zwölf Sternen. Und sie war schwanger und schrie in Kindesnöten und hatte große Qual zur Geburt... Und sie gebar einen Sohn, ... und ihr Kind ward entrückt zu Gott und seinem Thron« (Offenbarung 12). Ganz in die Zukunft ist dieses Bild hineinverlegt, da es am Ende, in der Erfüllung der christlichen Zeit steht. Für uns aber ist es Ausdruck der unmittelbaren Aufgabe und Erwartung unserer Zeit. C. G. Jung sieht im 1950 durch Papst Pius XII. verkündeten Dogma von der leibhaftigen Aufnahme Mariens in den Himmel den dogmatisch-symbolischen Ausdruck dafür, daß wir im Anbruch des Hierosgamos, der Hochzeit des Lammes und der Braut, stehen. Der zweite Erlöser soll geboren werden: der Sohn des Sonnenweibes, der Mensch der Gegensatzvereinigung. Die Symbole des Lichten (Sonne) und des Dunklen (Mond), des Männlichen (Sonne) und des Weiblichen (Mond), sind in dem Bilde des Sonnenweibes vereinigt.

Bedeutet das nun, daß wir aufhören sollten, Christen zu sein? Es geht darum, daß wir die Bestimmung des Christentums erfüllen. Der äußerste Sinn für das Gute, für das Lichte und Wahre, den das Christentum erzeugt, darf nicht mehr zur Abspaltung des Bösen und Dunklen führen, sondern zu seiner Integration. »Seit der Apokalypse«, sagt C. G. Jung, »wissen wir wieder, daß Gott nicht nur zu lieben, sondern auch zu

fürchten ist. *Er erfüllt uns mit Gutem und mit Bösem,* sonst wäre
er ja nicht zu fürchten, und weil er Mensch werden will, muß
die Einigung seiner Antinomie im Menschen stattfinden. Das
bedeutet für den Menschen eine neue Verantwortlichkeit. Er
kann sich jetzt nicht mehr mit seiner Kleinheit und Nichtigkeit
ausreden, denn der dunkle Gott hat ihm die Atombombe und
die chemischen Kampfstoffe in die Hand gedrückt und ihm
damit die Macht gegeben, die apokalyptischen Zornschalen
über seine Mitmenschen auszugießen. Da ihm sozusagen göttliche Macht geworden, kann er nicht mehr blind und unbewußt
bleiben. Er muß um die Natur Gottes und um das, was in der
Metaphysik vorgeht, wissen, damit er sich selbst verstehe und
dadurch Gott erkenne.«[40] Es geht um die Erlösung Gottes, um
Gottes Schicksal in sich und aus sich hervor. Wir stecken tiefer
im göttlichen Leben, als unser bewußter Verstand zugeben
kann.

Wo das Ganze auf dem Spiel steht, brechen die Archetypen
der Ganzheit auf. Das Sonnenweib mit dem Kind ist ein
solcher Archetyp. Kreise, Quadrate, Mandalas sind andere
Archetypen der Ganzheit oder des Selbst. Es ist eine Eigen-
heit des Selbst, daß es zugleich das Umfassendste und das
Persönlichste in einem paradoxen Sinne ist. Gott realisiert sich
im Endlichen. Das Endliche kann das Unendliche fassen.
Finitum capax infiniti. Die Trinität, das Licht-Bild Gottes und
die Licht-Bewegung in Gott, ergänzt sich zur Quaternität, zur
Vierheit, indem die Dunkelseite Gottes in sie aufgenommen
wird zum ganzen Gott in der Ganzwerdung des Menschen. Es
ist sicher ein nachdenkenswertes Geheimnis, daß Luther,
wenn auch verdeckt unter dem Gedanken der Prädestination,
an der Dunkelseite Gottes festgehalten hat und die katholi-
sche Kirche sich durch keinen protestantischen Biblizismus
vom marianischen Archetyp der Gottesmutter trennen ließ.
Die Trinität erweitert sich zur Quaternität, protestantisches
und katholisches Erbe erneuern und wandeln sich darin. Der
Satan, der dunkle Bruder Christi, wird versöhnt, das mit dem
Bösen traditionell kontaminierte Weibliche tritt zum Männlichen in Gott. Das Christentum bedarf einer neuen Freiheit,
um die notwendige Erweiterung und Wandlung des christlichen Mythos zu vollziehen.

Anmerkungen

1 Robert de Boron, Merlin, der Künder des Grals. Aus dem Altfranzösischen übersetzt von Konrad Sandkühler, Stuttgart 1975, S. 35f. – Die Kindheitsgeschichte wird im folgenden in Anlehnung an die Übersetzung von Konrad Sandkühler nacherzählt.
2 Ebd., S. 5
3 Ebd., S. 6
4 Ebd., S. 7
5 Ebd., S. 9
6 Ebd., S. 12
7 Ebd., S. 13
8 Ebd., S. 15
9 Ebd., S. 15f.
10 Ebd., S. 22f.
11 Ebd., S. 31
12 Ebd., S. 33f.
13 Ebd., S. 42
14 Ebd., S. 57
15 Ebd., S. 59
16 C. G. Jung, Aion, Beiträge zur Symbolik des Selbst, GW 9/2, Olten 1978[2]
17 Emma Jung/Marie-Louise von Franz, Die Graalslegende in psychologischer Sicht, Olten 1980, S. 375
18 Ebd., S. 195
19 Marie-Louise von Franz, Der Individuationsprozeß, in: C. G. Jung u. a., Der Mensch und seine Symbole, Olten 1979 (2. Aufl.), S. 196
20 C. G. Jung, Über die Archetypen des kollektiven Unbewußten, a.a.O., S. 43
21 Ebd., S. 45
22 C. G. Jung, Psychologie und Alchemie, a.a.O., S. 38
23 Ingrid Riedel, Farben, a.a.O., S. 119ff.
24 Ebd., S. 120f.
25 Ebd., S. 117
26 Heinrich Zimmer, Abenteuer und Fahrten der Seele, Düsseldorf, Köln 1977, S. 190
27 Emma Jung/Marie-Louise von Franz, Die Graalslegende, a.a.O., S. 366
28 Erich Neumann, Tiefenpsychologie und neue Ethik, München 1973[3], S. 23
29 Ebd., S. 22
30 Ebd.
31 Ebd., S. 26
32 Ebd., S. 75
33 Ebd., S. 127f.
34 Martin Buber, Vom Geist des Judentums, Leipzig 1916, S. 53f.
35 Heinrich Zimmer, Abenteuer und Fahrten der Seele, a.a.O., S. 190
36 Erinnerungen, Träume, Gedanken von C. G. Jung, Olten 1979[10], S. 341f.
37 Emma Jung/Marie-Louise von Franz, Die Graalslegende, a.a.O., S. 367ff.
38 Ebd., S. 368.
39 Ebd., S. 369f.
40 C. G. Jung, Antwort auf Hiob, GW 11, Olten 1973[2], S. 494f.

Der Kind-Archetyp in Träumen

Oft erscheint der Kind-Archetyp am Anfang einer ganzen Serie von Träumen und nimmt so symbolisch die Wandlung vorweg, die eigentlich erst am Ende einer über Monate und Jahre gehenden Auseinandersetzung mit dem Unbewußten stehen wird. Die dem Menschen bisher unbekannte, unbewußte andere Seite seines Lebens beginnt in den Träumen offenbar zu werden. Sie wird nach und nach seinem Bewußtsein nahegebracht und assimiliert. Der Mensch nähert sich auf diesem Wege einer Vervollständigung seiner inneren Existenz und seines Verhältnisses zur Außenwirklichkeit. Er erfährt Ganzheit. Er erfährt darin eine Neugeburt, die in erheblichem Maße eine Wiedergeburt ist, Erneuerung von Existenzmöglichkeiten, die ihm unter den Einseitigkeiten und Verwundungen seines bisherigen Lebensweges verlorengegangen sind.

Das Kind-Motiv als Wendepunkt

Helmut Hark teilt uns in seinem Buch »Der Traum als Gottes vergessene Sprache«[1] den Initialtraum aus der Traumserie einer Frau mit, die zu einem neuen Leben und zu einem neuen Selbstbewußtsein fand, indem sie sich den Botschaften überließ, die ihr in den Träumen übermittelt wurden. Es heißt dort: »Ich gehe spazieren und finde am Wegrand ein Ei. Als ich genauer hinschaue, ist es ein ganzes Nest voller Eier. Voller Verwunderung nehme ich zwei Stück mit. Vor meinen Augen zersprangen die Eier. Anstatt der erwarteten Küken kommt aus dem einen Ei ein Baby heraus und aus dem anderen Ei ein Funkgerät. Ich bin sprachlos! Mit diesen ›Findlingen‹ gehe ich in das Wartezimmer eines Arztes und will den anwesenden Leuten diese ungeheure Geschichte erzählen. Niemand nimmt Notiz davon, jedermann unterhält sich über seine Privatsachen. Das Baby wächst zusehends. Schon ist es 5 bis 6 Jahre alt, und ich verliere das Kind aus meinen Augen. Das Funkgerät nehme ich mit und bediene es richtig. Ich entschlüßle Funksignale aus anderen Welten.«[2]

Die Träumerin, die sich in einer Identitäts- und Glaubenskrise befindet, schildert selbst, wie in ihr im Zusammenhang mit dem Traum glücksbetonte Kindheitserinnerungen wieder auftauchen. Sie erinnert sich des Ostereiersuchens auf dem Gutshof ihrer Kindheit, an dem sich alle Kinder des Dorfes beteiligten. Große Sehnsucht nach Nestwärme wird in ihr wach, die ihr zum Zeitpunkt des Traumes völlig fehlt. Immer wieder taucht auch in den folgenden Monaten das Motiv der Geburt eines Kindes in ihren Träumen auf. Der Traum scheint auch darauf hinzuweisen, daß ihr das seelische Grundgefühl der Geborgenheit in ihrer Kindheit verlorengegangen ist, wenn er mitteilt, daß sie das Kind, als es 5 bis 6 Jahre alt ist, aus den Augen verliert. Helmut Hark betont in seinem Kommentar, daß der Traum sowohl anzeigt, daß sich die Frau »in der Realität auf einen für sie neuen Weg begibt«, als auch übermittelt, daß »die Geburt des neuen Lebens ein passives Widerfahrnis ist«[3]. Die Frau stößt auf ihrem Wege auf den Glücksfund, die »schwer erreichbare Kostbarkeit« des neuen Lebens. Das Ei liegt, man möchte sagen, ausgesetzt am Wege, darauf angelegt, daß jemand sich auf die Suche nach ihm macht, obgleich sich, wie der Traum auch andeutet, die Leute im allgemeinen nicht für es interessieren. »Niemand nimmt Notiz davon, jedermann unterhält sich über seine Privatsachen.« E. Aeppli faßt die Bedeutung des Kind-Archetyps wie folgt zusammen: »Wenn im Traume des Erwachsenen das unbekannte, das göttliche Kind auftaucht, dann steigt aus dem Schoß des Unbewußten eine neue Lebensmöglichkeit in das konfliktschwere Bewußtsein. Deshalb kann Jung feststellen: ›Indem das Symbol des ›Kindes‹ das Bewußtsein fasziniert und ergreift, tritt die erlösende Wirkung ins Bewußtsein über und vollführt jene Abtrennung von der Konfliktsituation, deren das Bewußtsein nicht fähig war. Das Symbol ist die Antizipation einer erst werdenden Bewußtseinslage.‹«[4]

Dem Bild des Kindes geht das Symbol des Eies voraus. »Aus der tiefenpsychologisch orientierten Traum- und Symbolpsychologie ist bekannt, daß das Sinnbild des Eies fast immer eine positive Bedeutung hat. Wie allgemein im Leben die Eizelle oder das Ei der Ursprung des werdenden Lebens ist, so deutet dieses Symbol in Träumen an, daß die Zeit seelischer Bedrängnis vorübergeht und neue Lebensmöglichkeiten entstehen.«[5] In der indischen Kosmologie gibt es unendlich viele Welten, die als »Welteier« bezeichnet werden und nebeneinander im leeren Raum ruhen. Jeder Mensch ist angelegt als eine Welt im kleinen, als Mikrokosmos. Es kommt darauf an, daß er seine Weltmöglichkeit ergreift und verwirklicht, daß er den Weg der Individuation beschreitet. Er kann es nur, wenn er die Botschaften der seelischen Hintergrundswelt vernimmt und zu entschlüsseln versucht, worauf das Symbol des Funkgeräts hinweist, das dem anderen Ei entstammt. »In der Alchemie«, schreibt Jung, »bedeutet das Ei das vom Artifex erfaßte Chaos, die ›prima materia‹, welche die darin gefesselte Weltseele enthält.«[6] Die »Urmaterie« aber ist nach der Deutung Jungs eine Symbolisierung für das Unbewußte, das die Fülle der Archetypen, der Urbilder, in sich enthält, die uns die Botschaften des darin noch unbefreiten größeren, tieferen und vollständigeren Menschen zusenden, des unbewußten Menschen, der mit dem bewußten eine Ganzheit bilden soll: das *Selbst*.

Ehe wir darauf im einzelnen eingehen, sei noch der Traumbilder und der visuellen Eindrücke gedacht, die den Wendepunkt in der psychologischen Entwicklung eines Patienten bildeten, von dem C. G. Jung in »Psychologie und Alchemie«[7] schreibt. In ihnen taucht das Kind-Motiv wieder auf und in Verbindung damit die Symbolik des Eies und des Runden, Symbole, die es insbesondere mit den Vorstellungen vom Ursprung und vom Uranfang und zugleich von der Mitte und der Ganzheit zu tun haben. Es sind Träume und Visionen, die sich in einem besonders intensiven Sinn auf das beziehen, was Jung die Individuation genannt hat. Ihr Ziel ist die Bildung eines neuen Zentrums der Persönlichkeit, des schon erwähnten Selbst, das dem Umfang nach Bewußtsein und Unbewußtes einschließt und zugleich den Mittelpunkt dieser Totalität des Psychischen bildet. »Traumsymbole des Individuationsprozesses sind im Traume auftretende Bilder archetypischer Natur, welche den Zentrierungsvorgang beziehungsweise die Herstellung eines neuen Persönlichkeitszentrums schildern«, sagt C. G. Jung in »Psychologie und Alchemie«[8].

Es heißt nun in dem Traum, der in unmittelbarer Nähe zu der Vision steht, die als Wendepunkt bezeichnet wird: »Vier Kinder tragen einen großen, dunkeln Ring. Sie gehen im Kreise. Die dunkle Unbekannte erscheint und sagt, sie werde wieder kommen, man habe jetzt das Fest der Sonnenwende.«[9] Der Traum weist in mannigfacher Hinsicht auf einen früheren zurück. Der Träumer befindet sich dort in einem »quadratischen Raum, in welchem er stillhalten muß. Es ist ein Gefäng-

nis für Liliputaner oder Kinder (?). Eine böse Frau bewacht
sie. Die Kinder geraten in Bewegung und fangen auf der
Peripherie des Raumes an zu zirkulieren. Er möchte fortlau-
fen, darf aber nicht. Ein Kind verwandelt sich in ein Tier, das
ihn in die Wade beißt.«[10] Schon dieser Traum zeigt eine
deutliche Konzentration auf die Mitte. Doch sind die Liliputaner oder Kinder noch wie in einem Gefängnis. Die Kinder
weisen, wie Jung deutet, auf unbewußte Bildekräfte, die nun
in eine Kreisbewegung geraten. Damit ist die Beziehung zur
Mitte zum Ausdruck gebracht. Zugleich befindet sich der
Träumer »unter der Obhut einer bösen Mutter-Anima«. Er
steht unter den Impulsen des Unbewußten, das durch die
Anima repräsentiert wird. Diese Impulse büßen erst durch
Bewußtmachen und Anerkennen ihrer Realität ihre Gefähr-
lichkeit ein und wirken zugleich an der Wandlung der Persönlichkeit mit. Jung schreibt dazu an anderer Stelle: »Damit
aber diese Verwandlung zustande komme, ist die ›circumam-
bulatio‹, das heißt die ausschließliche Konzentration auf die
Mitte, auf den Ort der schöpferischen Wandlung, unerläßlich.
Dabei wird man von Tieren ›gebissen‹, das heißt man hat sich
den tierhaften Impulsen des Unbewußten auszusetzen, ohne
sich damit zu identifizieren und ohne ›davonzulaufen‹; denn
die Flucht vor dem Unbewußten würde den Zweck der Proze-
dur illusorisch machen. Man muß dabei bleiben, (und) der
durch die Selbstbeobachtung eingeleitete Vorgang (muß) in
allen seinen Peripetien erlebt und dem Bewußtsein durch
bestmögliches Verständnis angegliedert werden. Das bedeutet
natürlich eine oft fast unerträgliche Spannung wegen der uner-
hörten Inkommensurabilität des bewußten Lebens und des
unbewußten Prozesses, welch letzterer nur im innersten
Gemüt erlebt werden kann und die sichtbare Oberfläche des
Lebens nirgends berühren darf.«[11]

In dem vorher genannten Traum tritt uns nun eine ganz
andere Gestimmtheit entgegen. Das Gefühl des Eingesperrt-
seins und der Beängstigung ist aufgehoben. Vier Kinder tragen
einen großen, dunklen Ring. Sie gehen im Kreise, wodurch
sich der Eindruck des Runden noch verstärkt. Wie ein Kinder-
spiel (Bemerkung des Träumers) scheinen sie den großen Ring
zu tragen, und es ist ihnen offenbar ein leichtes, diesen Ring
aus dem Unbewußten zu heben. Die Elemente des früheren

Traums, die Kinder und die Dunkle, vereinigen sich wieder. Doch hat die letztere den Charakter einer bösen Hexe abgelegt und tritt wie eine gütige weise Frau auf, die den Wendepunkt andeutet. Der Ring und die Vier sind Symbole der Vollständigkeit, der Ganzheit. »Die Kinder, die Zwerggötter, bringen den Ring; das heißt das Symbol der Ganzheit befindet sich noch im Bereiche kindlich schöpferischer Bildekräfte.«[12] Die Kinderleichtigkeit des Werkes ist wohl hintergründig gemeint. An sich ist das Werk der Vereinigung des Bewußtseins und des Unbewußten schwer. Es kann nur gelingen durch »eine Kooperation ›infantiler‹, das heißt unbewußter Kräfte, die ja als Kabiren und Heinzelmännchen (homunculi) dargestellt werden«[13]. (Die Kabiren sind ursprünglich phönizische, auf der Insel Samothrake verehrte Schutzgötter, um die sich später ein Mysterienkult bildete. Sie heißen »die Großen Götter«, was in einem paradoxen Zusammenhang mit ihrer Wesensart als schatzhütende und metallbereitende Zwergdämonen steht.)

Ein visueller Eindruck folgt dem Traum: »Der dunkle Ring, in der Mitte ein Ei.«[14] Alles über die Symbolik des Eies oben Gesagte gilt auch hier. Doch tritt als Besonderes die Betonung der Mitte und der dadurch ausgedrückte Zentrierungsvorgang hervor. Ein weiterer visueller Eindruck verstärkt die Dramatik des hintergründigen surrealistischen Geschehens: »Aus dem Ei kommt ein schwarzer Adler und ergreift den zu Gold gewordenen Ring mit dem Schnabel. Der Träumer ist auf einem Schiff, und der Vogel fliegt voraus.«[15] Dem Ei entsteigt diesmal nicht ein Kind, sondern ein Adler, der die Geisthöhe symbolisiert. Seine schwarze Farbe deutet wohl noch auf seine Herkunft aus der Sinntiefe. Der Vogel ergreift den nun zu Gold gewordenen Ring, den Jung ein Mandala, einen hegenden Kreis, nennt. Im Gedankenflug der Phantasien und intuitiven Ideen, die oft durch Vögel dargestellt werden, führt der Adler das Schiff über das Meer und die Tiefen des Unbewußten. Das Schiff ist der gelingende geistige Umgang mit der Welt der Tiefe und die daraus gewonnene Lebensfahrt. »Der Gedankenflug geht voran, und die methodische Ausarbeitung folgt nach.«[16] Ahnung (Intuition) und Nach-Denken bestimmen das Verhältnis zum bewußtseinstranszendenten Sein des Selbst. »Aus dem Ei«, heißt es schließlich, »erhebt sich der

Adler respektive Phönix, die nunmehr befreite Seele, die letzten Endes wiederum identisch ist mit dem Anthropos« (dem Urmenschen oder ganzen Menschen-Selbst), »der in der Physis« (der Natur, die hier als Bild für das Unbewußte steht) »gefangen war.«[17]

Kreis, Vierheit und Kind-Motiv

Wir sahen den Kind-Archetyp in den genannten Beispielen in enger Verbindung mit den Symbolen des Runden, die insbesondere als Ei, Ring oder kreisende Bewegung auftraten, zugleich Umfang und Mitte symbolisierend. In der von Jung analysierten Traumserie spielt der Kreis, zuweilen mit einer Vierheit kombiniert, eine hervorragende Rolle. Kind-Archetyp und Kreis repräsentieren das Selbst und sind aus diesem Grunde nicht selten miteinander vereinigt. Es bereichert daher unsere Vorstellungen auch für die Symbolik des Kindes, wenn wir uns die Zusammenfassung Jungs vor Augen führen, die er im Blick auf die Kreissymbolik für die gesamte Serie von vierhundert Träumen gegeben hat:

»Schon ganz am Anfang unserer Traumserie erscheint der Kreis. Er nimmt z. B. die Form einer Schlange an, die einen Kreis um den Träumer herum beschreibt. Er erscheint in späteren Träumen als eine Uhr, als ein Kreis mit einem Mittelpunkt, als runde Zielscheibe für Schießübungen, als Uhr, welche ein Perpetuum mobile darstellt, als Ball, als Kugel, als runder Tisch, als Schale usw. Das Viereck erscheint auch etwa zur gleichen Zeit, in der Form eines quadratischen Platzes oder Gartens mit einem Springbrunnen in der Mitte. Etwas später erscheint das Viereck in Verbindung mit einer Kreisbewegung: Leute, die in einem Viereck herumgehen; eine magische Zeremonie (die Verwandlung von Tieren in menschliche Wesen) findet in einem quadratischen Raum statt, in dessen Ecken vier Schlangen sind, und es sind Leute da, die um die vier Ecken herum zirkulieren; der Träumer fährt in einem Taxi um einen viereckigen Platz herum; eine viereckige Gefängniszelle, ein leeres Quadrat, welches rotiert, usw. In anderen Träumen wird der Kreis durch Rotation dargestellt, z. B. vier Kinder tragen einen ›dunkeln‹ Ring und gehen in einem Kreis. Der Kreis erscheint auch kombiniert mit der Quaternität, als eine silberne Schüssel mit vier Nüssen an den vier Kardinalpunkten, oder als Tisch mit vier Stühlen. Die Mitte scheint besonders betont zu sein. Sie wird symbolisiert durch ein Ei in der Mitte eines Ringes; durch einen Stern, der aus einem Trupp Soldaten besteht; durch einen in einem Kreis rotierenden Stern, wobei die vier Kardinalpunkte die vier Jahreszeiten repräsentieren; durch den Pol; oder durch einen kostbaren Stein, usw.«[18]

Alle diese Träume erfahren ihren Höhepunkt in der »Vision der Weltuhr«, die der Patient selbst »Große Vision« überschrieb und die bei ihm den »Eindruck der sublimsten Harmonie«[19] hinterließ. Der wörtliche Text derselben lautet:

»Es ist ein vertikaler und ein horizontaler Kreis mit gemeinsamem Mittelpunkt. Das ist die Weltuhr. Sie ist vom schwarzen Vogel getragen.

Der vertikale Kreis ist eine blaue Scheibe mit weißem Rand, in 4×8 = 32 Teile geteilt. Darauf rotiert ein Zeiger.

Der horizontale Kreis besteht aus vier Farben. Darauf stehen vier kleine Männchen mit Pendeln, und darum herum liegt der ehemals dunkle und jetzt goldene Ring (vormals von den vier Kindern getragen).

Die ›Uhr‹ hat drei Rhythmen oder Pulse:

Der kleine Puls: Der Zeiger des blauen Vertikalkreises springt ¹⁄₃₂ weiter.

Der mittlere Puls: Eine ganze Umdrehung des Zeigers. Zugleich rückt der horizontale Kreis um ¹⁄₃₂ weiter.

Der große Puls: 32 mittlere Pulse machen einen Umlauf des goldenden Ringes aus.«[20]

Das Kind-Motiv ist hier in einen geradezu kosmisch-umfassenden Zusammenhang hineingestellt, worauf der Name »Weltuhr« hindeutet. Wir begegnen ihm hier wieder in den vier kleinen Männchen mit Pendeln auf dem horizontalen Kreis aus vier Farben. Auch der goldene Ring, der sich um den Kreis legt, erinnert an das Kind-Motiv, das C. G. Jung ohne weiteres mit der Symbolik der Weltuhr gleichsetzt. »Die Weltuhr ist wohl das ›streng Gebilde‹, das mit den Kabiren, nämlich den vier Kindern oder vier Männchen mit den Pendeln, identisch ist. Es ist ein dreidimensionales Mandala, das also Körperhaftigkeit und damit Verwirklichung erlangt hat.«[21] In dem »streng Gebilde« der Weltuhr scheinen »sich zwei heterogene Systeme (zu) schneiden, indem sie den Mittelpunkt gemeinsam haben«[22]. Da das Gebilde ein Symbol für das Selbst ist, bringt es zum Ausdruck, daß im Selbst zwei heterogene Systeme miteinander verbunden werden, das Bewußtsein und das Unbewußte. Dabei überwiegen die Symbole des Runden und der Vier. Für das Runde stehen der vertikale und der horizontale Kreis mit dem Ring, wie überhaupt die Weltuhr im ganzen einen Eindruck des Runden hinterläßt. Ebenso wird das Runde durch die drei Rhythmen und die damit verbundenen Umdrehungen betont. Die Vierzahl zeigt sich in der kreuzförmigen Durchdringung der beiden Kreise, in den $4 \times 8 = 32$ Teilen, in die der vertikale Ring geteilt ist, in den vier Farben des horizontalen Kreises und in den vier Männchen mit den vier Pendeln, die auf ihm stehen. Die Vier taucht dann noch einmal in der 32 der drei Rhythmen auf. Zugleich ist aber durch letztere auch eine gewisse Betonung der Dreizahl unverkennbar. Jung geht davon aus, »daß dieses Mandala eine möglichst vollständige Vereinigung der Gegensätze erstrebt; daher auch die der männlichen Dreiheit und der weiblichen Vierheit, in Analogie zum alchemistischen Hermaphroditen«[23]. Der 32 kommt in der jüdischen Kabbala der Symbolwert großer Weisheit zu. Ganzheit – Gegensatzvereinigung – ist also in Verbindung mit einer umfassenden Weisheit ausgesagt. Man möchte im Blick auf die reichhaltige Zeitsymbolik der »Weltuhr« geradezu von einer »Fülle der Zeiten« sprechen, von einer Ewigkeit in der Zeit, Vorstellungselemente, die ebenfalls auf das Selbst zurückweisen. Es sind die Gestalt gewordenen Bildekräfte des Menschen, die Individuation, die sich darin ausdrückt.

Im Blick auf die Vier ist im Zusammenhang mit den vier Farben an die Vollständigkeit der vier Seelenfunktionen – Denken, Fühlen, Intuieren, Empfinden – zu denken. Denken wird durch die blaue, Fühlen durch die rote, Intuieren durch die gelbe und Empfinden durch die grüne Farbe ausgedrückt. Durch das angeborene und habituelle Vorherrschen einer Hauptfunktion ist die entgegengesetzte Funktion die minderwertige, bei deren bewußter Entfaltung daher große Kräfte frei werden, insbesondere durch die dadurch eintretende Vervollständigung der Persönlichkeit. Die vier Männchen oder Kabiren stehen daher nicht zufällig auf den vier Farben des

Kreises. Die in ihnen symbolisierten Bildekräfte sind auch in Richtung auf alle Seelenfunktionen ins Gleichgewicht gebracht (die Pendel). Sie sind, wie es im Faust heißt:

>»Klein von Gestalt,
Groß von Gewalt.«

Gerade in der »minderwertigen«, weil unentwickelten vierten Funktion stecken die zur Ganzheit führenden Kräfte. Sie ist der wahre Kabir, der Große. »Durch Kontamination« (Verwobenheit) »mit dem Unbewußten nimmt (sie) die groteske kabirische Gestalt an; denn die Kabiren als Zwerge sind chthonische Götter und darum in der Regel mißgestaltet.«[24]

Symbole sind ihrem Wesen nach mehrdeutig. Auffällig ist die starke Betonung von Blau im vertikalen Kreis. Nach Jung bedeutet Blau als Vertikale Höhe und Tiefe, wobei an das Himmelsblau und an das Meeresblau zu denken ist. Es weist mythologisch auf den blauen Himmelsmantel der Madonna und ergänzt nachdrücklich die Farben der Trinität, Gold (Gelb) für Gott Vater, Rot für Gott Sohn und Grün für den Heiligen Geist, zur Vollständigkeit und Quaternität. Darin liegt die Vereinigung des Himmels (Trinität) mit der Erde. »Denn was ist der Himmel ohne die Frau Erde!«[25]

Es sind religionsgeschichtliche Analogien, die Jung dazu geführt haben, bestimmte Traumbildungen als Mandalas zu bezeichnen. Der Begriff entstammt dem Sanskrit und bedeutet »Kreis«. Es ist der hegende und bannende Kreis, der häufig mit einem Viereck vereinigt ist. Es stellt den Kreis des Himmels und das Quadrat der Erde als eine Einheit dar, die symbolische »Quadratur des Zirkels«. Es repräsentiert so größtmögliche Vollständigkeit. Insbesondere im tantrischen Yoga und im Lamaismus dienen diese Symbole der Meditation und Kontemplation. In ihnen stellt sich ein psychischer Zentrierungsvorgang dar. Im Zentrum der Mandalas finden wir in der Regel einen Gott oder Buddha, in christlichen Mandalas Christus dargestellt. Christliche Mandalas zeigen insbesondere den triumphierenden Christus in der Mandorla (Mandelglorie), umgeben von den vier Evangelistensymbolen, oder in der Fensterrose einer Kirche. Bedeutend ist nun Jungs Feststellung, daß wir in der Erwartung enttäuscht werden, daß in den Mandalas moderner Träume oder visueller

Eindrücke »eine Gottheit das Zentrum des Mandalas einnähme. Das Zentrum ist jedoch leer. Der Sitz der Gottheit ist unbesetzt.«[26] »Ich habe viele Mandalas gesehen«, fährt Jung fort, »von ganz unbeeinflußten Patienten, und habe dieselbe Tatsache ungefähr überall gefunden: es war niemals eine Gottheit im Mittelpunkt. Der Mittelpunkt ist in der Regel betont. Aber was wir da finden, ist ein Symbol von sehr andersartiger Bedeutung. Es ist z. B. ein Stern, eine Sonne, eine Blume, ein gleicharmiges Kreuz, ein kostbarer Stein, eine mit Wasser oder Wein gefüllte Schale, eine geringelte Schlange, oder ein menschliches Wesen, aber niemals ein Gott.«[27]

C. G. Jung hat in »Über Mandalasymbolik«[28] vorwiegend moderne Mandalas herausgegeben, die diesmal nicht Träumen, sondern der aktiven Imagination entstammten. Darunter befindet sich eine Darstellung (Bild 37), die im Mittelpunkt einen von einer rotierenden Sphäre eingeschlossenen Säugling zeigt. Die vier Flügel derselben enthalten die vier Grundfarben. Nach Jung entspricht das Kind dem Hiranyagarbha, dem Goldkeim der indischen Mythologie und dem homunculus der Alchemisten. (Bild 54 zeigt übrigens kindliche Menschengestalten [homunculi], die einer drachenartigen Gestalt zu entspringen scheinen: seelische Bildkräfte, die als Impulse dem Unbewußten entstammen.)

Der innere Gott

Jung zieht daraus den Schluß, daß die im Zentrum der modernen Mandalas auftauchenden Bilder Symbole für ein Zentrum im Menschen selbst sind. Die Menschen machen im Zusammenhang mit diesen Symbolen eine für sie wesentliche und bedeutungsvolle Selbsterfahrung. *»Sie kamen zu sich selber, sie konnten sich selber annehmen, sie waren imstande, sich mit sich selbst zu versöhnen,* und dadurch wurden sie auch mit widrigen Umständen und Ereignissen ausgesöhnt.«[29] Ausdrücklich hebt Jung hervor: »Ein modernes Mandala ist ein unwillkürliches Bekenntnis eines besonderen geistigen Zustandes. Es ist keine Gottheit in dem Mandala, und es ist auch keine Unterwerfung oder Versöhnung mit einer Gottheit angedeutet. *Der Platz der Gottheit scheint durch die Ganzheit des Menschen eingenommen zu werden.*«[30] Für diese Ganzheit des Menschen hat Jung den Ausdruck »Selbst« gewählt, das nicht nur wie das Ich die bewußten, sondern auch die unbewußten Gegebenheiten enthält.

Jung leitet daraus bedeutende religions- und symbolgeschichtliche Folgerungen ab. Er geht davon aus, daß ursprünglich nahezu der gesamte Inhalt des psychischen Lebens nach außen projiziert war. Die Bewußtseinsgeschichte ist eine Geschichte der allmählichen Zurückziehung der Projektionen von menschlichen und nichtmenschlichen Objekten. »Ein Schritt folgte dem andern: schon in der Antike wurden die Götter aus den Bergen und Flüssen, aus den Bäumen und Tieren entrückt.«[31] »Zuerst lebten die Götter in übermenschlicher Macht und Schönheit auf der Spitze schneebedeckter Berge oder in der Dunkelheit von Höhlen, Wäldern und Meeren. Später wuchsen sie zu *einem* Gott zusammen, und dann wurde dieser Gott Mensch. Aber in unserer Zeit scheint sogar der Gottmensch von seinem Throne herabzusteigen und sich im alltäglichen Menschen aufzulösen. Darum wohl ist sein Sitz leer.«[32] Die Zurücknahme der Projektionen bildet also einen historischen Prozeß der Weltentseelung. »Alles, was draußen göttlichen oder dämonischen Charakter hat, (muß) zur Seele zurückkehren, in das Innere des unbekannten Menschen, von wo es anscheinend seinen Ausgang genommen hat.«[33]

Man muß sich klarmachen, daß die ungeheuren seelischen Energien, die in jenen göttlichen und dämonischen Mächten draußen waren, nun *im* Menschen, in seinem Unbewußten sind, ohne daß der moderne Mensch im allgemeinen davon ein Bewußtsein hat; denn der materialistische Irrtum kann nur folgern, da man im Weltall keinen Thron Gottes entdecken kann, daß überhaupt kein Gott existiere, während der Irrtum des Psychologismus Gott als Illusion des Willens zur Macht und verdrängter Sexualität mißversteht. Bewußtseinstranszendente Mächte aber bleiben bewußtseinstranszendent, ob sie nun ins Weltall projiziert oder ins Unbewußte abgesunken sind. Der moderne Mensch hat gewissermaßen einen Gott verschluckt und ist daher zu jeder nur denkbaren seelischen Aufblähung (Inflation) fähig. Das Unbewußte nimmt unter diesen Umständen geradezu den Charakter einer unvorhersehbaren Naturmacht an. »Das Interregnum ist voll Gefahr, denn die Naturtatsachen werden ihren Anspruch erheben in der

Gestalt der verschiedenen -ismen, woraus nichts als Anarchie und Zerstörung entsteht, weil infolge der Inflation die menschliche Hybris das Ich in seiner lächerlichsten Erbärmlichkeit zum Herrn des Universums erkiest.«[34]

Die modernen Mandalas sind typisch für die Situation, in der sich der moderne Mensch befindet. Er steht einerseits in der ständigen Gefahr der Inflation und der damit verbundenen Auflösung der Persönlichkeit, andererseits kann er das göttliche Bild nicht länger projizieren. »Die runden oder viereckigen Umschränkungen haben daher den Zweck, schützende Mauern... zu schaffen, um einen Ausbruch oder ein Auseinanderfallen zu verhüten. So bezeichnet und unterstützt das Mandala eine ausschließliche Konzentration auf das Zentrum, eben das Selbst. Dieser Zustand ist alles andere als Egozentrizität. Er bedeutet im Gegenteil eine höchst notwendige Selbstbeschränkung mit dem Zweck, Inflation und Dissoziation zu vermeiden.«[35] Das moderne Mandala ist zugleich höchst archaisch und modern. Es errichtet einen heiligen Schutzraum, ein Temenos, aber »der Gefangene oder der wohlbeschützte Bewohner des Mandalas scheint kein Gott zu sein«, die in ihm aufscheinenden Symbole meinen keinen äußeren Gott, »sondern eher einen offensichtlich wichtigen Teil der menschlichen Persönlichkeit. Man könnte sagen, daß der Mensch selbst, oder seine innerste Seele, der Gefangene oder der beschützte Bewohner des Mandalas sei.«[36] Das aber ist das Selbst, das nun »die Gottheit nicht ersetzt, sondern versinnbildlicht hat«[37]. Nicht ersetzt durch einen -ismus oder eine inflationäre Persönlichkeit. Mit anderen Worten: Die Symbole für das Selbst als Sinnbild der Gottheit lösen in den modernen Mandalas die nach außen projizierten Gottesbilder ab. Sie sind eine Antwort des Unbewußten auf die Zurücknahme der Projektionen. C. G. Jung spricht in diesem Zusammenhang vom inneren Gott. »Die Anwendung der vergleichenden Methode«, heißt es, »zeigt unzweifelhaft, daß die Quaternität eine mehr oder weniger direkte Darstellung des in seiner Schöpfung sich manifestierenden Gottes ist. Wir könnten daher schließen, daß das spontan in den Träumen moderner Menschen produzierte Symbol etwas Ähnliches meint – nämlich den *inneren Gott*.«[38] Ausdrücklich sagt Jung nun im Blick auf die modernen Mandalas: »Wenn wir wissen wollen, was geschehen wird in einem Falle, wo die Gottesidee nicht länger projiziert ist als eine autonome Wesenheit, so ist dieses die Antwort der unbewußten Seele: das Unbewußte schafft die Idee eines deifizierten oder göttlichen Menschen, der eingekerkert, verborgen, geschützt, meist entpersönlicht und durch ein abstraktes Symbol dargestellt ist.«[39] Für letzteres ist die oben beschriebene Weltuhr ein besonders eindrückliches Beispiel. Nach entsprechender Berücksichtigung historischer Parallelen aus dem Bereich der Alchemie schrickt Jung nicht vor der Folgerung zurück: »Das Mandala (symbolisiert) entweder das göttliche Wesen, das bis dahin schlafend im Körper verborgen war und nun extrahiert oder wiederbelebt ist, oder es symbolisiert das Gefäß oder den Raum, in welchem die Verwandlung des Menschen in ein ›göttliches‹ Wesen stattfindet.«[40]

Das Selbst, der »innere Gott«, wird bald als Totalität der Psyche, bald als Vereinigung zweier heterogener Systeme – des Bewußtseins und des Unbewußten –, bald als eine Vereinigung von Gegensätzen – des Männlichen und des Weiblichen – beschrieben, dann aber auch als der geheimnisvolle Mittelpunkt dieser größeren Persönlichkeit und wird in dieser Eigenschaft oft als der Anthropos oder der innere Mensch bezeichnet. Die Traumanalyse, wie sie C. G. Jung in »Psychologie und Alchemie« vorstellt, erschließt im ganzen einen außerordentlich dynamischen Vorgang, der im Blick behalten werden muß, wenn man in eine verstehende Erörterung des Selbst eintreten will. »Was in diesem Falle aber besonders bemerkenswert ist«, schreibt Jung, »das ist die Folgerichtigkeit in der Entwicklung des zentralen Symbols. Man kann sich kaum des Eindrucks erwehren, als ob der unbewußte Prozeß sich spiralförmig um ein Zentrum bewege, dem er sich langsam annähert, wobei die Eigenschaften der ›Mitte‹ sich immer deutlicher abzeichnen. Man könnte vielleicht auch umgekehrt sagen, daß der an sich unerkennbare Mittelpunkt wie ein Magnet auf die disparaten Materialien und Vorgänge des Unbewußten wirke und diese allmählich wie ein Kristallgitter einfange.«[41]

Der Archetyp des Selbst ist ein anordnender Faktor. Er stellt aus den der allgemeinen Erfahrung entnommenen Bildelementen archetypische Bilder her, die einen unbewußten

Inhalt bewußt machen. Bei der Zusammensetzung der Bildelemente zu archetypischen Bildern folgt der Archetyp oft
einer Stilgesetzmäßigkeit, die man als surrealistisch bezeichnen möchte. Man denke dabei etwa an das Bild vom Ring und
Ei, dem ein Adler entsteigt, oder an die phantastische Weltuhr. Genauer genommen ereignen sich in den Produktionen
des Archetyps in Träumen, Visionen und in der aktiven Imagination Neueinkleidungen von Mythologemen, die seit Bestehen der Menschheit aus dem Unbewußten ins Bewußtsein
eingebrochen sind. Dabei handelt es sich um eine kreisende
Bewegung, ein Sich-Annähern und Entfernen des Archetyps
zum Bewußtsein. Die Religionsgeschichte, die vom Einbruch
solcher Mythologeme lebt, ist gekennzeichnet durch größere
oder geringere religiöse Nähe zu diesen archetypischen Manifestationen oder, in größeren Rhythmen, durch den »Gestalt-
wandel der Götter« (Ziegler). In letzterem offenbart sich ein
fortschreitendes Element, das richtiger durch das Bild der
Spirale ausgedrückt wird.

Die individuellen Träume, Visionen und aktiven Imaginationen, die Jung und andere an modernen Menschen untersucht haben, erweisen sich als Ausdruck eines Individuationsprozesses, der sich von den archetypischen Manifestationen
vormoderner Menschen grundlegend unterscheidet, also eine
Wiederkehr auf neuer, anderer Ebene beschreibt. Im Zentrum der archetypischen Träume und Visionen vormoderner
Menschen, sofern sie Mandalacharakter annehmen, stehen
Gestalten der Götter, Gottes, des Buddha oder des Christus.
Diese werden als eine Wirklichkeit draußen erfahren, die als
Vorbilder für die imitatio gelten. Sofern im Zentrum Bilder
der Heiligen auftreten, sind diese nicht Ausdruck einer Individuation, sondern einer geltenden exemplarischen Existenz der
Nachfolge des Buddha oder des Christus. Gewiß wird dort,
wo solche Bilder den Menschen ergreifen, immer auch der
eigene innere Mensch berührt und belebt. Es kommt aber
doch eher zur Typisierung als zur Individuierung des Lebens.
Dieser Tatbestand wird fast etwas abgeschwächt, wenn Jung
sagt: »Die Forderung der ›imitatio‹ Christi, nämlich dem Vorbild nachzufolgen und diesem ähnlich zu werden, sollte die
Entwicklung und Erhöhung des eigenen inneren Menschen
bezwecken, wird aber vom oberflächlichen und zur mechani-

schen Formelhaftigkeit neigenden Gläubigen zu einem außenstehenden Kultobjekt gemacht, welches gerade durch die Verehrung daran verhindert wird, in die Tiefe der Seele einzugreifen und letztere zu jener dem Vorbild entsprechenden Ganzheit umzuschaffen. Damit steht der göttliche Mittler als ein Bild draußen, der Mensch aber bleibt Fragment und in seiner tiefsten Natur unberührt. Ja, Christus kann bis zur Stigmatisation nachgeahmt werden, ohne daß der Nachahmende auch nur annähernd dem Vorbild und dessen Sinn nachgefolgt wäre. Denn es handelt sich nicht um eine bloße Nachahmung, welche nämlich den Menschen ungewandelt läßt und damit ein bloßes Artefakt ist. Vielmehr handelt es sich um eine Verwirklichung des Vorbildes mit den eigenen Mitteln – Deo concedente – in der Sphäre des individuellen Lebens.«[42]

Nicht Typisierung, sondern Individuation

Das moderne Bewußtsein scheint vom Unbewußten, und das heißt in diesem Fall vom Archetyp des Selbst, nicht in die Richtung der imitatio und der Typisierung, sondern der Individuation gedrängt zu werden. Das Unbewußte wirkt damit offensichtlich der verheerenden Vermassung und Nivellierung des Menschen in unserer Zivilisation entgegen. Das Unbewußte wirkt damit zugleich aber einem Dogma entgegen, wie es insbesondere im Zentrum des Protestantismus steht, der Lehre von der Rechtfertigung des Menschen allein durch Glauben an Christus und sein stellvertretendes Opfer. Jung sagt: »Das Vorbild Christus hat sich mit der Sünde der Welt beladen. Ist es aber ganz draußen, so ist auch die Sünde des Einzelnen draußen, und damit ist letzterer mehr Fragment als je, denn oberflächliches Mißverstehen eröffnet ihm einen bequemen Weg, seine Sünden buchstäblich ›auf ihn zu werfen‹ und so einer tieferen Verantwortung zu entgehen, was mit dem Geist des Christentums im Widerspruch steht. Diese Formalistik und diese Laxheit waren nicht nur eine der Ursachen der Reformation, sondern sie sind auch innerhalb des Protestantismus vorhanden. Wenn größter Wert (Christus) und größter Unwert (Sünde) draußen sind, so ist die Seele entleert: es mangelt ihr Tiefstes und Höchstes.«[43]

In einen Gegensatz zur Individuation tritt die Rechtfertigungslehre aber auch dann, wenn wir sie in der klassischen Ausformung nehmen, die Philipp Melanchthon ihr gegeben hat. Melanchthon versteht den Glauben (fides) als das Werk (opus), das die durch Christus für uns erworbene Rechtfertigung ergreift. Diese bestärkt das im Glauben enthaltene Vertrauen (fiducia) zu Gott. Mit dem Glauben beginnt zugleich der neue Gehorsam. Der Mensch kann nun ohne Zweifel und Mißtrauen tun, was Gott will, weil er erkannt hat, daß Gott ihn nicht verwirft, sondern angenommen hat. An der Ernsthaftigkeit des neuen Gehorsams ist die Echtheit des Glaubens zu erkennen. Gegenstand des neuen Gehorsams aber ist die sittliche Forderung, die als Vernunftforderung (lex naturae) ergeht. Das so beginnende neue Leben besteht in einem allmählichen Umgestaltetwerden des inneren Menschen in die Art Christi. Es bedeutet ein ständiges Untergehen des alten, durch die Sünde geformten Menschen und ein ständiges Auferstehen eines neuen, christusförmigen Menschen. Dieser Prozeß findet erst mit dem irdischen Tod und der Auferstehung im Reich Gottes seine Vollendung. Es geht, um es mit einem Ausdruck von Jung und Teilhard de Chardin zu bezeichnen, um die Christifizierung des Menschen. Es geht um Christifizierung, nicht um Individuation.

Man muß aber gleich hinzufügen: Für Melanchthon, und nach ihm für das christliche Denken, konnte hier überhaupt kein Widerspruch entstehen, da man den Menschen mit seinem Bewußtsein identifizierte. Der Mensch war in erster Linie Bewußtsein (mens), das mit seinen beiden Seelenvermögen, Denken (cognitio) und Wille (voluntas), eine trinitarische Einheit bildet. In der Tat leitete Melanchthon aus der Bewußtseinsstruktur – mens, cognitio, voluntas – eine Analogie zur göttlichen Trinität her. Sie ist das eigentliche Bild Gottes oder der Dreieinigkeit im Menschen. Melanchthon schreibt in den Loci theologici (theologische Hauptartikel) von 1559: »Gott wollte nämlich, daß seine Spuren im Menschen erblickt würden, und wenn die Natur des Menschen das erste Licht behalten hätte, wäre sie ein Spiegel der göttlichen Natur, der weniger dunkel ist. Nun können in diesem Nebel gleichwohl etliche Spuren wahrgenommen werden. Der menschliche Geist malt im Denken alsbald hin ein Bild der gedachten Sache, aber wir übertragen nicht unsere Wesenheit in jene Bilder, und jene Gedanken sind plötzliche und vergängliche Akte. Aber der ewige Vater, indem er sich anschaut, zeugt einen Gedanken seiner selbst, der ein Bild seiner selbst ist, das nicht vergänglich ist, sondern subsistiert mit der ihm mitgeteilten Wesenheit. Das Bild mithin ist die zweite Person, und die Benennungen passen dazu. Er heißt Logos, weil er durch Denken erzeugt wird. Er heißt Bild, weil der Gedanke ein Bild der gedachten Sache ist. Er heißt Glanz der Herrlichkeit, ... das ist der von einem andern Lichte hervorgebrachte Glanz.«[44] Das heißt, wie aus dem göttlichen Denken, mit dem sich Gott als Quell der Trinität selbst anschaut und zur vollständigen Selbsterkenntnis bringt, der Sohn Gottes als Logos und Bild Gottes seine Wesenheit empfängt, so entspricht der erkennende Teil des menschlichen Bewußtseins (mens humana) abbildlich dem Sohne Gottes; denn auch die Seele bringt denkend Bilder, sogenannte Vorstellungen (noticiae), hervor. Und wie als Wesenheit der innergöttlichen Übereinstimmung der Heilige Geist vom Vater und Sohn ausgeht, so besteht eine ursprüngliche Harmonie zwischen dem menschlichen Wollen und Erkennen, die sich in der Substanzgemeinschaft der Seelenvermögen im Bewußtsein (mens) wie in der Übereinstimmung des Willens mit den vom Denken hervorgebrachten Vorstellungen bekundet. Die Rechtfertigungslehre besagt also nichts Geringeres als den Anfang eines Weges, auf dem das Urbild des Menschen, die Gottförmigkeit der Vernunft (mens), wiederhergestellt wird. Das Selbstverständnis des Menschen ist mit dem Urbild des göttlichen Bewußtseins identifiziert. Christifizierung bedeutet, ein Abbild des göttlichen Logos werden.

Individuation könnte in diesem Zusammenhang nur eine größtmögliche individuelle Annäherung an die im Bewußtsein gegebene Vernunfttiefe und das ihr zugrundeliegende göttliche Urbild (Trinität) sein, zu der uns Christus als der Mensch gewordene Logos den Weg öffnet (Rechtfertigung) und weist (neuer Gehorsam). Jede Gleichsetzung des eigentlichen menschlichen Seins mit dem Bewußtsein führt aber zwangsläufig zu einer Leugnung oder Opferung des konkreten sinnlichen Menschen. Man kann ihn bestenfalls als »krummes Holz« (Kant) auch noch gelten lassen, als peinlichen Erdenrest, oder aber die Vollendung der Menschwerdung in seiner asketischen Bekämpfung und Niederringung erblicken. Im übrigen erzeugt das Selbstbewußtsein als theoretische Vernunft begrifflich-allgemeine Wahrheiten, als praktische Vernunft sittliche Forderungen des kategorischen Imperativs, das heißt Forderungen, die letztlich an jedermann gestellt werden müssen. Die Individuation besteht aber nun gerade in der »Abscheidung und Differenzierung vom Allgemeinen und Herausbildung des Besonderen, jedoch nicht einer *gesuchten* Besonderheit, sondern einer Besonderheit, die a priori schon in der Anlage begründet ist«[45]. Diese Anlage tritt aber hervor und entwickelt sich in der transzendenten Funktion, das heißt durch eine Wechselwirkung zwischen dem Bewußtsein und dem Unbewußten, die in einem lebenslangen Reifungs- und Wandlungsprozeß zur psychischen Ganzheit führt. Die Individuation ist daher, wie K. v. Sury in seinem »Wörterbuch der Psychologie und ihrer Grenzgebiete« schreibt, »ein subjektiver Integrations- und objektiver Beziehungsvorgang zwischen dem Bewußten und dem Unbewußten, der in der Regel von Wiedergeburtssymbolen in Träumen und Visionen begleitet ist«[46]. Das Individuum existiert zunächst unbewußt a priori. Es kommt also darauf an, jene andere dunkle Seite bewußt zu machen, die unter dem »krummen Holz« (tiefenpsychologisch ausgedrückt: dem Schatten) verborgen liegt.

Ergänzung des Christusbildes

Es ist aus diesen Zusammenhängen sicher nicht zufällig, daß in der von Helmut Hark veröffentlichten Traumserie immer wieder Bildelemente auftauchen, die das traditionelle Christusbild in Richtung auf das Unbewußte ergänzen. Die Träumerin ist sich des Exemplarischen ihrer Träume für die moderne Situation durchaus bewußt: »Mir als Frau ist eine intuitive Schau gegeben, und ich erlebe und erleide in meiner Person die Wandlung des Gottesbildes, wie es wohl viele Menschen erleben.«[47] So sieht sie eine Gestalt, die sie zuerst als »den ewigen Menschen« bezeichnet, dann aber als Zen-Priester erkennt. Sie begreift diesen Traum als Ergänzung Christi und des christlichen Bildes vom Menschen. Sie spricht in diesem Zusammenhang von der »Rückseite meines Chri-

stusbildes«[48]. »Die christliche Botschaft«, so schreibt sie in ihr
Tagebuch, »betont das Wort, das Geistige, das Aktive. Dieser
östliche Priester dagegen ist in seine Imaginationen versunken
und ruht ganz in seinem Leibe. Er ist passiv und läßt die Dinge
geschehen.«[49] Aus Bildern, die sie im Anschluß an diesen
Traum unter innerem Zwang malt, tritt als erstes das
geschlachtete und verblutende Lamm hervor, das ihre durch
das Christusbild geprägte Existenz zeigt, während die Bilder
einer übriggebliebenen Wurzel mit der aufgehenden Sonne
und Bilder von Kreisen und Spiralen auf den anhebenden
Individuationsprozeß hinweisen. Auf die vitale dunkle Tiefe
des Unbewußten wies bereits ein Bild mit Stierkopf und ein
anderes mit der Fratze eines Dämonen[50]. Schließlich erscheint
im Traum die Geburt eines schönen Knaben mit Pferdefuß.
Auch eine Form des Kind-Archetyps. Sie schreibt dazu: »Ich
habe gemerkt, wie Helles und Dunkles, Göttliches und Teufli-
sches in meiner Seele verborgen ist.«[51]

Eine andere Frau sieht sich im Traum an das Ufer eines
großen Stromes hinabgeführt. In feierlicher Sprache schildert
sie: »Und ich sah – und siehe, eine große Gestalt stieg empor
aus den Wassern, der Leib war der Leib einer Frau und das
Haupt eines Mannes Haupt, die Arme waren ausgebreitet wie
der Querbalken eines Kreuzes. Um das Haupt kreisten die
Gestirne, die Arme umspannten nicht nur die Roßtrappe und
den Hexentanzplatz, sie umfaßten die ganze Erde, ja das
All.«[52] Hier taucht aus dem Strom des Lebens der Gekreu-
zigte als mann-weibliches Wesen empor. Ein Bote erscheint
im Traum und erläutert ihr: »Das ist der ICH BIN. Der Leib
ist die große Mutter, die ausgebreiteten Arme sind der Vater,
das Haupt ist der Sohn . . . Gott ist der ICH und der Heilige
Geist ist der BIN!«[53] Das auftauchende Bild vereinigt das
uralte Symbol der großen Mutter mit der männlichen Gottes-
vorstellung der christlichen Trinität, es zeigt den Ganzheits-
aspekt des Kreuzes und schließt durch den Hinweis auf Roßtrappe und Hexentanzplatz den Aspekt der Vitalität und des
Dämonischen mit ein. Ein neuer Mensch soll geboren werden,
der das Getrennte wieder vereinigt. Gott will sich darin neu
verleiblichen. »Und da mich nun alle Kraft verließ, neigte (der
Bote) sich zu mir und rührte mich an und stärkte mich. Sein
Gewand aber war wie das Silber des Mondlichts. Und da er

mich aufgerichtet hatte, fragte ich ihn: ›Und wer bist du?‹ –
›Dein Engel und dein Dämon‹, antwortete er mir –, ›da du
liefest auf der Teufelsmauer, war ich die höhnische Stimme.
Ihr törichten Menschen wißt nur nicht, daß wir beides sind,
Wasserquelle und Feuerflamme. Du aber mußt nun eingehen
in den Schoß der großen Mutter. Dort lernst du die rechte
Anatomie, dort sind auch deine Kindlein.‹«[54]

Synchronizität

Alle Archetypen, ob es sich nun um den Schatten handelt
oder um Anima bzw. Animus und ihre jeweiligen Manifestationen, stehen in einem Tiefenzusammenhang zum Archetyp
des Selbst, der als der eigentliche anordnende Faktor angesehen werden muß. Es gibt in bezug auf den Ursprung der
Archetypen zwei Auffassungen, die einander nicht ausschließen müssen. Nach der einen haben sie sich im Tier-Mensch-
Übergangsfeld gebildet. Sie sind die menschliche Entsprechung zu dem, was die angeborenen Verhaltensmuster (pat-
terns of behaviour) für die Tiere bedeuten. In der Summe
dieser erblich verankerten Verhaltensmuster liegt die jewei-
lige zoologische Spezies begründet. Entsprechend bringt der
Mensch in den Archetypen die biologische Basis seines
Menschseins mit. Auf Grund einer unglücklichen Trennung
von Natur- und Geisteswissenschaft mag es zunächst Schwierigkeiten bereiten, Urbilder, Sinn-Bilder, Symbole von so
hoher geistiger und künstlerischer Aussagekraft mit etwas
anscheinend so Geistfernem wie dem Biologischen oder gar
Instinktiven zu verknüpfen. Ohne Zweifel gehört die Lehre
von den Verhaltensmustern in den Zusammenhang einer
Instinktlehre hinein. Instinktives Verhalten ist mit angeborenen Auslöseschemata, Auslösebildern verbunden, die den
Instinkt-Impuls in eine artspezifische Verhaltensform umset-
zen. Die Auslösebilder sind daher einerseits mit einer das
ganze Lebewesen ergreifenden und erregenden Impulsivität
ausgestattet. Wir könnten das ihre *Numinosität* nennen, ihre
das Lebewesen transzendierende Macht. Andererseits sind sie
als eingeborene Bilder mit *Luminosität* ausgestattet, mit
Erleuchtung durch Bilder, die das Lebewesen in die gegenge-
fügte Wirklichkeit projiziert, woraus ihm seine »artspezifische

Umwelt« (v. Uexküll) entsteht. Das gilt in den Grundgege-
benheiten so auch für den Menschen. Dem Archetyp eignet
Numinosität, transpersonale Macht, und Luminosität, Aufleuchten von Bildmacht aus der Tiefe.

Die andere Auffassung aber stellt den Archetyp an den
Anfang des Kosmos überhaupt. Zum Verständnis ist zunächst
ein Eingehen auf C. G. Jungs Synchronizitätsbegriff erforder-
lich. Jung hat sich mit diesem Problem in seinen Studien über
die »Synchronizität als ein Prinzip akausaler Zusammenhänge«[55] auseinandergesetzt. Es handelt sich dabei um Fälle
einer *sinngemäßen Koinzidenz,* wie sie in meist unbeachteten
und geleugneten, in der Regel als »Zufall« gedeuteten Ereignissen stattfinden. Jung gebraucht also »den allgemeinen
Begriff der Synchronizität in dem speziellen Sinne von zeitli-
cher Koinzidenz zweier oder mehrerer nicht kausal aufeinander bezogener Ereignisse, welche von gleichem oder ähnli-
chem Sinngehalt sind. Dies im Gegensatz zu ›Synchronismus‹,
welcher die bloße Gleichzeitigkeit zweier Ereignisse darstellt.«[56] Jung erkennt in der Synchronizität ein die Kausalität
ergänzendes Erklärungsprinzip. »Man ist es gewohnt, vom
Zufall vorauszusetzen, daß er selbstverständlich einer kausa-
len Erklärung zugänglich sei und eben nur darum als ›Zufall‹
oder ›Koinzidenz‹ bezeichnet werde, weil seine Kausalität
nicht oder noch nicht aufgedeckt sei. Da man gewohnheitsmä-
ßig von der absoluten Gültigkeit des Kausalgesetzes überzeugt
ist, hält man diese Erklärung des Zufalls für zureichend. Ist
aber das Kausalprinzip nur relativ gültig, so ergibt sich daraus
der Schluß, daß, wenn schon die überwiegende Mehrzahl der
Zufälle kausal erklärt werden kann, dennoch ein Restbestand,
der akausal ist, vorhanden sein muß.«[57] Dabei handelt es sich
unter anderem um das Zusammentreffen von Ahnungen,
Träumen, Visionen usw. mit äußeren Ereignissen. »Das Synchronizitätsphänomen besteht also aus zwei Faktoren: 1. Ein
unbewußtes Bild kommt direkt (wörtlich) oder indirekt (symbolisiert oder angedeutet) zum Bewußtsein als Traum, Einfall
oder Ahnung. 2. Mit diesem Inhalt koinzidiert ein objektiver
Tatbestand.«[58]

Ein besonders sprechendes Beispiel dafür ist der von Jung
angeführte »Skarabäustraum«. Er berichtet darüber: »Eine
junge Patientin hatte in einem entscheidenden Moment ihrer

Behandlung einen Traum, *in welchem sie einen goldenen Skarabäus zum Geschenk erhielt.* Ich saß, während sie mir den Traum erzählte, mit dem Rücken gegen das geschlossene Fenster. Plötzlich hörte ich hinter mir ein Geräusch, wie wenn etwas leise an das Fenster klopfte. Ich drehte mich um und sah, daß ein fliegendes Insekt von außen gegen das Fenster stieß. Ich öffnete das Fenster und fing das Tier im Fluge. Es war die nächste Analogie zu einem goldenen Skarabäus, welche unsere Breiten aufzubringen vermochten, nämlich ein *Scarabaeide* (Blatthornkäfer), Cetonia aurata, der › gemeine Rosenkäfer‹, der sich offenbar veranlaßt gefühlt hatte, entgegen seinen sonstigen Gewohnheiten in ein dunkles Zimmer gerade in diesem Moment einzudringen. Ich muß schon sagen, daß mir ein solcher Fall weder vorher noch nachher je vorgekommen, ebenso wie auch der damalige Traum der Patientin ein Unikum in meiner Erfahrung geblieben ist.«[59]

Das Synchronizitätsphänomen ereignete sich zweifelsohne auf einer archetypischen Grundlage; denn der Skarabäus ist, wie Jung es ausdrückt, »ein klassisches Wiedergeburtssymbol«[60]. »Die Patientin mit dem Skarabäus befand sich insofern in einer ›unmöglichen‹ Situation, als ihre Behandlung stockte und sich nirgends ein Ausweg abzeichnete. In derartigen Situationen, wenn sie ernsthaft genug sind, pflegen sich archetypische Träume einzustellen, welche eine Fortschrittsmöglichkeit aufzeigen, an die man nicht gedacht hätte. Derartige Situationen sind es überhaupt, welche den Archetypus mit großer Regelmäßigkeit konstellieren. In gewissen Fällen sieht sich daher der Psychotherapeut gezwungen, das rational unlösbare Problem aufzufinden, auf welches das Unbewußte des Patienten hinsteuert. Ist dieses gestellt, dann werden dadurch die tieferen Schichten des Unbewußten, die Urbilder nämlich, aufgeweckt, wodurch die Wandlung der Persönlichkeit in die Wege geleitet wird.«[61] J. Jacobi faßt die durch Jung gewonnenen neuen Erkenntnisse zusammen, wenn sie das Zustandekommen der synchronistischen Phänomene als »ein ›im Unbewußten vorhandenes und wirkendes, apriorisches Wissen‹« beschreibt, »das auf einer unserer Willkür entzogenen Entsprechungsordnung des Mikro- mit dem Makrokosmos beruht, in der die Archetypen die Rolle der anordnenden Operatoren innehaben. In der sinnvollen Koinzidenz eines inneren Bildes mit einem äußeren Ereignis, die das Wesen der synchronistischen Phänomene ausmacht, wird sowohl der geistige als auch der stofflich-körperliche Aspekt des Archetyps offenbar. Der Archetypus ist es auch, der durch seine erhöhte energetische Ladung bzw. seine numinose Wirkung jene verstärkte Emotionalität beim Erlebenden hervorruft bzw. ihn in ein teilweises abaissement du niveau mental versetzt, die die Voraussetzung zum Entstehen und Erfahren solcher synchronistischer Phänomene bildet.«[62]

Der Physiker Wolfgang Pauli vertritt nun die Ansicht, daß die Evolutionstheorie eine Berücksichtigung von C. G. Jungs Synchronizitätsbegriff verlangt. (Ich lehne mich für das Folgende an die Ausführungen von Marie-Louise von Franz »Das Unbewußte und die Wissenschaften«[63] an.) Nach modernen Berechnungen war die Zeit viel zu kurz, um eine Entwicklung des Lebens durch zufällige Erbmutationen unter Erhaltung des am besten Angepaßten allein zu ermöglichen. »Die Idee Jungs, daß die synchronistischen Phänomene seltene, aber sinnvoll gerichtete Zufälle sind, könnte abklären helfen, wie vielleicht ›sinnvolle‹ Zufallsmutationen immer wieder stattfanden, welche eine schnellere Entwicklung ermöglichten.«[64] Synchronistische Phänomene, »sinnvolle Zufälle«, erlebt der Mensch oft, wenn er sich in einer vitalen Notlage befindet. Es ist daher anzunehmen, daß eine Tierart, wenn sie in eine Drucksituation kommt, unter die Konstellation des Archetypus gerät, so daß sinnvolle, nicht kausal bedingte Mutationen entstehen. Archetypen, wenn sie aktiviert sind, konstellieren sinngerichtete Zufälle. Dann wäre also, zumindest im Bereich der Lebewesen, der Archetypus das Wirkende in einer Creatio continua, einer fortdauernden Schöpfungsgeschichte, und die sich dabei abspielenden synchronistischen Phänomene in der Zeit stattfindende Schöpfungsakte, wie Jung es einmal ausgedrückt hat. Diese Creatio continua geht in der Schöpfungsgeschichte menschlicher Ideen weiter, jede neue Idee stellt einen »Ein-fall« aus dem Unbewußten dar.

Wolfgang Pauli geht nun noch einen Schritt weiter und sieht eine Verbindung auch zwischen der Psychologie des Unbewußten und der Physik. Dabei bezieht er sich insbesondere auf den Begriff der Komplementarität, den Niels Bohr entwickelt hat. So kann zum Beispiel das Licht nur durch zwei komplementäre Begriffe beschrieben werden: Teilchen und Welle. Ebenso können bei einem Elementarteilchen nur seine Lage oder seine Bewegungsgröße festgelegt werden, nicht beide zugleich. Die Physik kann, da sie die Wirkungen des Beobachters nicht auszuschalten vermag, im Mikrobereich keine kausal determinierten Naturgesetze erfassen, sondern nur statistisch faßbare »primäre Wahrscheinlichkeiten« feststellen. Nun besteht auch zwischen dem Bewußtsein und dem Unbewußten ein komplementäres Verhältnis. Das Unbewußte wird, wenn es die Schwelle des Bewußtseins überschreitet, durch letzteres teilweise verändert. »Auch das Unbewußte« kann »(wie die Materie in der Physik) nur annähernd durch paradoxe Begriffe umschrieben werden; was es ›in sich selbst‹ ist, werden wir nie erfahren, sowenig wie bei der Materie auch.«[65] Auch die Archetypen könnten wir mit Pauli als primäre Wahrscheinlichkeiten bezeichnen. Nach William James ist der Begriff des Unbewußten mit dem Begriff des »Feldes« in der Physik vergleichbar. »Wie ein Teilchen, das in ein elektromagnetisches Feld gerät, in bestimmter Art angeordnet wird, so scheinen auch Vorstellungen im Bereich des Unbewußten autonom angeordnet zu werden.«[66] Dieses bewirkt zugleich, daß bewußte Überlegung mit vorbewußt angeordneten Inhalten übereinstimmt. Das heißt mit anderen Worten: »Unsere bewußten Vorstellungen sind ... des öfteren schon angeordnet, *bevor* sie uns bewußt werden.«[67]

»Der Parallelismus der Denkmodelle von Psychologie und Physik«, so faßt Marie-Louise von Franz zusammen, »legt ... ein letztliches Einssein beider Forschungsbereiche nahe. Jung war überzeugt, daß das Unbewußte mit der anorganischen Materie irgendwie verbunden ist, eine Tatsache, auf die ja auch alle psychosomatischen Krankheiten hinzuweisen scheinen. Diese geahnte Einheitswirklichkeit hat Jung mit dem Wort ›unus mundus‹ bezeichnet, als die *eine* Welt, in der Seele und Materie nicht unterschieden sind. Jung bahnte einen Weg, diese Einheit zu entdecken, dadurch, daß er nachwies, daß die Archetypen einen ›psychoiden‹ (das heißt nicht nur seelischen, sondern auch teilweise materiellen) Aspekt besitzen, welcher im Synchronizitätsereignis zutage tritt; denn in ihm kann man die sinnvolle Anordnung innerseelischer *und* materieller Tatsachen vereint sehen. Die Archetypen helfen

uns mit anderen Worten nicht nur, uns an die Außenwelt
anzupassen, sondern sie manifestieren sich selbst als eine
synchronistische Anordnung, welche Psyche und Materie ein-
bezieht.«[68]

Die mathematischen Grundlagen oder Axiome, darauf
weist Marie-Louise von Franz zuletzt noch hin, bilden nach
einem Wort Paulis »primäre mathematische Intuitionen«. Sie
entstammen daher dem Unbewußten. Die Mathematik hat
längst damit aufgehört, sich mit dem Realitätsbezug zu befassen. »Sie ist heute die Wissenschaft von der Struktur des
menschlichen Geistes geworden.«[69] Dabei wird man die
Frage, ob des bewußten oder des unbewußten Geistes, zugunsten des letzteren beantworten müssen. In diesem Zusammenhang beruht das synchronistische Moment darauf, daß die
mathematische Struktur der Seinsstruktur entsprechen kann.
Wenn wir die äußeren Objekte »all ihrer Qualitäten, wie
Farbe, Temperatur, Größe usw., berauben, bleibt immer noch
ihre ›Anzahl‹ übrig«[70]. »Daher scheinen die Zahlen die unmit-
telbarste Beziehung zwischen der Sphäre der Psyche und der
Materie zu sein.«[71]

Das göttliche Kind als Symbol des unus mundus

Die Vorstellung vom unus mundus, von der *einen* Welt, in
der Seele und Materie nicht unterschieden sind, deutlicher
noch die Erkenntnis, daß die Archetypen einen »psychoiden«,
das heißt nicht nur seelischen, sondern auch materiellen
Aspekt besitzen, deuten darauf hin, daß diese sich zu Seele
und Materie transzendental verhalten. Die Archetypen sind
gewissermaßen *vor* beiden und *für* beide. Sie bewirken die
synchronistische Anordnung, die »prästabilisierte Harmonie«
(Leibniz) zwischen beiden. Sie sind, wie man in johanneischer
Sprache sagen möchte, »im Anfang« (en arché, Johannes 1,1)
und teilen »seit Anfang« (ap' archés, 1. Johannes 1,1) dem
Kosmos die Entwicklungsstöße mit, die stets ein historisches
Ereignis mit einem archetypischen verbinden: in der Naturgeschichte, in der Menschheitsgeschichte und in der Universal-
geschichte. Das, was im Anfang war und seit Anfang wirkt –
panta di' autu egeneto (alles ist durch dasselbe geworden,
Johannes 1,3) –, ist zugleich »das wahrhaftige Licht, das jeden

Menschen erleuchtet, der in die Welt kommt« (Johannes 1,9). Es ist der innere Gott, der Archetyp des Selbst, auf welchen das Pleroma (die Fülle, die Gesamtheit) der Archetypen bezogen ist. Der Archetyp bildet den anordnenden und zugleich schöpferischen Faktor, durch den Gott schafft und seiner Welt als verborgen-offenbare Bild- und Bildermacht gegenwärtig ist. Er ist von alters her und ereignet sich immer neu. Wo die Lebensbedingungen und Sinnüberlieferungen zerbrechen, ist er der aufbrechende neue Sinn, der in die Welt kommt. Er ist die Manifestation des ewigen Gottes, und er ist das göttliche Kind. Er ist die Kindwerdung als Neugeburt des ganzen Menschen. Das eigentliche Leben leuchtet in ihm auf (Johannes 1,4f.). Paracelsus sagt von ihm: »Es leuchtet in uns nämlich dunkel das Leben als ein Licht der Menschen, gleichsam in der Finsternis, (ein Licht) das nicht aus« zu nehmen ist, obschon es in uns und (doch) nicht von uns ist, sondern von jenem (stammt), der sogar in uns sich gewürdigt hat, seine Wohnstätte aufzuschlagen... Dieser hat sein Licht in uns gepflanzt, damit wir in seinem Lichte, der das unzugängliche Licht bewohnt, das Licht sähen; gerade dadurch sind wir von allen Kreaturen ausgezeichnet. Aus diesem Grunde sind wir ihm in Wahrheit ähnlich gemacht, weil er uns einen Funken seines Lichtes gegeben hat. Die Wahrheit ist also nicht in uns zu suchen, sondern im Bilde Gottes, das sich in uns befindet.«[72]

Der Archetyp des Selbst erscheint im Bild des göttlichen Kindes, und er ist das göttliche Kind, die Manifestation der Erneuerung von Sein und Sinn. Der Vergleich desselben mit dem Logos des Johannesevangeliums, der sich mir aufdrängte, geht auch dahin, daß er der innere Gott ist, ein Licht, das wir nicht besitzen, sondern das in uns hineinwirkt, Erneuerung und Ganzheit schaffen will. Der Vergleich reicht als bloßer Vergleich nicht aus. Ich bin genötigt zu sagen, der Archetypus wirkt als der Logos. Wir können den Archetyp als Ausdruck des Psychoiden und den Logos als Ausdruck des inneren Lichts im Menschen wohl begrifflich scheiden, aber beide in ihren Wirkungen nicht unterscheiden; denn der Logos, wenn er wirkt, erscheint in der Seele im archetypischen Bild[73].

Auf einen Unterschied muß ich hier allerdings hinweisen. Dieser besteht darin, daß der johanneische Logos sich offensichtlich nur auf Christus als *den* menschgewordenen Logos bezieht, »während der psychische Archetypus er selber ist und daher je nach Zeit, Ort und Milieu gedeutet werden kann. Im Westen wird er durch das dogmatische Christusbild, im Osten durch Purusha, Atman, Hiranyagarbha, Buddha usw. ausgefüllt.«[74] Wir sind im Gang unserer Untersuchung auf das Drängen des Archetypus gestoßen, das Christusbild zu ergänzen. Die Manifestation des *ganzen* Logos leuchtet auf in den Kind-Archetyp-Träumen unserer Zeit, die den *ganzen* Menschen ins Mandala setzen.

Anmerkungen

1 Helmut Hark, Der Traum als Gottes vergessene Sprache, Olten 1982
2 Ebd., S. 167f.
3 Ebd., S. 169
4 E. Aeppli, Der Traum und seine Deutung, Zürich, Stuttgart 1967[4], S. 213
5 Helmut Hark, Der Traum als Gottes vergessene Sprache, a.a.O., S. 169
6 C. G. Jung, Psychologie und Alchemie, a.a.O., S. 237
7 C. G. Jung, Psychologie und Religion, Gesammelte Werke 11, Olten 1973[2], S. 71
8 C. G. Jung, Psychologie und Alchemie, a.a.O., S. 59
9 Ebd., S. 323
10 Ebd., S. 222
11 Ebd., S. 173f.
12 Ebd., S. 232
13 Ebd., S. 234
14 Ebd.
15 Ebd.
16 Ebd., S. 237
17 Ebd.
18 C. G. Jung, Psychologie und Religion, a.a.O., S. 70f.
19 Ebd.
20 C. G. Jung, Psychologie und Alchemie, a.a.O., S. 237f.
21 Ebd., S. 238
22 Ebd., S. 239
23 Ebd., S. 240
24 Ebd., S. 187
25 Ebd., S. 251
26 C. G. Jung, Psychologie und Religion, a.a.O., S. 87
27 Ebd.
28 C. G. Jung, Über Mandalasymbolik, Gesammelte Werke 9/1, Olten 1978[3]
29 C. G. Jung, Psychologie und Religion, a.a.O., S. 89
30 Ebd.
31 Ebd., S. 90
32 Ebd., S. 91
33 Ebd., S. 93
34 Ebd., S. 96
35 Ebd., S. 104f.
36 Ebd., S. 105
37 Ebd.
38 Ebd., S. 63
39 Ebd., S. 105
40 Ebd., S. 115

41 C. G. Jung, Psychologie und Alchemie, a.a.O., S. 253
42 Ebd., S. 21f.
43 Ebd., S. 22f.
44 Corpus Reformatorum 21, 615; Übers. E. Hirsch, Hilfsbuch zum Studium der Dogmatik, Berlin und Leipzig 1951, S. 24
45 C. G. Jung, Definitionen, Gesammelte Werke 6, Olten 1978[13], S. 478
46 K. v. Sury, Wörterbuch der Psychologie und ihrer Grenzgebiete, Basel 1967[3], S. 112
47 Helmut Hark, Der Traum als Gottes vergessene Sprache, a.a.O., S. 164

48 Ebd., S. 177   52 Ebd., S. 160
49 Ebd., S. 178   53 Ebd., S. 160f.
50 Ebd., S. 176   54 Ebd., S. 161
51 Ebd., S. 186f.

55 C. G. Jung, Synchronizität als ein Prinzip akausaler Zusammenhänge, Gesammelte Werke 8, Olten 1979[3]

56 Ebd., S. 481   59 Ebd., S. 478
57 Ebd., S. 463   60 Ebd., S. 479
58 Ebd., S. 487   61 Ebd., S. 480f.

62 Jolande Jacobi, Die Psychologie von C. G. Jung, a.a.O., S. 73
63 In: C. G. Jung u. a., Der Mensch und seine Symbole, Olten 1979, Sonderausgabe

64 Ebd., S. 306   68 Ebd., S. 309
65 Ebd., S. 308   69 Ebd.
66 Ebd.   70 Ebd., S. 310
67 Ebd.   71 Ebd.

72 zit. nach C. G. Jung, Theoretische Überlegungen zum Wesen des Psychischen, Gesammelte Werke 8, Olten 1979[3], S. 219 A. 71
73 Mit Recht sagt Jung: »Daß die Gottheit auf uns wirkt, können wir nur mittels der Psyche feststellen, wobei wir aber nicht zu unterscheiden vermögen, ob diese Wirkungen von Gott oder vom Unbewußten kommen, d. h. es kann nicht ausgemacht werden, ob die Gottheit und das Unbewußte zwei verschiedene Größen seien. Beide sind Grenzbegriffe für transzendentale Inhalte« (Antwort auf Hiob, a.a.O., S. 502f.). Jung fügt dann hinzu: »Das Gottesbild koinzidiert, genau gesprochen, nicht mit dem Unbewußten schlechthin, sondern mit einem besonderen Inhalt desselben, nämlich mit dem Archetyp des Selbst« (ebd., S. 503). Es kommt nach Jung gerade darauf an, hier nicht zu trennen, weil man dann nur dazu kommt, »Mensch und Gott zu trennen, wodurch die Menschwerdung Gottes verhindert wird« (ebd.).
74 C. G. Jung, Psychologie und Alchemie, a.a.O., S. 32

In der Buchreihe *Symbole* sind bisher erschienen

Verena Kast · Paare
Beziehungsphantasien oder
Wie Götter sich in Menschen spiegeln

Ulrich Mann · Schöpfungsmythen
Vom Ursprung und Sinn der Welt

Gerhard Marcel Martin · Weltuntergang
Gefahr und Sinn apokalyptischer Visionen

Christa Mulack · Maria
Die geheime Göttin im Christentum

John A. Philipps · Eva
Von der Göttin zur Dämonin

Ingrid Riedel · Bilder
In Therapie, Kunst und Religion

Ingrid Riedel · Farben
In Religion, Gesellschaft, Kunst und Psychotherapie

Ingrid Riedel · Formen
Kreis, Kreuz, Dreieck, Quadrat, Spirale

Paul Schwarzenau · Das göttliche Kind
Der Mythos vom Neubeginn

Uwe Steffen · Drachenkampf
Der Mythos vom Bösen

Uwe Steffen · Jona und der Fisch
Der Mythos von Tod und Wiedergeburt

Uwe Steffen · Taufe
Ursprung und Sinn des christlichen Einweihungsritus

Jutta Ströter-Bender · Engel
Ihre Stimme, ihr Duft, ihr Gewand und ihr Tanz

Wolfgang Teichert · Gärten
Paradiesische Kulturen

Kreuz Verlag